생활자치 합시다

– 생활자치의 이론과 실제 –

생활자치 합시다

- 생활자치의 이론과 실제 -

한국생활자치연구원 엮음

남재걸 · 김병국 · 김찬동 · 오우식
김필두 · 김광남 · 남부현 · 조석주
한중근 · 임정빈 · 채은경 지음

도서출판 대영문화사

머리글

더 나은 자치를 위하여

지방자치는 일정한 지역을 기초로 하는 지방자치단체가 중앙정부로부터 상대적인 자율성을 가지고 그 지방의 행정사무를 자율적으로 처리하는 활동 과정을 말한다. 지방자치를 지탱하고 이끌어가는 두 바퀴는 단체자치(團體自治)와 주민자치(住民自治)라고 할 수 있다. 단체자치는 중앙정부(국가)가 가지고 있는 권한을 지방(시 · 도 혹은 시 · 군 · 구)에 나누어 주어 각 지방이 자주적으로 기관을 구성하고 그 지방의 특징을 살려서 독립적으로 그 지방의 살림살이를 이끌어가는 것이다. 반면에 주민자치는 자신이 속한 지역의 일을 주민 자신의 의지와 노력으로 처리한다는 풀뿌리 민주정치를 실현하기 위한 가장 기본적인 도구가 된다.

중앙의 권한을 지방에 나누어 주는 분권은 단체자치의 실현을 위한 수단으로 작용하고 있다. 분권을 통하여 지방자치단체는 자치를 위한 기본적인 권한을 확보하고, 지방자치단체의 내부에서 주민이 주체가 되어 이를 구체적으로 실천하게 된다. 최근 영국, 일본 등 선진국에서 '지방분권'이라는 용어 대신에 '주민주권'이라는 용어를 사용하기 시작하였다. 이는 '지방분권의 시대'에서 '주민주권의 시대'로 발전한다는 것을 의미하는데, 분권을 통하여 중앙으로부터 얻어 낸 권한의 범위 내에서 지역 주민이 스스로의 의사와 책임으로 지역 내의 문제를 처리하는 단계에 이르렀다는 것을 의미한다.

1995년 민선단체장이 출범한 이후로 우리나라는 행정안전부 등 중앙부처의 지방분권화를 위한 적극적인 노력으로 상당히 많은 중앙 권한이 지방으로 이양되고, 주민투표, 주민소환, 주민감사청구제 등 주민자치를 위한 제도적인 기반이 마련되었다. 그러나, 이들은 기관과 기관 간의 행정 권한을 주고받는 것으로 주민의 생활에 실질적으로 영향을 주지는 못하고 있다. 따라서 지방자치의 실질적인 주체인 주민 생활에 직접적으로 영향을 미치는 다양한 행정서비스의 전달 체계에 대해서는 그다지 큰 신경을 쓰지 못하였다. 정치인들도 '민생 돌보기'를 최우선 과제로 내세우지만, 선거 기간을 제외하고는 주민의 생활 현장과는 상관 없이 중앙정당의 이념과 목표에 따라 일사불란하게 움직이고 있다. 이러한 현상은 행정관료, 정치인, 주민 등 모두에게 지방자치의 본질에 대한 이해가 충분하지 못한데서 비롯되는 것이라고 판단된다.

이러한 문제 의식을 가지고 지난 2012년 2월부터 매월 첫째 주 토요일에 '생활자치 포럼'이라는 이름으로 몇 분의 학자들이 모여 생활자치에 대한 개념 정립부터 현실 사례까지 다양한 토론을 진행하였다. 또한 생활자치연구원을 설립하여 좀 더 일상생활과 밀접한 자치를 실현시키는 활동을 지원하는 것이 필요하다는 데 그 뜻을 같이하였다. 그리고 그해 11월 한국생활자치연구원을 설립하고 2013년 5월 사단법인으로 정식 발족하였다.

한국생활자치연구원은 자치활동 활성화를 통하여 일상생활과 관련된 행정 서비스가 좀 더 효율적이고 민주적으로 제공되는 생활자치를 실현시키는 데 그 목적이 있다. 특히 연구원은 각종 학술적인 연구와 조사활동을 통하여 생활자치의 이론적 기반을 확립하고 일상생활 속에서 자치가 뿌리내릴 수 있도록 각종 교육 연수와 컨설팅 등의 지원 사업을 수행한다.

이 책은 한국생활자치연구원의 설립 취지에 동참한 회원들이 생활자치의 개념 정립과 사례 전파를 위하여 함께 머리를 맞대고 노력한 결과물이다. 아무쪼록 이 책이 지방자치의 주체인 주민, 지방자치단체장이나 지방의회 의원, 주민자치위원, 그리고 공무원들에게 생활자치의 이론과 사례를 살펴보는 좋은 길잡이가 되기를 바란다.

2013년 6월

집필진 일동

차 례

생활자치란 무엇인가?

남재걸 (단국대학교 사회과학대학 교수)
김병국 (지방행정연구원 선임연구위원)

일상생활 속에서 자치를 찾자

"아침에 초등학생 아이를 아파트 앞 횡단보도 건너까지 바래다주고 집에 돌아와 집안 청소를 마치고 아파트 입구 도로변 벤치에서 동네 친구를 만나 2차선 도로 옆 보도를 500미터 정도 걸어 에어로빅 학원에 도착…."

어느 아줌마의 아침 시간을 나타낸 글이다. 우리들의 일생생활을 담은 모습이기도 하다. 그런데 우리는 이러한 일상적인 환경을 그냥 주어진 것으로 받아들인다. 초등학생인 아이가 지나가는 '횡단보도', '아파트 입구 도로변 벤치', 에어로빅 학원으로 가는 '보도' 이런 것은 누군가가 결정한 것이다. 누구나 한번쯤은 우리 주변의 모습을 좀 더 멋스럽게 그리고 우리 동네 이미지에 맞게 바꾸고 싶은 마음을 느껴본 적이 있을 것이다. 그러나 우리는 우리 동네를 우리들의 마음이 담긴 곳으로 만들어 가는 데 익숙하지 않은 것 같다.

다양한 종류의 의자와 보도블록

한편 고령화 시대에 접어들면서 마을(동네) 공동체의 중요성이 부각되고 있다. 살고 있는 마을에서 산책하고 친구를 만나고 하루를 보내는 분들도 많다. 그런 마을을 어떻게 아름답게 만들고 더 행복하게 살 수 있는 공간으로 만들 수 없는 것인가에 대한 우리의 관심은 증대되고 있다.

이러한 생각과 관심들은 4년에 한 번씩 있는 지방선거일에 투표소에 가서 우리의 지역대표를 뽑는 형식적인 참여만으로는 충족될 수 없다. 우리가 매일 마주치는 일상생활 속에서 생활의 문제를 우리 스스로 인지하여 문제를 파악하고 이를 개선하려는 노력을 통하여 우리 동네 잘살기를 이루어 내는 생활자치를 실천해 볼 때가 왔다. 우리 동네의 문제 파악과 해결을 위하여 나 그리고 우리가 스스로 결정하고 만들어 나가는 모습을 보여줄 때가 온 것이다.

1991년 지방의회가 재구성되고 1995년에 시장, 군수, 구청장과 시 · 도지사를 우리가 직접 선거하여 선출하면서 지방자치의 틀을 만들었다. 우리는 지난 20년 동안 여섯 번의 지방선거를 거치면서 이제 지방자치가 어떻게 이루어지는 것인지 각자의 생각을 가질 수 있게 되었다. 자치단체장이나 지방의회 의원들의 비리와 같은 지방자치의 문제점에도 익숙해져 있지만 지방자치가 지방자치단체에 의하여 어떻게 수행된다는 형식적인 모습은 충분히 학습하였다. 그러나 지방자치단체에 의한 '지방자치'를 넘어 지역의 주인인 우리, 즉 주민들에 의한 '주민자치'에는 이르지 못하고 있다.

다시 우리 주변으로 눈을 돌려보자. 주변에서 발생하는 일상의 변화에 대하여 우리의 의견이 반영된 경우는 그리 많지 않다. 주민들은 4년에 한 번 투표장에 가는 것으로 권리와 의무를 모두 수행하였다고 생각한다. 지방자치에서 주민의 참여는 실질적인 자치를 위하여 필수적이다. 주민 참여가 결여되면 우리 주변에서 발생하는 수많은 생활 문제와 이를 해결하려는 정책들은 우리 주민들의 의사와 동떨어지게 결정되어 우리 주민들의 욕구를 충족시키는 데 기여하지 못하기 때문이다. 반면에 일상생활에서 마주치는 모든 것을 주민 참여에 의하여 결정한다면 참여의 폭발로 인한 부정적인 측면도 우려된다. 과잉 참여는 참여의 대표성이 왜곡되고, 행정 능률이 저해되며, 책임성이 저해되는 등의 부작용이 수반될 수 있기 때문이다. 참여의 과정이 객관적이고 동시에 참여의 수준이 제고되는 적정한 주민 참여는 실질적인 풀뿌리 민주주의를 이루는 기초가 되어 지방자치, 특히 주민에 의한 자치를 실현시킬 수 있다.

이제 한 단계 더 성숙된 자치를 할 때가 왔다. 그것은 형식적인 자치에서 실질적인 자치로 탈바꿈하는 것이다. 지방자치단체가 공급하는 주민 생활에 유익한 서비스에 관심이 많고 동네 및 지역사회를 좀 더 새롭게 바꿔보려는 의지를 갖고 있는 주민들이 행정 서비스의 결정뿐 아니라 생산 과정에 직접 참여하여 비판하고 건전한 의견을 제시할 수 있는 진정한 자치의 실현이 필요한 때가 왔다. 이제까지의 주민들이 행정에의 참여만을 강조하는 '주민자치'로부터 일상생활 속의 모든 문제를 대상으로 주민 스스로 찾아내어 해결하려고 노력하고, 이를 통하여 지역사회의 발전을 함께 도모하려는 '생활자치'로의 변화가 요구되는 현실이다. 따라서 이 책에서는 '생활자치'라는 새로운 개념과 바람직한 사례들을 소개하고자 한다. 결국 우리 시대에 꼭 필요한 '생활자치'를 제안하고자 한다.

생활자치란 어떤 것인가?

생활자치란 "일상생활과 관련된 공공(公共) 및 공사(公私)가 혼재된 서비스의 결정 과정 및 생산 활동에 주민이 자발적으로 참여하는 일체의 활동"을 말한다. 특히 생활자치에서 '생활'은 행정기관이 공급하거나 일부 공동체가 스스로 결정하는 서비스의 '대상'을 말하는 것이며, '자치'란 그러한 대상을 주민 스스로 결정하고 생산 활동에 참여하여 제도를 생성하거나 개선하여 주민의 삶의 질을 향상시키고 지역사회를 발전시키도록 노력하는 것을 말한다.

첫째, 생활자치의 대상 서비스가 되는 것은 우리 생활 주변에서 일어나는 크고 작은 모든 생활상의 문제들을 해결하기 위하여 지방자치단체가 공급하는 공공성이 가미된 영역의 서비스와 주민들이 효율적으로 공급되기를 바라는 공사가 혼재된 영역의 서비스라고 규정할 수 있다.

둘째, 생활자치의 서비스 공급 주체는 지방자치제도 틀 속에서 서비스를 공급하는 지방자치단체인 행정기관이 될 것이고, 넓은 의미에서 보면 제도적 틀 속에서 생활 서비스를 생산할 수 있는 능력을 갖춘 주민 개인 또는 주민공동체도 그 대상이 될 수 있다.

셋째, 생활자치의 서비스 수요 주체는 당연히 당해 지역의 주민 개인 및 주민공동체이다. 때때로 서비스의 대상에 따라서 주민 개인 혹은 일부 그리고 전부가 주체가 될 수도 있으며, 특정 사안과 관련된 주민이 주체가 되어 서비스의 결정 과정과 생산 활동에 영향을 미칠 수 있다. 이들은 개인의 이익 혹은 공동체의 공동 이익을 추구하기 위하여 활동한다.

넷째, 생활자치의 서비스 공급 주체의 활동은 서비스를 결정하고 생산하는 과정(제도 생성과 공급 과정)에서 서비스 활동 주체인 개인 및 주민공동체들에게 참여 요청 및 협업을 행하면서 일부 자원을 지원한다. 반면에 서비스 수요 주체들은 서비스 공급 주체에 대하여 협력과 비판을 통하여 제도 생성 및 공급 과정을 견제함으로써(제도 개선) 양질의 서비스를 창출하려 노력한다. 단 개인 및 주민공동체가 서비스 공급 주체일 경우에도 수요 주체인 소속 공동체 요원과 상기와 같은 동일한 관계가 형성된다.

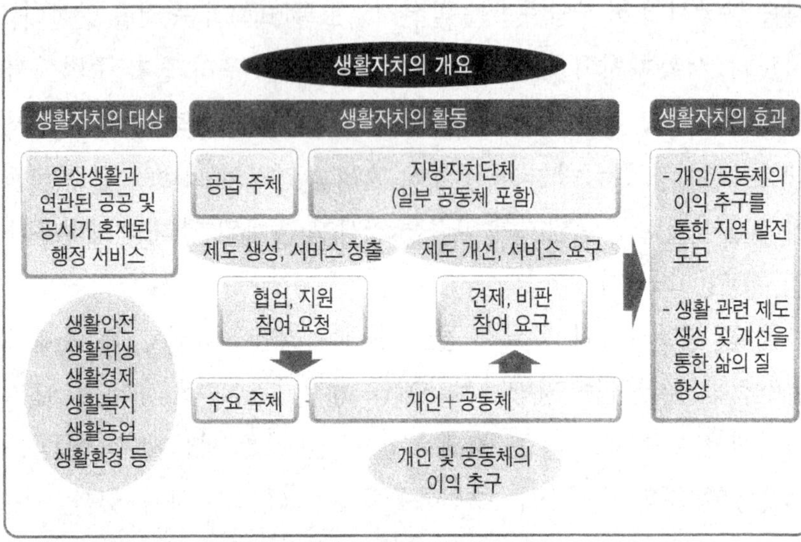

[그림 1] 생활자치의 개념도

다섯째, 생활자치의 서비스 활용에 참여하는 형식은 자발적으로 참여 혹은 조직화를 행하거나, 이미 형성된 지역의 협치(協治, 거버넌스) 네트워크를 활용할 수도 있다.

생활자치는 어떠한 특징을 갖는가?

우선, 생활자치가 기존의 '주민자치', '동네자치' 등과 어떤 차별성과 공통성을 가지는지 궁금해질 것이다. 주민자치는 "주민 스스로가 행정의 중심적 역할을 하는 자치 제도, 지방 정책을 주민 스스로가 결정하고 스스로 집행하며 스스로 책임지기 위하여 참여하는 제도"로 규정된다. 또한 동네자치는 "마을 및 생활공동체의 연장선에서 지역의 문제를 주민이 함께 고민하고 해결하는 것"을 말한다. 따라서 주민자치는 지역 주민의 '자치권 행사'에 중점을 두며, 동네자치는 소규모의 '지역 영역'에 중점을 둔 반면, 생활자치는 '행정 서비스, 즉 자치의 대상 또는 객체'를 부각시킨 개념인 것이다.

주민자치는 '국가 · 국민'의 대응되는 개념으로 '지방 · 주민'이라는 용어로 표현되면서 발전된 개념이고, 제도적 · 법률적 의미에서 참여를 강조한 용어라고 볼 수 있다. 그러나 생활자치는 주민이 스스로 결정할 대상을 일상생활의 모든 영역으로 좀 더 구체화하였다. 그리고 새로운 자치 주제(대상 또는 객체)를 발굴하여 좀 더 자치의 내실화를 기하였다. 또한 개인과 공동체의 자발적 참여 의식을 강조하고 이를 지역의 일상적 체질(routines)로 발전시키고 개인의 이익과 공동체의 이익을 바탕으로 한 지역사회 발전을 강조한 용어라고 볼 수 있다.

그런데 이러한 개념들은 강조점이 다를 뿐 현실에서는 큰 차이를 발견하기 쉽지 않다. 그러나 생활자치라는 용어가 주민자치 및 동네자치보다 현재 우리나라 상황에서 좀 더 적절한 용어로 여겨진다.

첫째, 주민자치가 지역 주민에 의한 자치를 강조하는 것으로 자치의 주체인 주민에 강조점을 두고 있다 그러나 지방자치가 20년 정도 성숙된 지금에 우리에게는 주체에 대한 강조보다는 대상이나 객체에 대한 강조가 더 필요한 실정이다. 이제 우리 대부분은 지방자치의 주체가 우리 주민이라는 데에 이의를 제기하는 사람은 없다. 그러나 우리가 하여야 할 자치의 대상이 도대체 어떤 부분이냐에 대해서는 인식이 부족한 실정이다.

둘째, 생활자치의 방식으로서 시민 공동 생산을 효과적으로 활용할 수 있다. 지방자치단체가 생활 서비스의 내용을 결정하고 공급하기 위한 과정에서의 주민 참여는 서비스 공급 정책의 입안, 결정, 집행, 평가 단계에서 이루어진다. 그러나 일반적으로 결정 과정에서의 참여가 이루어지고 집행 과정에서는 적극적이지 않다. 생활자치가 주민 참여의 기반 위에서 실효적으로 이루어지려면 과정에서의 참여가 매우 중요하다. 이러한 과정 참여를 중시하는 방식으로 '시민 공동 생산' 개념이 있다. 향후 생활자치의 기반이 구축되기 위해서는 시민 공동 생산 방식의 적용이 광범하게 이루어져야 할 것이다.

시민 공동 생산이란 "정규 생산자인 정부와 소비 생산자인 주민들이 공공 서비스를 같이 생산하는 것"으로 정의된다. 시민 공동 생산 논의는 시민과 지역 주민을 생산 소비자로서 파악하는 데서 출발한다. 즉, 공공 서비스의 공급에서 주민을 공공기관에 의하여 생산된 서비스를 소비하기만 하는 단순한 소비자로서가 아니라, 자신과 공동체를 위하여 공공 서비스를 생산하기도 하는 생산 주체로 간주하는 데 그 인식적 기초가 있다. 이러한 '시민 공동 생산'의 개념은 일상생활에서 발생하는 다양한 공공 서비스의 공급 과정에 주민이 직접 참여하는 '생활자치'와 잘 조화를 이룰 수 있을 것이다.

셋째, 실질적으로 생활자치가 기반을 구축하기 위해서는 자연스럽게 주민공동체의 활성화가 필요하다. 주민 개인의 의견을 반영하여 생활 관련 제도를 생성하고 개선하는 것은 매우 어렵기 때문에 주민공동체를 통하여 정제된 의견과 행동이 필요하게 된다. 또한 행정 영역이 미치지 못하는 많은 생활 영역에서 주민공동체의 활동을 통한 서비스 보완이 가능하다. 따라서 자치의 주체보다는 자치의 대상을 중심으로 주민공동체를 형성함으로써 좀 더 최근에 우리 사회가 요구하는 자치에 더욱 적절히 대응할 수 있을 것이다. 이러한 주민공동체들이 서비스의 결정 과정에 참여하는 것뿐 아니라 생산 과정에의 참여를 포함하여 비판과 견제, 그리고 협력을 행하는 생활자치의 확산이 필요하다.

왜 지금 생활자치인가?

지방자치는 있으나 주민자치는 없다

우리나라의 지방자치는 1952년 이승만 정부가 지방의회 의원선거를 실시하면서 시작되었다. 그 후 시 · 읍 · 면 자치제 등을 거치다가 1961년 5 · 16 군사정변 이후 중단되었으며, 1991년 지방의회가 재구성되고 1995년 자치단체장이 직선으로 선출되면서 지금의 지방자치가 시행되었다. 지난 20년간 여섯 번의 지방선거를 통하여 지방자치가 제도적으로 어떻게 시행되는지는 대체로 익숙해져 있다. 따라서 중앙집권의 정부 형태를 지방자치제의 실시로 좀 더 분권화되고 지방도 하나의 정부를 구성하여 운영한다는 의미의 지방자치는 어느 정도 실현되었다고 볼 수 있다. 또한 과거보다는 더 친절하고 더 고개 숙이고 주민의 요구에 더 민감하게 반응하는 시장 · 군수와 공무원들을 만나게 된 것도 사실이다.

표 1 우리나라의 지방선거 현황

구분	선거 일시	선출 대상	선거 방식
지방의회선거	1991.06.20	지방의회 의원	주민직선 (주민투표)
제1회 전국동시지방선거	1995.06.27	지방자치단체장 · 지방의회 의원	
제2회 전국동시지방선거	1998.06.04		
제3회 전국동시지방선거	2002.06.14		
제4회 전국동시지방선거	2006.05.31		
제5회 전국동시지방선거	2010.06.02		

자료: 중앙선거관리위원회(http://www.nec.go.kr)

그러나 이러한 20년 동안의 지방자치가 우리의 일상생활에 더 친숙하게 다가오지는 못하였다는 평가가 일반적이다. 즉, 국가 권력으로부터 어느 정도 독립적이고 주민 스스로 선출한 지방정부에 의한 자치는 이루어졌지만 이것이 적극적인 주민 참여에 의한 자치로 이어지기에는 한계가 있었다는 것이다. 여기에는 제도적인 한계와 역사적 · 문화적 요인을 들 수 있다. 우선 제도적인 한계는 주민자치위원회의 형식적 운영 등 읍 · 면 · 동 단위의 주민자치를 위한 제도적인 미비를 들 수 있다. 다음 역사적 · 문화적 요인으로 우리나라는 역사적으로 봉건 영주제의 경험이 없었기 때문에 지역의 특성에 근거한 지방자치에 대한 국민적 의식이 부족하였으며, 이는 주민 스스로 자치에 참여하는 주민 참여의 약화를 가져왔다는 것이다.

이제는 이러한 지방자치의 성숙화를 주민자치의 영역으로 확대할 때가 되었다. 이것은 형식적인 자치에서 실질적인 참여자치로의 변화를 의미한다. 생활 속에서 자치의 영역을 찾아내고 주민이 직접 참여하여 행정 서비스의 결정과 공급 과정에 참여하는 생활자치의 활성화가 이러한 형식적 자치의 문제를 극복하고 실질적인 자치로 변모시키는 역할을 할 것으로 기대된다.

읍·면·동 단위에서 주민 참여를 위한 제도적 장치가 부족하다

우리나라의 기초자치단체는 외국에 비하여 그 구역과 인구가 지나치게 커서 규모의 경제를 확보하고 효율성에는 유리할지 모르지만 주민 참여를 통한 풀뿌리 민주주의를 이루기는 불리한 실정이다. 즉, 자치단체의 규모면에서 참여를 이루기가 용이하지 않다. 2012년 1월 기준으로 시는 약 31만 명, 군은 약 5만 5천 명, 자치구는 약 33만 명으로 기초자치단체 전체 평균은 약 7만 3천 명으로 주민 참여 활성화를 위해서는 자치 단위가 지나치게 큰 실정이다. 여기에 자치단체의 경쟁력을 확보하고 효율성을 증진시키기 위하여 자치단체 간 통폐합을 추진함에 따라 기초자치단체는 더욱 확대되고 있다. 지난 2010년 7월에는 인구 20만의 마산시, 30만의 진주시, 50만의 창원시가 통합하여 인구 100만이 넘는 통합 창원시가 출범하였다. 이러한 자치단체 간 통합의 경향은 앞에서 언급한 신자유주의 시대에 지역의 경쟁력 강화를 위하여 필요할지는 모르지만 주민 참여라는 측면에서는 부정적인 측면이 강할 수밖에 없다.

기초자치단체인 시·군·구 단위에서 주민 참여를 강화하기 위한 노력은 오래전부터 있어 왔다. 1997년 제15대 대통령선거를 앞두고 김대중 후보는 읍·면·동 사무소 기능 전환을 공약으로 제시하였다. 그리고 당선 이후 읍 · 면 · 동 기능 전환을 추진하였다. 즉, 교통통신의 발달로 인하여 시 · 군청에서 추진할 수 있는 업무는 과감히 시 · 군으로 이관하고, 읍 · 면 · 동사무소는 민원 업무만을 중심으로 추진하되 이렇게 줄어든 읍 · 면 · 동의 여유 공간을 주민 여가 활용 공간으로 사용할 수 있도록 하였다. 또한 이러한 읍 · 면 · 동의 여유 공간을 효율적으로 활용하고 주민자치의 활성화를 위하여 주민자치위원회를 각 읍 · 면 · 동에 설치할 수 있도록 하였다.

이러한 여유 공간의 명칭을 주민자치센터로 명명하였고, 주민자치센터의 운영을 주민자치위원회에서 할 수 있도록 하였다. 그러나 주민자치위원은 의결권이 없는 읍 · 면 · 동장의 자문기구의 역할만을 수행할 수 있어 태생적인 한계를 가지고 있었다. 2012년 현재 전국 3,482개 읍 · 면 · 동 중 2,699개인 77.5%가 주민자치센터로 전환하여 주민자치위원회를 두고 있다. 그러나 이런 주민자치센터는 주로 문화활동이 50% 정도를 차지하고 있어 주민자치라기보다는 주민자치센터의 운영에 관한 자문 역할을 수행하는 한계를 안고 있다. 한편 2007년 노무현 정부 시절에 전국의 동사무소의 명칭을 동주민센터로 개편하도록 함으로써 동사무소는 기존의 주민자치센터와 더불어 동사무소의 명칭이 변경된 '동주민센터'를 두게 되었다. 이에 주민들의 혼란을 초래한다는 민원이 제기되어 서울시는 기존의 주민자치센터의 명칭을 자치회관으로 바꾸고 부산시의 경우는 주민자치회로 바꾸었지만 다른 광역자치단체는 주민자치센터의 명칭을 그대로 사용하고 있다. 따라서 현재 서울의 동사무소는 '자치회관'(기존의 주민자치센터)과 '동주민센터'(기존의

「지방분권 및 지방행정 체제 개편에 관한 특별법」 중 주민자치회 관련 조항

제27조(주민자치회의 설치) 풀뿌리 자치의 활성화와 민주적 참여 의식 고양을 위하여 읍·면·동에 해당 행정구역의 주민으로 구성되는 주민자치회를 둘 수 있다.

제28조(주민자치회의 기능) ① 제27조에 따라 주민자치회가 설치되는 경우 관계 법령, 조례 또는 규칙으로 정하는 바에 따라 지방자치단체 사무의 일부를 주민자치회에 위임 또는 위탁할 수 있다.

② 주민자치회는 다음 각 호의 업무를 수행한다.

1. 주민자치회 구역 내의 주민 화합 및 발전을 위한 사항
2. 지방자치단체가 위임 또는 위탁하는 사무의 처리에 관한 사항
3. 그 밖에 관계 법령, 조례 또는 규칙으로 위임 또는 위탁한 사항

제29조(주민자치회의 구성 등) ① 주민자치회의 위원은 조례로 정하는 바에 따라 지방자치단체의 장이 위촉한다.

② 제1항에 따라 위촉된 위원은 그 직무를 수행할 때에는 지역사회에 대한 봉사자로서 정치적 중립을 지켜야 하며 권한을 남용하여서는 아니 된다.

③ 주민자치회의 설치 시기, 구성, 재정 등 주민자치회의 설치 및 운영에 필요한 사항은 따로 법률로 정한다.

④ 안전행정부 장관은 주민자치회의 설치 및 운영에 참고하기 위하여 주민자치회를 시범적으로 설치·운영할 수 있으며, 이를 위한 행정적·재정적 지원을 할 수 있다.

동사무소)가 있으며, 부산은 '주민자치회'와 '동주민센터' 그리고 그 밖의 시·도는 '주민자치센터'와 '동주민센터'가 있다.

여기서 한 가지 주의깊게 살펴볼 법률이 있다. 2013년 5월 제정·시행된「지방분권 및 지방행정 체제 개편에 관한 특별법」에는 '주민자치회'에 관한 규정을 두고 있다. 따라서 이 법이 본격 시행되면 현재의 주민자치위원회를 대체하게 된다.

이 법에 따르면 주민자치회는 읍·면·동의 행정 기능 중 고유 행정 기능을 제외하고, 사전 협의 기능, 위탁 업무 수행 기능, 주민자치 업무 등을 수행하게 된다. 여기서 사전 협의 업무는 읍·면·동 지역 발전 계획, 지역 자원을 활용한 각종 마을 만들기, 혐오시설 등에 대한 의견 수렴 등이 있으며, 위탁 업무는 주민자치센터 운영, 공원 등 공공시설물 관리, 자원봉사활동 지원 등이 있다. 또한 주민자치 업무에는 마을 신문 및 소식지 발간, 자율 방범 및 안전귀가 활동 지원, 등하굣길 안전관리 등을 들 수 있다.

주민자치회의 구성은 해당 읍·면·동 주민, 지역에 주소를 두고 있는 사업장 및 단체 근무자를 대상으로 20~30명의 무보수 명예직 위원으로 하되, 지방자치단체장이 직접 위촉하도록 하고 있다. 또한 선출의 공정성을 위하여 위원선정위원회를 구성하여 선출토록 한다. 안전행정부에서는 2013년 하반기부터 주민자치회를 전국의 읍·면·동 중 일부를 선정하여 시범 실시하고, 2015년부터 전국에 본격 시행할 방침임을 밝혔다.

따라서 현재의 주민자치위원회와 앞으로 확대 실시될 주민자치회의 가장 큰 차이점은 주민자치회에서 업무의 일부를 위탁받을 수 있으며, 기존의 자문 기능에서 사전 협의 기능을 추가하였고, 주

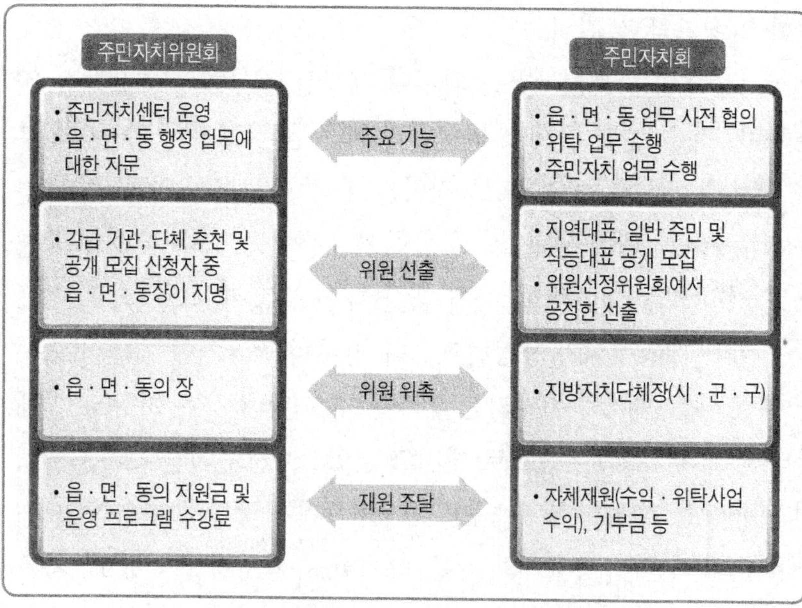

[그림 2] 주민자치위원회와 주민자치회의 비교

민자치 업무의 일부도 수행할 수 있도록 하였다는 점이다.

그러나 이러한 제도적 변화에 맞추어 현실에서 주민자치회가 어떻게 운영될 것인지는 지역 주민들의 관심과 역량에 달려 있다고 볼 수 있다.

신자유주의의 영향과 지역공동체 활성화

우리는 300년 전 이 땅에 살았던 우리의 조상들이 '유교'가 사회 · 경제 · 문화 활동을 지배하는 시대에 살았다고 말할 수 있을 것이다. 그러면 만일 300년 뒤 우리 후손들이 오늘을 사는 우리는 어떤 세상에 살았다고 평가할 것인가? 아마도 신자유주의 시대에 살았다고 평가할 것 같다.

신자유주의는 복지국가를 외치며 팽창한 정부의 비효율성을 비판하며 '작은 정부', '시장 경쟁의 확대' 등을 강조하며 1980년대부터 영국과 미국을 중심으로 등장하였다. 즉, '보이지 않는 손'과 자유방임주의로 대변되던 18~19세기 자유주의는 경제 공황의 발생으로 영향력을 상실하고, 이에 대한 대안으로 케인스주의로 대표되는 국가 개입주의가 등장하였으나 정부의 적극적인 개입이 모든 경제 문제를 해결해 주리라는 환상은 1970년대 석유 파동과 함께 나타난 스태그플레이션으로 깨지고 말았으며, 그 대안으로 20세기의 자유방임 경제라 할 수 있는 신자유주의가 등장하게 되었다. 신자유주의 이론은 세계화의 흐름 속에서 유행처럼 번져갔고, 자유무역의 실현이라는 이름으로 세계무역기구(WTO)를 통한 전 세계의 단일 시장화를 시도하고 있다. 이에 따라 국제적으로는 자유무역이 확대되고 규제의 완화와 공기업의 민영화를 통한 작은 정부를 지향하는 것이 오늘날 대부분의 국가의 경제 정책의 방향이 된 지 오래이다.

그러나 효율성과 경쟁을 강조하는 신자유주의는 우리 사회에 많은 문제점을 안겨주고 있다. 중산층의 붕괴와 사회의 양극화, 노동시장의 유연성으로 인한 비정규직의 증가와 직업안정성의 약화, 사회 각 분야에서 효율성과 경쟁의 강조 등은 우리 사회에 새로운 문제를 던져주고 있다. 무엇보다 이러한 신자유주의의 강화는 우리 이웃과 주변을 돌아볼 수 있는 여유와 기회를 박탈하면서 공동체의 붕괴를 가져왔다. 2011년 월가(Wall Street)에서 시작하여 전 세계 여러 도시로 파급되었던, 부유한 1%에 대한 가난한 99%의

'점령하라!(Occupy!)' 시위는 신자유주의가 가져온 사회 · 경제적 양극화에 대한 분노의 표출이었다. 그러나 우리는 신자유주의의 맹점을 알면서도 이를 극복할 수 있는 대안을 제대로 찾지 못하고 있다. 특히 최근에 우리 사회에서 발생한 성범죄의 증가, 사이코패스, 게임 중독, 자살, 학교 폭력 등의 문제를 해결하기 위한 대안으로 새롭게 모색되는 것이 공동체의 회복이다.

신자유주의의 병폐를 극복하고 살기 좋은 지역을 만들어가는 대안으로 제시된 것은 바로 지역공동체의 회복이다. 한 사회와 지역이 건강하고 행복해지려면 그 시작이 되는 공동체의 복원과 그 영향력의 강화에서 시작되어야 한다고 보는 것이다. 그런데 여기서 제기되는 문제는 어떻게 공동체를 복원할 것인가에 관한 문제이다. 우리 사회에 공동체 형성을 지원한다면 어떠한 형태의 공동체를 지원할 수 있을 것인가의 문제이다. 최근 서울시에서 다양한 공동체 활성화 운동을 지원하고 있는 것은 이러한 상황적 맥락이 작용된 것으로 보인다.

생활자치는 혼자만의 참여로는 불가능하다. 지역 주민들이 함께 참여를 통하여 이루어진다. 따라서 생활자치의 강조는 자연히 지역공동체를 형성하게 하며, 이를 통하여 신자유주의의 문제점을 보완하는 장치로서 기능할 것으로 기대된다. 이러한 공동체의 활성화는 세 가지 시각에서 접근이 가능하다. 하나는 적극적인 참여를 위한 공동체를 형성하는 것이며, 다른 하나는 행정의 사각 지대를 공동체를 통하여 보완하는 것이며, 마지막으로 공동체 참여를 통하여 공감 · 연대감을 느끼고 경쟁 사회에서 손상된 우리의 감정과 정서를 회복하는 것이다.

생활자치는 어떤 형식으로 실현되는가?

생활자치의 접근 방식은 주민들이 어떻게 참여하느냐를 기준으로 구분한 것이다. 생활자치는 한 사람만의 활동으로는 어렵다. 여러 주민이 모여 공통의 주제에 대하여 고민하고 자신들의 의견을 제출하며, 필요하면 서비스의 생산 과정에도 참여하는 것이다. 공동체 형성을 기준으로 주민자치위원회형, 네트워크형, 자생단체형으로 나눌 수 있다.

주민자치위원회형

읍 · 면 · 동에 설치된 주민자치센터의 주민자치위원을 중심으로 이루어지는 생활자치를 말한다. 읍 · 면 · 동 단위에서 이루어지는 주민자치에 대하여 우리나라 지방자치의 근간을 이루는 법률인 지방자치법에는 어떠한 규정도 두고 있지 않다. 그러나 지방자치법 시행령에는 자치단체의 사무에 '주민자치센터 설치 및 운영'을 규정하고 있어 주민자치센터의 근거가 된다. 앞에서 언급하였듯이 우리나라 읍 · 면 · 동의 77.5%가 주민자치위원회를 구성하고 있고, 전국에 총 66,551명의 위원이 활동 중에 있어 생활자치 실현을 위한 좋은 조건이 되고 있다. 2012년 현재 주민자치센터는 37,967개 프로그램을 운영하고 있으며, 그 중 문화여가 47%, 시민교육 19%, 지역복지 12%, 주민자치가 8%를 차지한다. 따라서 주민자치위원회는 비록 동장의 자문 역할을 하고 있지만 몇몇 자치단체에서는 생활자치를 실현하고 있다.

이러한 주민자치위원회를 중심으로 이루어지는 생활자치는 읍·면·동 사무소와 밀접한 연관성을 가지며 추진하기에 유리한 장점이 있다. 또한 주민자치위원 구성의 기본 단위가 행정의 최일선인 읍·면·동과 일치함에 따라 생활자치의 영역이 지나치게 사적 영역이나 지엽적인 부분에 치우치는 것을 방지할 수 있는 장점이 있다. 무엇보다 주민자치위원회형의 가장 큰 장점은 기존에 구성된 위원회를 중심으로 이루어지므로 생활자치를 위한 별도의 관심 있는 주민들의 모임을 구성할 필요가 없다는 데에 있다.

그러나 이러한 주민자치위원회형은 생활자치라기보다는 오히려 읍·면·동사무소의 행정 기능을 약간 변형한 형태로 나타나 실질적인 자치가 아닌 외형의 생활자치가 될 가능성이 높다. 더불어 읍·면·동장과 시장·군수·구청장의 의견이 강하게 반영되어 주민 스스로 추진하는 생활자치가 퇴색할 가능성도 없지 않다. 또한 주민자치위원회형은 전체 읍·면·동에 관계된 사안에 관심을 가지게 됨에 따라 지역의 일부나 일부 주민들과 관련된 문제를 간과할 수 있는 단점도 지적될 수 있다.

네트워크형

이미 형성된 지역의 시민단체들이 상호 네트워크를 구성하여 주요 사안의 결정이나 서비스의 공급 과정에 대하여 공동 대응하는 형태를 말한다. 네트워크형의 특징은 참여하는 각각의 연결고리가 시민단체나 기존의 생성된 단체를 매개로 이루어진다는 것이다. 즉, 단체들 간의 네트워크를 통하여 새로운 관심사를 함께 접근하는 것이다. 만일 시민 개인 간의 네트워크를 통하여 새로운 공동체나 그룹을 형성하는 경우는 다음에서 설명하는 자생단체형이 될 것이다.

네트워크형의 간단한 예를 들면 축구동호회, 테니스동호회, 야구동호회가 함께 지역 주민들의 취미 생활을 증진하기 위하여 구청에서 관리하는 하천 둔치 구민 운동장에서 주말 체육 프로그램을 개발하는 것도 여기에 들어갈 수 있을 것이다. 서울시 양천구에서는 양천 생활자치 네트워크를 구축한 경험이 있다. 이러한 네트워크를 구축하기 위해서는 공통의 관심인 생활자치의 대상에 대한 공감대 형성이 우선 이루어지는 것이 중요하다. 네트워크를 통하여 생활자치를 할 대상으로 마을 주차 문제 해소, 도서관 시설 보수, 놀이터 확보 등을 들 수 있다.

이러한 네트워크형의 장점은 무엇보다 확장성에 있다. 즉, 생활자치의 대상과 영역이 미리 결정되지 않은 상황에서도 관심 있는 단체 간 연계를 통하여 대상과 영역을 결정할 수 있기 때문이다. 이러한 확장성은 하나의 단체에서 생성된 아이디어가 급속도로 다른 단체에 퍼져갈 수 있으며, 그 영역은 읍 · 면 · 동의 범위를 넘어 확대될 수도 있다. 네트워크형의 또 다른 장점은 지역 내 단체 간 상호 작용을 활성화할 수 있다는 것이다. 생활자치가 주로 지역의 협소한 공동체의 활동에 의지하기보다는 공동체 간 관심사를 서로 나누게 됨에 따라 공동체 간 학습과 교류의 장이 될 수 있기 때문이다.

그러나 네트워크형은 강한 확장성에 비하여 한 번의 연계를 이루기가 쉽지 않다. 각 단체는 그들 나름의 목적과 내부 규칙이 있어 다른 단체와 협력하여 생활자치를 실현하는 데에 많은 한계가 있는 것이 사실이다. 또한 네트워크에 연결되는 단체와 그렇지 못한 단체를 구별하기도 어려우며, 이러한 문제들이 단체들 간의 갈등을 유발할 수도 있다는 것이다.

자생단체형

각 지역마다 주민들로 구성된 각종 동호회(생활체육 및 문화 관련 등) 및 아파트 운영위원회 등 자생적으로 조직된 모임을 중심으로 이루어지는 자치를 말한다. 이러한 자생조직은 이미 오래전부터 지역에서 운영되어 오던 단체일 수도 있지만 생활자치의 대상 사안을 위하여 새롭게 구성된 단체일 수도 있다. 사실 각 지방자치단체의 읍·면·동 단위에는 각종 동호회 및 시민단체가 구성되어 있어 이들을 중심으로 단체장이나 지방의회에 의견이 제기되는 경우가 많다. 물론 이러한 의견의 대부분은 그 단체나 단체 회원들의 이익을 위한 경우도 있지만 지역 발전을 위한 다양한 의견이 제시되는 경우도 없지 않다. 때때로 읍·면·동 단위에서 이러한 자생단체들이 주민자치위원회 활동을 지원하는 역할을 하기도 한다.

자생단체형의 예시로는 아파트 부녀회에서 주변 환경 개선 문제에 대하여 시정부와 협의하는 경우, 축구 동호회에서 풋살장 건설에 참여하는 것 등을 들 수 있다.

자생단체형의 장점은 뚜렷한 목적을 가진 하나의 단체가 자신들과 연관된 행정 영역에 직접 참여할 수 있다는 것이다. 따라서 참여에 구체성이 두드러진다는 특징이 있다. 기존의 단체인 경우는 특별한 조직의 변형 없이 생활자치를 수행할 수 있는 이점이 있다. 또한 각 단체는 자기 단체와 연관된 서비스의 결정과 공급 과정에 관심이 많아 생활자치에 대한 단체들의 참여도를 증진시키는 데 용이하다.

그러나 기존의 단체든 새롭게 형성된 단체든 공공성보다는 자기 집단의 이익을 위하여 서비스 공급을 주장하는 경우가 많아 사적 이익에 대한 통제가 어려운 문제가 제기될 수 있다. 또한 자생단체형은 각 단체들 간 이익의 충돌로 인한 갈등이 유발되어 생활자치를 더욱 어렵게 하는 측면도 있다.

생활자치 활성화를 위한 몇 가지 조건

지역사회로의 분권화

지방자치제가 실시된 이후 줄곧 지방행정에서의 이슈는 '분권'이었다. 즉, 국가 권력을 지방으로 이양함으로써 지방에서도 자기 결정권을 더 많이 가질 수 있도록 하여야 한다는 것이다. 노무현 정부 시절에 만들어진 '지방분권촉진위원회'가 아직도 운영되고 있는 것은 이를 잘 말해 준다. 그러나 국가와 지방 간의 권한 배분인 '분권'도 중요하지만 지방정부에서 지역사회로의 분권화을 통한 '자치'에도 관심이 요구된다. 즉, 지방자치단체에서 읍 · 면 · 동 단위 또는 그 하위 단위 지역사회로의 분권화가 궁극적으로 지방자치를 구현하는 데 중요하다는 사실을 인식할 필요가 있다.

시장 · 군수 · 구청장과 지방의회 의원들이 지방자치를 대표하는 것처럼 짜여진 지금의 자치 제도는 그 형식과 실질 모두에서 수술이 필요하다. 그것은 국가로부터의 분권만큼이나 지역사회로의 분권을 심각하게 고려하여야 한다. 앞에서 언급된 경남 창원시를 예로 들어보자. 현재의 통합 창원시는 100만이 넘는 주민이 살고 있는 기초자치단체이다. 100만 명이 넘는 인구가 하나의 단위로 구성된 자치단체에서 실질적인 주민자치를 수행한다는 것은 이론적으로나 현실적으로 불가능한 일이다. 다만 규모의 경제를 이룬 행정의 효율성을 달성할 수 있을 것이다. 이러한 창원시에 동 단위에서도 주민자치를 실현시킬 수 있는 제도적 장치가 필수적이다.

주민자치위원회의 활성화

앞에서 제시한 지역사회로의 분권화의 하나로 제시될 수 있는 제도적 방안이 바로 주민자치위원회의 활성화이다. 읍 · 면 · 동별로 25명 이내로 구성된 주민자치위원회를 동장의 자문기구에서 실질적인 지역의 주요 사안을 결정할 수 있는 의결기구로 격상할 필요가 있다. 이를 통하여 주민자치위원이 지역 문제에 적극적인 관심을 가지도록 유도하고 지역공동체의 리더로서 육성할 필요가 있다. 물론 지방의회 의원이나 단체장과의 충돌 문제 등이 야기될 수 있으나 이러한 문제는 의결권의 정도에 제한을 두어 현재의 예시적으로 규정된 조례에서 주민자치위원의 역할을 나열형으로 바꾸어 의결이 필요한 내용을 명확히 규정하는 것도 하나의 방법이 될 수 있다.

또한 주민자치위원회가 실질적으로 주민들의 의사를 대변할 수 있도록 선출 방식, 회의 일정 등을 내실화할 필요가 있다. 현재는 주로 지방의회 의원이나 단체장이 암묵적으로 추천한 인물을 동장이 임명한다든지, 동장과 친한 지역 유지를 임명하거나, 통 · 이장 중에 일부를 자치위원으로 임명하는 경우가 많다. 이러한 방식은 주민의 대표성을 확보하기 어려운 측면이 있다. 자치위원의 역할도 주로 문화나 여가 프로그램에 대한 아이디어나 동장이 주최하는 자문회의에 참석하는 수준이다. 주민자치위원회의 내실화는 지역사회에서의 공동체 활성화와 생활자치를 자연스럽게 이룰 수 있는 방안의 하나로 적극적으로 고려될 필요가 있다. 최근 서울시에서는 주민자치위원 아카데미를 개설하여 좋은 반응을 불러일으켰다. 여기서는 각 구청 단위에서 주민자치위원을 모아 주민자치위원에 대한 역할, 지역공동체 형성의 우수 사례 등을 학습하는 교육이 진행되었다.

지역사회에서 주민 참여 유도

생활자치를 위하여 가장 중요한 것은 지역 주민의 적극적인 참여이다. 즉, 단순한 참여의 문제가 아니라 참여의 적극성이 핵심이다. 프라티(J. Pretty)가 제시한 일곱 가지 참여 유형에 비추어 생활자치를 위한 시민 참여의 바람직한 참여 유형을 찾을 수 있다. 프리티가 말하는 수동적 참여는 시민들은 정부에서 제시된 정보만 알 수 있으며, 주요 정보는 전문가 집단만 공유하는 형태이다. 정보 제시 참여는 설문조사나 이와 유사한 방식의 조사에 시민들이

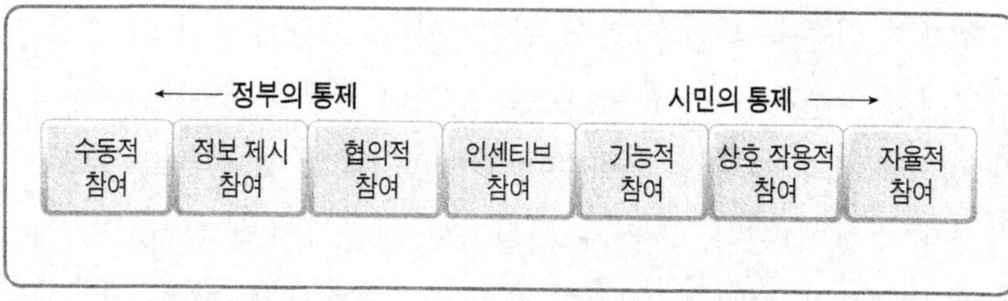

[그림 3] 프리티가 제시한 일곱 가지 참여 유형

답하는 참여 형태이며, 협의적 참여는 정부의 요청과 필요에 따라 시민 대표들에게 의견을 듣는 형태이다. 인센티브 참여는 시민들이 정부로부터 물질적인 인센티브를 받는 대가로 노동과 시간을 제공하여 참여하는 형태이다. 이러한 네 가지 형태는 지극히 소극적인 참여로서 국가 정책은 몰라도 지역사회 서비스 공급에서의 주민 참여로는 바람직하다고 볼 수 없다.

프리티가 제시한 기능적 참여는 정부 프로젝트에 시민단체가 자신들의 조직을 활용하여 그 프로젝트 집행에 일부로 참여하는 것이다. 예를 들면, 정부의 어린이 공부방 사업에 지역 학부모 모임이 어린이 공부방을 만들어 프로젝트에 참여하는 것이다. 상호 작용적 참여는 행정기관이 주도하는 것이 아니라 시민사회 참여자들의 적극적인 참여로 정책 개발이 활발히 이루어지는 경우이다. 마지막으로 자율적 참여는 정부의 개입 없이 시민단체들이 주도적으로 프로젝트를 개발, 운영하는 참여 유형이다.

생활자치를 위한 서비스 대상의 발굴

무엇이 생활자치의 대상이 될 수 있는지의 문제는 현실적으로 생활자치 실현을 위한 고민이 될 수 있다. 그런데 자치의 대상은 지역에서 발생하는 공공 서비스의 영역이 모두 대상이 된다고 볼 때 생활자치의 영역도 우리 주변에서 발생하는 대부분의 공공 서비스가 대상이 된다. 그러나 현실에서 생활자치를 실현시키려는 시민단체의 입장에서는 일종의 자치 프로젝트라고 명명할 수 있는 대상을 찾고 싶어한다. 또한 이런 대상을 발굴하는 것도 쉽지 않다. 아마도 생활자치의 초기의 한계는 바로 대상의 발굴 문제가 제기될 수 있을 것이다.

이 책에서 사례로 언급되었듯이 생활자치의 대상은 주민이 공공 서비스의 공급에 참여할 수 있는 것이면 모두가 대상이 된다고 볼 수 있다. 참여의 정도는 프리티가 말한 적극적인 참여만을 의미하는 것도 아니다. 비록 정부에 의견 정도를 개진하거나 설문조사에 참여하는 소극적인 참여일지라도 생활자치의 실현에 도움이 된다면 의미 있는 참여가 되는 것이다. 다만 위의 생활자치의 형식에서 네트워크형이나 단체형 또는 주민자치위원회형에서는 프로젝트 단위의 업무를 대상으로 선정하기를 원하고 이것의 발굴이 어려울 수는 있다. 교육, 안전, 스포츠, 근린 생활, 지역 발전, 재능 기부, 지역봉사 등 다양한 분야를 찾아 생활자치의 대상으로 삼을 수 있다. 이러한 대상의 발굴도 생활자치를 활발히 하기 위하여 전제 조건으로 필요하다. 주민 참여에 의하여 결정할 서비스 대상이 있어야 하며, 서비스 대상이 많을수록 더욱 활성화될 수 있을 것이다.

생활자치의 기대 효과

무엇보다 생활자치를 통하여 주민 참여 활성화를 기대할 수 있다. 지금까지 주민 참여가 소극적이고 행정이 제시하는 문제에 대하여 주어진 매뉴얼에 맞게 참여하는 한계를 극복하지 못하였다. 그러나 생활자치의 활성화는 참여 대상의 설정에서부터 주민 스스로 결정하는 것으로 적극적인 참여뿐 아니라 내실화도 기할 수 있는 장점이 기대된다.

두 번째는 '작은 정부'에서 '양질의 서비스' 실현을 기대할 수 있다는 것이다. 작은 정부와 효율성을 지향하는 현실에서 생활자치의 논의는 주민 참여를 통한 더 많은 양질의 공공 서비스를 제공할 수 있는 방안을 마련하는 데 도움을 줄 것이다. 또한 주민들이 공공 서비스의 결정과 공급 과정에 많은 관심을 가지게 되면서 행정 내부의 감시뿐 아니라 주민들의 책임성도 증대될 것으로 기대된다. 이를 통하여 자연히 지역사회 시민 의식의 성숙을 기대할 수 있을 것이다.

세 번째는 지역공동체의 활성화이다. 주민 스스로가 공공 또는 공사가 혼재한 서비스의 공급을 위한 결정 과정이나 생산 활동에 참여하는 것은 개인적으로 참여하기는 쉽지 않다. 왜냐하면, 지역주민 몇몇이 공적 영역에 대한 서비스 공급의 개선을 요구하는 것이 과연 주민 전체를 위하여 필요한지에 대한 문제도 제기될 수 있기 때문이다. 결국 공적 영역에 대한 주민들의 뜻은 하나의 공동체 형성을 통하여 실현될 가능성이 높으며 활동의 신뢰도를 높일 수 있기 때문이다. 따라서 생활자치의 확대는 자연스럽게 지역공동체를 활성화되도록 유도하는 기능을 할 수 있다는 것이다.

네 번째로 궁극적으로 지역사회 발전에 이바지할 수 있다는 것이다. 지역 주민 스스로 자기 지역의 발전을 위하여 서비스의 결정과 생산 활동에 참여하는 것은 주민의 자부심을 증가시키고 애향심을 고취하게 된다. 이를 통하여 주민들은 서서히 자기 지역에 부족한 부분을 개선하고 더 살기 좋은 지역으로 만들어가게 될 것이다. 마을 입구의 벤치가 특이한 모습으로 바뀌고 횡단보도가 더 안전하게 바뀌는 작은 변화이지만 주민들의 자긍심을 높이고 지역의 새로운 변화의 촉발제가 될 수 있다.

마지막으로 실질적인 분권의 촉진이다. 생활자치의 강조는 지역사회로의 분권을 유도하여 주민에게 피부에 와닿는 실질적인 분권을 이룰 수 있다. 지역사회로의 분권은 지금까지 추진된 지방자치를 더욱 성숙하게 만들 뿐 아니라 주민이 실질적인 주체가 되는 지방자치의 실현을 가능하게 할 것이다.

생활자치의 체제와 일본 사례

김찬동 (서울연구원 연구위원)

생활자치 체제

자치와 생활자치

생활자치는 자치의 한 방식이다. 자치는 스스로 다스리는 것을 의미하고, 자치의 핵심은 자기 입법과 자기 통제를 그 구성 요소로 한다. 즉, 스스로 자신을 규율할 수 있는 법을 만들 수 있어야 하고, 또 이 법(law, rule)에 따라서 스스로를 통제할 수 있어야 하는 것이다.

법을 스스로 만들 수 없다면 이는 자치가 아니다. 타치(他治)이고 피지배되고 있는 것이다. 스스로 법을 집행하고 통제할 수 없다면, 이것도 자치가 아니다. 이는 예속된 것이고 종속된 것이다.

따라서 자치는 법치(法治)라고도 할 수 있다. 법에 따라서 다스리는 것이다. 그 법을 만드는 것이 스스로 만드는 것이므로, 이는 민주주의 제도와도 긴밀한 관계를 가지고 있다. 즉, 시민이 주권자라는 것이다.

통치 제도에서 왕정은 왕이 주권자이고 귀족정은 귀족이 주권자가 된다. 그러나 공화정에서는 시민이 주권자가 된다. 자치는 시민이 주권자가 되어 법을 만들고, 그 법에 따라서 시민이 다스림을 받는 것이다. 즉, 시민은 이중적 입장에 처하게 된다. 시민이 법을 만들기도 하고 그 법에 다스림을 받기도 해야 하는 것이다.

개인 영역에서도 양심의 법이란 것이 있다. 즉, 양심에 따라서 스스로 내면의 법을 정하고 그 규율에 따라서 스스로를 관리하고 경영한다. 양심의 수준은 개인에 따라서 다를 수 있다. 어떤 사람은 횡단보도의 신호를 어기는 것을 범법 행위로 여기고 이를 엄격히 지키는가 하면, 어떤 사람은 차가 오지 않고 보행자에게 피해를 주지 않는다고 하면 무시하여도 된다고 여긴다. 또 어떤 사람은 불륜을 행하여도 당사자 간에 합의만 하면 죄가 아니라고 하기도 하고, 어떤 사람은 음란한 동영상을 보는 것만으로도 간음한 것으로 여기는 법규범을 가지고 있기도 하다.

다시 말해, 자치란 어떤 법을 가지고 있는가, 어느 정도의 법 수준을 가지고 있는가에 따라서 다스림이 쉽기도 하고 어렵기도 하다. 엄격한 법 기준을 가지고 있으면 다스림이 매우 어렵다. 그러나 법 기준을 낮추어 버리면 누구나 쉽게 다스릴 수 있다.

그러나 그 자치에는 책임이 따른다. 자치의 정도와 수준에 따라서 그 사람의 인격이 평가되기도 한다. 낮은 자치 수준을 가지고 있으면 악인이라고 평가하기도 하고, 높은 수준의 자치 수준을 가지고 있으면 선인이라고 평가하기도 하는 것이다.

자치에는 이처럼 통치 제도에서부터 개인의 마음을 다스리는 양심에 이르기까지 다양한 레벨을 다룰 수 있는데, 이 장에서의 주제는 생활에 대한 자치이다. 생활자치에 대한 개념이 나오게 된 배경에는 지방자치에 대한 20년간의 노력에도 불구하고 과연 우리 한국 사회에서 자치가 가능할 것인가에 대한 회의에서 비롯된 것이라고 할 수 있다. 1991년에 지방의회가 선거를 통하여 부활함으로써 지방자치를 시작하였다. 그리고 1995년에는 단체장의 선거로 주민들이 지방자치단체의 책임자를 선출하였다. 그리하여 중앙정부에서 대통령이 임명하던 중앙집권 행정을 마감하고 지방자치의 시대를 연 것이다.

그러나, 20년간의 지방자치에도 불구하고, 여전히 지방자치단체는 조례 하나도 자치적으로 만들 수 없고, 예산도 70% 이상이 중앙정부의 예산이어서 중앙정부의 보조금과 교부금에 의존하여 지방자치단체의 사업을 집행하게 되어 있어, 자치를 할 수 있는 환경이 되어 있지 않다는 지적을 받고 있다.

시 · 군 · 구의 지방자치단체는 자치를 하기에는 그 규모가 너무 크다는 지적도 있다. 한국의 지방자치단체의 평균 인구가 20만에 이르는데, 이는 미국이나 프랑스 등에서 기초자치단체의 평균 인구가 1만 명이 채 되지 않는 것에 비교하면, 규모가 너무 커서 자치를 하기 어렵고, 통치의 수준이 아닌가 한다. 그래서 생각하게 되는 것이 읍 · 면 · 동 수준에서의 자치가 그나마 자치에 가까운 것이 아닌가 한다. 그래서 동에는 주민자치위원회라는 것을 두어서 주민자치를 도입하기 위한 제도적 장치를 1999년 이래로 두기 시작하였다. 그렇지만 이것도 서울시의 경우에는 인구가 2만 이상이 되고 주민들이 참여하는 비율이 1%에도 이르지 않는다. 또 주민자치위원들도 공모를 부분적으로 도입한다고 하지만, 여전히 관변단체에 속한 사람들이 아직도 상당한 영향력을 가지고 있어 주민들이 스스로 다스리는 자치 수준에 이르렀다고 하기에는 요원하다고 할 수 있다. 또 여기에는 주민센터가 가진 법제도적인 권한이나 예산의 정도가 매우 적어서 주민들의 생활에 미치는 영향력이 한정되어 있어 주민들의 참여에 대한 의욕도 일으키지 못하는 측면도 있다.

그래서 이러한 지방자치, 주민자치의 한계를 극복하기 위하여 자치의 이론적이고 역사적인 개념을 회복하고, 또 민주주의의 교육을 위한 실험장으로서 설계되어야 하는 것이 바로 생활 영역에서의 생활자치여야 한다는 입장에서 생활자치의 개념이 대두되었다. 생활자치는 생활과 관련된 근린성을 가진 자치라고 할 수 있다. 생활은 주민들의 보육 문제, 교육 문제, 청소 문제, 도로와 공원 문제, 레크리에이션에 관련된 것부터, 최근에는 노인요양 문제, 일자리 문제, 의료보험과 연금 문제에 이르기까지 포함한다. 이렇게 생각하면, 생활이란 것이 단지 주민의 생활에 관련되는 것이지만, 그것은 어떤 의미에서는 국가의 개입이 요청되는 경우도 있음을 알 수 있다. 즉, 국가의 정책이나 사업과 관련된 것도 주민들의 생활에 영향을 미치고, 생활자치의 영역에 영향을 줄 수 있는 것이다.

이렇게 되면, 생활자치를 국가 통치와 지방자치, 그리고 지방자치와 주민자치와 구분하기가 극히 어렵다. 따라서 생활자치의 개념을 생각할 때, 다시 자치의 개념으로 돌아가서 생각해 보아야 한다. 자치란 무엇인가? 자기 입법과 자치 통제라고 할 때, 스스로 입법을 하고 스스로 통제할 수 있는 적절한 규모는 과연 어느 정도인가라는 문제로 돌아오는 것이다. 자치의 역사적인 전개는 그리스 아테네의 도시국가에서 비롯되었다. 즉, 인구 2~5만 정도의 규모의 도시가 도시의 치안과 방위, 입법과 통치자의 선출까지 민회(民會)에서 스스로 자치하였다는 것이다. 그리고 이러한 자치의 역량이 바벨론의 왕정에 의한 군사적 침략까지 막아내었다는 것을 통하여 도시국가의 자치연합이란 것이 얼마나 강력할 수 있는가를 보여주었다.

한국의 역사에서도 도쿠가와 이에야스(德川家康)가 조선을 침략하였을 때, 강력한 중앙집권적 국가의 침략으로 불과 한 달 안에 한양이 함락되고, 평양도 점령당하였지만, 조선의 백성들이 의병을 조직하여 일본군의 보급로를 공격하여 곤경에 처하게 하여 결과적으로 후퇴할 수밖에 없게 만든 것도 관군이 할 수 없었던 것을 백성들 스스로가 군사를 일으킨 의병의 저력이 있어 가능하였던 것이다.

글로벌 시대에 경쟁을 강조하고 큰 것이 강하다고 하는 시대적 흐름 속에서 나타난 양극화의 문제를 해결하는 데 생활자치가 기여할 수 있을 것이라고 본다. 주민들이 생활의 문제를 가지고 근린성을 가진 이웃들이 공동으로 공적인 문제를 생각하고 이 공공의 문제를 해결하기 위하여 법을 만들고, 이 법을 지키고 집행하려는 노력이 바로 생활자치라고 할 수 있다. 생활자치는 사적인 영역을 넘어서 공동의 공적인 문제를 다루려는 공동체의 노력이다. 생활자치가 형성되기 위해서는 먼저 공동체가 구성되어야 한다. 그러면 개인의 영역을 넘어서 공동체라고 할 수 있는 규모는 어느 정도여야 하는 것일까?

생활자치의 규모

생활자치는 공동체의 자치라고 할 수 있다. 공동체는 하나의 몸이 된다는 의미로서 개인을 넘어서 다수의 사람이 모인 모임이라고 할 수 있고, 이러한 다수의 모임이 하나의 몸과 같이 여겨져야 하는 것이다. 공동체를 영어로는 커뮤니티(community)라고도 하는데, 이는 서로 소통되어서 하나가 되는 것을 의미한다. 상호 소통이 되기 위해서는 자주 만나야 할 것이고, 하나로서의 가치를 가지고 있어야 하며, 나의 이기심을 넘어서 다른 사람을 사랑하고 섬기는 것을 통하여 하나임이 확인되어야 할 것이다.

공동체의 가장 대표적인 것이 바로 가정이다. 가정은 부부 관계가 기본이고 자녀들을 포함하여 이루어진다. 가정은 바로 하나의 생활 공간이기도 하다. 잠자리를 같이하고, 같은 공간에서 먹기도 하고, 대화와 소통을 하는 공간이다. 부부 관계는 서로 사랑하기로 약속한 관계이다. 가정은 사랑의 공동체인 것이다. 가정에서는 자녀를 양육한다. 자녀는 부부의 사랑의 선물이기도 하고, 부부의 가치관으로 교육되어 일정한 시기가 되면, 새로운 가정을 이루도록 독립시켜 나간다. 가정에도 가훈(家訓)이라고 하는 법이 있기도 하다. 그 법을 부부가 세우기도 하고, 자녀들과 같이 만들기도 한다. 그 가훈을 집행하는 것은 가족이다. 명문 가정이라는 평가는 훌륭한 가훈을 가지고 자녀들을 이 사회에 기여할 수 있는 사람들로 키워내었을 때 받는다. 가정은 공동체의 자치가 이루어지는 대표적인 공간이다.

그 다음으로 생활자치의 대상이 되는 경우가 바로 어린이집이나 초중고등학교라고 할 수 있다. 이는 자녀들의 보육이나 교육을 통하여 형성되는 공동체이다. 어린이를 맡아주고 있는 것을 통하여 형성된 부모들과의 네트워크는 지역사회에서의 공동체로 여겨질 수 있는 공간이다.

초등학교의 경우에도 자녀들의 교육을 통하여 일정한 지역에서 학부모들 간의 네트워크에 의하여 형성될 수 있는 지역공동체라고 할 수 있다. 물론 이 경우에는 목적이 보육과 교육이라는 특정한 공공 서비스의 제공을 위한 한정된 공동체이다. 그리고 특정한 목적을 넘어서는 영역까지 공동체로서 시간을 내거나 자원을 내려고 하지 않을 수 있다. 만일 누군가가 가정을 넘는 지역공동체를 만들려고 한다고 하면, 목적을 가지고 공동체성(共同體性)을 확보하기 위한 노력을 기울여야 할 것이다.

보육의 경우에는 수명 혹은 수십 명의 어린이를 돌보는 곳에서부터 수백 명에 이르는 경우도 있을 수 있다. 도시에서 학교의 경우에는 천 명을 넘는 경우도 있을 수 있다. 물론 한 학년으로 하면, 수십 명에서 수백 명에 이를 수 있다. 이들이 학부모회를 통하여 하나의 공동체를 이루고 그 학교 운영에 참여하기도 한다. 학교운영위원회에는 학부모 대표들이 참여하여 의사결정을 하는 것이다.

이와 유사한 공동체가 아파트단지의 공동체이다. 공동시설에 대한 공공적 관리를 목적으로 형성되어 있는 입주자대표회의와 아파트관리사무소가 그러한 것이다. 즉, 아파트 입주자를 대상으로 구성원이 형성되어 아파트 관리비의 일부로서 계단, 엘리베이터, 청소, 방범, 정원관리, 쓰레기 청소 등의 공동적 일을 처리하고 있다. 최근에 입주자대표회의는 공동시설의 공공적 관리라는 한정된 목적을 넘어서 취미 프로그램이나 교양 강좌 등을 통하여 공동체로서의 일체성을 가질 수 있는 프로그램을 도입하면서, 시설관리 조직으로서의 한계를 극복하려고 노력하고 있다.

인구 규모로는 10여 세대에서 수만 세대까지 있을 수 있다. 법률적으로 의무화되어 있는 것은 250세대 이상으로서 그 규모는 1만 세대 혹은 그 이상까지의 규모가 있다.

여기서 다음 단계의 공동체를 생각해 보기 전에 언급하여야 할 것이 바로 교회공동체(church community)이다. 교회라는 곳은 독특한 공동체이다. 특정한 지역을 중심으로 형성되는 로컬 교회공동체가 특히 그렇다. 즉, 구성원들이 정기적으로 만나고, 신앙으로 한 몸이라고 하는 의식을 가지고 있다. 또 신앙의 핵심이 사랑이므로 구성원들 간에 서로 돕고 섬긴다. 그리고 일정한 헌금을 통하여 재정력을 가지고 있고, 총회를 통하여 재정 운영에 대한 투명성을 가지고 있다. 또 교회공동체를 전업적으로 담당하는 목사와 사역자들이 존재하고, 이들은 최소한의 보수를 받고 교회 운영을 담당하고 있다. 구성원들은 자원봉사를 통하여 교회 내부의 일들을 봉사함과 동시에 지역사회에 대한 다양한 필요에 대해서도 봉사하고자 하는 열정을 가지고 있다. 현재는 교회공동체에 들어오지 않았지만, 지역사회 전체에 대하여 교회공동체에 누구나 들어올 수 있고, 또 들어올 수 있도록 개방성을 가지고 있다. 이를 위하여 교회공동체는 지역사회에 대한 투자와 구제를 적극적으로 하려고 한다.

교회는 어린이집을 운영하기도 하고, 대안학교를 운영하려고 하기도 한다. 장애인시설이나 노인정을 방문하여 볼런티어로 봉사를 하기도 한다. 그리고 그것을 기쁨으로 여긴다.

그 다음으로 지역사회에 존재하는 공동체로서는 읍 · 면 · 동사무소가 있다. 서울의 경우에는 행정기관의 말단기관으로서의 주민센터와 주민들의 자치적 단체로서 주민자치위원회가 존재한다. 지역의 종합적인 사무를 담당하는 단체로서의 가능성이 가장 큰 곳이고, 주민들이 행정에 참여할 수 있는 가능성이 가장 높은 곳이다. 그러나 이 주민자치위원회에도 주민들의 참여에는 한계가 있다. 서울시의 경우 평균 약 2만 명에 이르는 주민들의 대표로 선출되는 방법도 선거가 아닌 임명으로 되어 있다. 또 읍 · 면 · 동에 부여되어 있는 권한이나 예산도 극히 한정적이다. 따라서 자치를 하기에는 한계가 많다. 자치적인 규범을 만들 수 있는 것도 아니고, 자치를 위한 자원을 스스로 모을 수 있는 것도 아니다. 주민의 대표로서 정당성을 가지고 있는 것도 아니다.

현재 주민자치위원회에서는 주로 자치센터의 교양 프로그램 운영에서 수강료의 결정이나 프로그램 강좌의 존폐에 대한 결정 권한을 가지고 자치적으로 운영하도록 되어 있는 정도이다. 그리고 주민자치위원들이 지역에 대한 봉사로서 독거노인에 대한 반찬 만들기, 가로 청소와 정비, 지역축제 만들기, 마을도서관 운영 등 지역을 위한 봉사를 하는 것이다.

생활자치를 한다고 하면 가장 가능성이 있는 공간이지만, 현실적으로 생활자치가 가능할 수 있는 법제도나 재정 구조가 갖추어져 있지 않다. 또 인적 구성면에서도 한계가 있다.

생활자치의 규모로서는 앞에서 언급한 정도의 크기까지가 적당하다고 볼 수 있다. 이 규모를 넘는 것은 이미 지방자치의 영역으로 들어가는 것 같다. 시 · 군 · 구의 경우에는 국가행정의 일부를 자치적으로 처리하는 자치단체로서의 성격이 강하고 그 규모도 서울시 자치구의 경우에는 이미 평균 인구가 40만에 이르기에 '행정자치'의 영역이지 '생활자치'의 영역이라고 하기는 어려울 것 같다. 그런 의미에서 생활자치는 '행정자치'에 대응하는 개념으로 볼 수 있고, 행정자치는 국가행정의 일부로서 자치적으로 처리하기 위하여 허용된 영역으로 볼 수 있다.

그런 의미에서 생활자치는 생활에 관한 자치이고, 이에 대한 반대 개념으로는 행정자치 혹은 '국가행정자치'라고 할 수 있다. 생활자치의 반대 개념으로서 국가행정자치라고 할 경우에 생활자치는 '지역생활자치'라고 할 수 있다. 복지국가에 대응하는 개념으로서 '지역복지'라는 용어가 일본에서 사용되는 경우가 많은데, 이는 복지를 국가의 책임으로 두고 있는 패러다임에서 복지의 책임을 지역이 자치적으로 해결하려고 하는 패러다임을 의미한다는 뜻에서 사용된다.

생활자치의 개념을 지역생활자치의 개념으로 정리하면, 자치의 책임을 국가에 두는 것이 아니라 '지역'에 둔다는 의미가 있고, 그 내용은 바로 '생활'이란 점이다. 최근 생활의 질 혹은 삶의 질이 중요한 개념으로 등장하는데, 바로 이 생활의 질을 향상시키기 위한 시스템 혹은 패러다임으로서 생활자치의 개념이 등장하게 된 것이다.

생활자치의 계층

생활자치의 계층은 지방자치의 영역이 다루지 않는 영역이라고 할 수 있고, 지방자치가 다루는 영역은 이미 지방자치단체가 존재한다. 즉, 국가행정의 하부기관으로서 지방자치단체가 존재한다. 여기에는 광역시 · 도가 있고, 시 · 군 · 구가 존재한다.

국가행정은 사실은 자치의 원리가 도입되어 있는 곳이다. 즉, 국회의원을 선출하여 국회를 구성함으로써 입법을 하고 있고, 이러한 법률의 집행을 위하여 행정부의 국가행정이 존재하는 것이다. 다시 말해 국가행정에는 대의제 민주주의의 자치 원리가 도입되어 있다.

광역시 · 도와 시 · 군 · 구에도 대의제 민주주의의 자치 원리가 한국의 경우 1991년 이후에 새롭게 도입되거나 부활하였다. 그런데, 그 이하인 읍 · 면 · 동에는 자치 원리가 도입되어 있지 않다. 그리고 그 이하인 아파트단지에서 입주자대표는 주민들의 선거로써 선출되도록 되어 있다. 단 그 선출 과정이 공식적인 선거 과정이 아니라 어느 정도 임의적인 과정으로 되어 있어서 그 참여율이나 투명성에서는 한계가 있지만, 형식적으로는 주민 대표로서의 지위가 부여되어 있고, 아파트 관리비의 사용이나 공공시설의 관리에 대한 책임을 가지고 있는 것이다.

생활자치 계층은 주민자치의 기반을 가지고 형성되어야 한다고 할 때, 현재 가장 가능성이 있는 것은 아파트단지와 학교운영위원회 정도를 들 수 있다. 현재는 특정한 공동 서비스에 한정되어 있지만, 이 영역을 종합성을 가진 서비스 공급의 책임을 질 수 있는 곳으로 만들어야 할 것이고, 주민자치의 역사와 철학이 약한 한국 사회에서는 국가행정 혹은 지방자치행정에서 주민자치가 조성될 수 있는 여건과 기반을 마련해 주는 것이 무엇보다도 필요하다.

뒤에서 소개할 일본의 생활자치 사례나 생활자치의 전개와 관련

표 1 생활자치의 계층 구분

계층	운영 인력의 선출 방식	자치 원리 유무
국가행정	대의제 민주주의	유
광역시 · 도	지방자치	유
시 · 군 · 구	지방자치	유
읍 · 면 · 동	임명	무
아파트단지/학교/어린이집	주민자치/임명/복지사업 경영	유/무
가정	천부적/계약적	–

하여 주의할 것은 한국에서의 시 · 군 · 구는 230개 정도에 불과하지만, 일본의 시 · 정 · 촌(市町村)은 현재 1,700여개에 이르고 있기 때문에 한국의 계층으로서는 읍 · 면 · 동 수준에 해당되는 것이라고 할 수 있고, 일본에서 자치체의 하위 단위로서 커뮤니티는 그런 점에서 한국에서의 아파트단지나 학교, 어린이집 등과 관련된 네트워크와 관련되는 정도라고 비교할 수도 있다. 따라서 일본의 사례 이해에서는 계층의 레벨로서는 가정과 읍 · 면 · 동의 사이에 해당하는 정도라고 이해하면 될 것이다.

생활자치의 내용과 운영 구조

생활자치의 내용

생활자치는 생활의 자치이다. 생활은 행정에 대비되는 것이다.

행정은 주로 국가의 예산을 집행하고 국가의 정책을 집행하는 것인데 비하여 생활은 주민의 삶의 질과 생활의 서비스에 관한 자치이다. 물론 행정자치와 생활자치가 만나는 접점, 즉 양자가 융합하는 영역이 있을 수 있다. 그것이 한국 지방자치의 현실에서는 읍·면·동 정도의 계층이지 않은가 한다. 그리고 그 규모는 서울시의 경우는 인구 2만 정도의 단위이다. 즉, 이를 경계로 하여 생활자치는 그 이하의 계층을 대상으로 한다.

이런 관점에서 국가행정 지방자치에서 담당하는 것은 주로 주민의 복지 증진, 산업 진흥, 지역 개발과 주민의 생활환경시설, 교육 체육문화예술 진흥 사무, 지역민방위와 소방, 구역조직 행정관리에 관한 사무의 여섯 가지로 되어 있다.

복지 증진에서는 주민복지 관련 사업, 사회복지시설의 설치 운영 관리, 생활곤궁자의 보호 지원, 노인·아동·심신장애인·청소년 여성 보호와 복지 증진, 보건진료기관 설치 운영, 청소 및 오물 수거 처리, 지방공기업의 설치 운영에 이르고 있다. 즉, 국가행정의 지방자치에서 주민생활의 거의 모든 영역을 포함한다.

이런 점에서 과연 생활자치의 고유한 영역이 존재할 수 있을까 하는 의문이 든다. 즉, 지방자치단체의 사무 범위로서 "관할 구역에 속하는 자치사무와 법령에 따라서 지방자치단체에 속하는 사무"로 되어 있으므로, 자치사무에 해당하는 거의 모든 것이 포함되고, 위에서 제시한 것은 그 일부 예에 불과하다.

다시 말해, 생활자치의 고유한 내용은 지방자치단체의 자치사무에 해당하지 않거나 법령에 규정되어 있지 않는 것이어야 한다는 것이다. 따라서 법률 해석론적으로만 따질 것은 아니라고 본다.

자치의 고유한 영역으로서 미국식의 주민자치 전통이 강한 곳에서는 교육, 경찰, 소방, 상하수도, 도로와 공원, 토지 이용, 레크리에이션 등의 사무가 해당된다. 복지에 대한 사무는 주정부나 연방정부의 사무로 되어 있는 것으로 보인다. 주민자치에 입각한 지방자치에서는 세원(稅源)을 주민들이 직접 부담하고 그에 대한 책임성을 구역 내에서 확보하여야 한다. 그리고 그러한 경영의 실패 시에는 자치정부도 파산하게 된다. 미국 지방자치의 평균 규모가 7,100명 정도이므로 생활자치의 규모라고 여겨지기 때문에 생활자치의 고유 영역으로서 유추하여 본 것이다.

이러한 미국식 지방자치의 모습을 염두에 두면서, 한국에서 생활자치의 영역을 새롭게 설계하고 고유한 영역을 확보하려고 한다는 관점에서 생각할 수 있는 것은 학교, 보육, 청소, 가로 정비와 공원 조성, 방범, 체육문화 등의 영역이지 않을까 한다. 즉, 한국에서 생활자치의 적정 단위로서 읍 · 면 · 동과 가정의 중간 수준의 계층을 염두에 두고, 주로 서울시의 경우를 예를 들면 아파트단지를 염두에 둔다고 할 때, 아파트단지 공동체에서 생활자치의 대상으로 할 수 있는 주된 것이 바로 교육, 보육, 청소, 단지의 가로 정비와 조경, 방범, 체육문화 교양, 구제 등의 영역이라고 할 수 있다.

현재 서울시 아파트단지의 경우에는 주택법에 의하여 아파트입주자대표회의라는 법률상의 조직이 있고, 아파트 관리비의 징수와 이의 집행에 대한 법률적인 권한을 가지고 있다. 현재는 공동시설의 관리에 대한 법률적 권한을 가지고 있지만, 법률 개정에 의하여 점차로 커뮤니티 형성을 위한 체육문화 교양과 관련된 프로그램을 운영할 수 있도록 되었고, 이를 위하여 필요한 예산을 지방자치단체에서 지원할 수도 있는 단계에까지 이르렀다. 또 아파트단지에는 경로당도 설치되어 있고, 최근에는 자동잠금 장치 등에 의한 방범시설이 설치된다든지, 보육원을 단지 내에 설치하는 경우도 늘어나고 있다. 또 일정 규모 이상의 아파트단지에서는 유치원을 위한 부지가 있고, 상가시설을 위한 부지도 있으므로, 지역 단위의 생활자치가 될 수 있는 법제도적 기반이 되어 있다고도 할 수 있다.

문제는 지금까지 이러한 토지 이용에 대한 규제가 주로 도시계획관리이라고 하는 하드웨어적인 관점에서만 법제도가 입안되고 운영되었으며, 이것이 주민들의 자치라고 하는 소프트웨어적인 관점이 빠져 있었던 것이다. 이는 국토교통부와 안전행정부라고 하는 중앙부처의 할거주의적인 사무 처리에서 발생한 것이라고 비판할 수도 있다. 따라서 지역에서는 주민들의 삶의 질을 종합적으로 처리하고, 지역성을 살리면서 처리할 수 있는 패러다임이 요청된다. 바로 생활자치의 필요성이 대두되는 이유이다.

생활자치의 운영 구조

생활자치는 자치의 한 유형이므로 대표성을 가지고 있어야 한다. 그리고 자치는 자치로서의 전문성을 가지고 있어야 한다. 생활자치의 운영 구조를 위해서는 의사결정 조직과 집행조직으로 나누어서 구성될 수 있다. 의사결정 조직은 입법조직이라고도 할 수 있다. 즉, 자치 단위에서 필요한 사항을 입법할 수 있는 권한을 가진 조직이다. 입법 권한은 자유민주주의의 정체(政體, polity)에서는 시민의 대표여야 한다. 즉, 시민들에 의하여 선출되거나 대표로서의 권한을 위임받아야 한다. 혹은 주민총회형의 의사결정 조직에서는 투표권을 가진 주민들 한 사람 한 사람이 의사결정권자가 된다. 대표들은 일정 기간 주민들의 의사결정권을 대리하여 행사하게 되고, 이들은 주민에게 그 결과를 투명하게 밝혀야 한다. 의사결정에 대한 주민들의 반응을 듣고 자신의 의사결정에 대한 설명 책임을 다하기 위하여 주민들과의 의사 소통에 충실하여야 한다.

집행조직은 의사결정 조직에서 결정한 것을 충실하게 집행하고 그것을 효율적으로 집행할 수 있는 역량을 구비하여야 한다. 바로 여기에서 집행을 위한 전문성이 요구된다. 이러한 전문성은 생활자치의 내용에 상응하는 전문성의 영역이 필요한 것이고, 생활자치의 문제가 안고 있는 문제의 복잡성과 수준에 따라서 전문성의 깊이와 높이가 달라지게 된다.

생활자치는 대표성을 가진 대표자와 집행의 전문성을 가진 집행자의 상호 협력에 의하여 운영되어야 한다. 법률적으로는 대표자를 우선하는 것이지만, 현실적으로는 집행자의 전문성과 책임성을 존중하여야 한다.

생활자치의 운영 구조로서 대표자 가운데 한 사람을 집행조직의 책임자로 할 수도 있다. 이렇게 되면, 생활자치의 운영조직이 분리되지 않고 통합될 수 있다. 즉, 생활자치의 대표 조직이 집행조직의 각 파트 책임을 맡고 운영하면서 그 중 한 사람은 집행 책임을 지게 할 수도 있는 것이다. 이렇게 할 경우 의사결정과 집행이 융합되어 있게 되어, 엄밀한 집행의 감독과 평가가 어렵게 되고, 부정부패가 발생할 위험성이 생긴다.

그래서 양자를 구분하여 분리하는 운영 형태가 발생하게 된다.

표 2 생활자치의 운영 구조

운영 형태	내용	비고(의회 구성 방식과 비교)
총회형	주민이 직접 의사결정/ 직원 고용	주민총회형
총회에서 관리책임자 선출, 즉 융합형	대표자 직접 관리	위원회제, 혹은 의원내각제형
융합 후 분리, 집행책임자 임명	의사결정과 집행 분리, 집행 전문가 고용	의회-시티매니저 형태
분리형	대표자회의/ 관리사무소(법률적으로는 권한과 책임을 부여)	의회-시장형

그러나 이 경우에는 집행조직의 전문성을 가진 직원을 임명하게 되고, 집행조직의 책임자가 운영의 효율성과 공정성을 확보할 수 있도록 직원을 임명할 수 있게 된다. 대표자의 경우에는 집행조직의 인사나 운영에 직접적으로 개입하지 못하게 할 수 있다.

현재도 아파트단지의 규모가 적은 경우에는 총회형이나 대표자 직접 관리의 형태를 취하기도 한다. 그러나 아파트단지의 규모가 일정하게 커지게 되면, 대표자회의와 관리사무소가 분리되어 있다. 단 한국의 현실에서는 관리사무소에 대하여 법률적으로 집행책임에 대한 권한을 부여하고 있어, 집행부 우위의 관행이 있을 수 있다는 점이다. 국가행정에서나 지방자치단체에서 아직도 의회보다는 단체장 우위의 관행이 한국의 법제도적으로 남아 있고, 이러한 영향이 아파트관리 운영조직에서도 나타날 수 있다는 것이다. 그러나 실제로는 한국인의 기질상 아파트 입주자대표 우위의 행태가 상당히 나타나기도 한다. 즉, 양자간에 법률적 분쟁이나 소송이 상당히 발생하고 있는 것이다.

생활자치의 운영 형태로서 한 단계 더 나아가 생각할 수 있는 것은 1천 세대 이상의 대규모 단지에서는 집행관리의 책임자를 선거로 선출할 수도 있을 것이다. 물론 이 경우 이러한 관리책임자에는 전문성을 가진 후보가 나올 수 있도록 함으로써, 지방자치의 정치성과 대비하여 생활자치의 전문성을 확보하여야 할 것이다.

생활자치는 대표성과 함께 자치의 전문성을 확보하고, 정치성을 배제할 수 있어야 한다. 따라서 정치적으로 이용되지 않을 수 있는 제도적 장치를 마련하는 것이 필요하다.

이처럼 한국에서는 생활자치의 맹아가 보이지만, 아직 생활자치가 태동할 수 있는 생활자치 정책이 보이는 것은 아니다. 다른 표현으로서는 커뮤니티 정책이라고 할 수 있다. 이러한 생활자치의 정책과 운영 경험을 좀 더 명확하게 볼 수 있는 것이 일본의 사례이다. 즉, 일본의 경우에는 기초자치단체의 숫자가 1,700여개이고, 평균 인구로는 7만 735명 정도로서 한국보다는 1/3 정도의 규모이다. 또 지방자치의 역사도 60년을 지나고 있기에 상당한 생활자치의 모습이 형성되어 있다. 그 대표적인 것이 마을만들기를 통하여 나타나고 있고, 생활복지와 생활 교육의 현장에서 지방자치의 한계를 극복하기 위한 생활자치의 모습들이 보인다. 그러한 사례를 살펴보면서 한국의 생활자치의 비전(vision)을 구상해 보았으면 한다.

생활자치의 일본 사례와 동향

일본에서 교육 분야의 생활자치 사례 (가고시마의 스쿨 소셜 워크)[1)]

2008년 일본에서는 문부과학성이 실시하는 '스쿨 소셜 워크(School Social Work)' 활용사업이 전국적으로 시작되었다. 가고시마(鹿兒島)현에서도 서서히 스쿨 소셜 워크가 배치되었다.

스쿨 소셜 워크는 주로 등교 거부 아동에 대하여 의뢰가 있는 경우에 돕는 역할을 하는 실천적인 활동이다. 등교 거부 아동의 경우에 대부분 가정환경의 문제가 복잡하게 얽혀 있는 것이 현실이다. 보호자의 경제적인 궁핍이나 질병으로 인하여 아동이 어려움을 겪는 경우가 있고, 부모의 별거나 이혼, 부부싸움 등으로 인하여 폭언이나 폭력에 노출되어 생기는 경우도 있다. 특히 부모의 부양 능력이 낮아서 생기는 경우도 있다. 아동을 돌보지 않는 것은 물론이고 집안에는 쓰레기가 쌓여 있어 비위생적인 환경에서 사는 가정도 다수 발견된다.

이러한 상황에서 아동들만으로는 어찌할 수 없는 환경에 놓여 있고, 학교에서만으로는 대응하기 어려운 경우도 많다는 것이 분명하다. 지금까지는 이런 경우에 학교 교사 혼자서 이 문제를 안고 전전긍긍한다든지, 관계 기관도 이러한 상황을 파악하고 있지만 다른 관련 기관과의 연대를 가지고 있지 않았던 것이 실상이라고

---

1) 다카하시 노부유기 편저, 복지실천과 지역사회, 나카니시야출판, 2010 및 지역사회학의 시작과 방법, 동신당, 2006을 참고하여 번역 소개.

할 수 있다.

이러한 상황에서 생활 수준에 따라 종합적으로 생활 문제를 대응하려고 한 것이 스쿨 소셜 워크라고 할 수 있다.

스쿨 소셜 워크의 구체적인 활동으로서는 첫째, 아동이나 그 가정에 대하여 정보 수집과 정보를 정리하는 것, 둘째, 학교를 방문하고 가정을 방문하는 것, 셋째, 아동이 당면한 문제를 정리하고 목표를 설정하는 것, 넷째, 아동 관련 시책이나 서비스를 검토하고 소개하는 것, 다섯째, 대상 관계 기관을 연결시키는 것, 여섯째, 사례를 다루기 위한 '케이스회의'를 기획하고 실시하는 것, 일곱째, 의료, 보건, 복지를 연계시키는 것, 여덟째, 학교 내에서의 대응 체제를 만들고 학교 교직원의 지원을 받는 것 등이다.

이러한 활동 중에서도 가장 중요한 역할이 바로 학교, 가정, 지역을 연결하는 것이다. 지금까지는 한 개인이 이러한 문제를 해결하려고 하였으나, 과중한 부담을 해소하기 위해서도 학교와 관계 기관을 포함한 팀으로서 '팀 대응'을 하는 것이 중요하다.

문제를 안고 있는 아동의 가정환경이나 지역환경 등의 시점을 포함하여 아동을 다면적으로 바라보면서, 아동의 필요를 좀 더 정확하게 파악할 수 있다. 또 학교와 관계 기관의 공통적인 이해와 역할 분담을 명확하게 할 수 있다. 이러한 팀으로 대응하고 협동함으로써 아동을 둘러싼 환경을 개선하는 것이 가능할 수 있다.

아동을 바라볼 때, 아동의 행동을 문제시 삼는 것만으로 그치는 것이 아니라, 아동의 행동의 배경이나 심리에는 어떤 것이 있을까라는 생각으로 의식을 바꾸는 것이 가능하게 된다. 이러한 측면에서 스쿨 소셜 워크는 아동에 대한 복합적인 시점을 공유하게 되는 계기가 되는 역할을 가지고 있다고 할 수 있다.

앞으로 스쿨 소셜 워크를 실천하는 과제로서는 '지역만들기'의 시점도 중요하다. 또 가고시마의 지역 역량을 활성화시킬 필요가 있다고 생각된다. 현재 지역의 관계성이 희박해지고 있다고 말하지만, 실천 활동을 통하여 지역에는 어린이들에게 힘이 되고 싶다고 하는 '협력적인 주민'이 많아지고 있다고 할 수 있다.

실제 사례로서, 등교 거부 아동의 집이 온통 쓰레기로 엉망인 상태가 되어 있었는데도 지역과의 교류가 전혀 없었던 경우가 있었다. 그런데, 이 아동의 집이 생활보호 수급자로 지정되는 것을 계기로 집의 대청소를 하는 것을 제안하였고, 관계 기관과 지역의 주임 아동위원이나 민생위원, 근린 주민 등이 기쁘게 협력하였던 경우이다. 그리고 이러한 대청소를 통하여 아동과 그 보호자는 학교와 지역 사람들의 목소리를 듣고 밝게 맞아준 경우가 있었다.

또, 다른 예에서도 지역의 힘이 학교와 연대하여 등교 거부 경향의 아동의 등교 동반을 통하여 등교 지원 볼런티어를 행한 경우도 있다. '지역의 힘'을 활용해서 아동들의 이익이 되는 것을 재확인할 수 있었고, 또 새로운 사회자본을 발굴하는 계기가 되는 것도 기대해 볼 수 있게 되었다.

일본 지역사회에서 자치의 재창조

지방공공단체보다 작은 범위인 지역사회에서 생활자치의 사례를 볼 수 있다. 즉, 개인의 삶과 사적 영역과 밀접하게 관련된 분야에서 공동적인 문제를 좀 더 충실하게 해결하고 개인의 생활이나 생명과 밀접한 근린 영역에서 자치를 재창조하고 자치를 재정의하는 움직임이 일본에서는 나타나고 있다.

지금까지 지역사회에서 격리되어 왔던 이질자나 약자들이 지역에서 주요한 문제로서 다루어지게 된 것이다. 1970년대까지 복지시설은 멀리 떨어진 곳에 설치되어 지역사회와는 분리되었었다. 또 드물게 주택지에 건설된다고 해도 잠재적인 자산의 가치 하락을 걱정하는 주민들의 반대운동으로 단념하는 경우가 생기게 되었다.

그러나 1980년대가 되자, 지금까지 배제되었던 사람들이 지역에서 살고 싶다는 의사 표명을 하게 되고, 때에 따라서는 강하게 지역에 설치되는 것을 원하는 움직임이 본격화된 것이다. 장애인시설이 불확실한 상황 속에서도 지역에 들어서게 되고, 어떤 종류의 강권성에 의하여 지역을 변화시키게 되었다. 예를 들면, 삿포로(札幌)시의 '푸른 잔디의 모임'이라고 하는 단체는 '건강한 사람과 장애자를 나누고 싶지 않다'라고 하는 사상을 가지고 공공교통 수단인 버스에 태워달라고 하는 요구를 버스 정류장 앞에서 요구하기도 하였다. 당시에는 버스에 장애자용 의자를 태워주지도 않는 분위기 속에서 마치 미국의 공민권운동에서 보여준 것 같은 운동을 전개한 것이다.

홋카이도(北海道)의 우라가와쵸에서는 '벧엘의 집'이라고 하는 곳에서 지역 커뮤니티에 깊이 들어가 장애도 하나의 개성이라고 하는 사상을 가지고 보급하였다. 그리하여 약자에 의한 운동 전개함으로써 약 10년간에 걸쳐 복지 관련의 시민운동이나 NPO 등이 현저하게 증가하고 노인 급식이나 탁노소(노인을 돌보아주는 곳, 탁아소에 대비되는 듯)나 복지 택시 등의 활동으로 인하여 질적으로나 양적으로 눈에 띄는 성과를 나타내기도 하였다.

이러한 활동을 담당하는 NPO와 볼런티어단체들은 각 지방자치단체에서 사회복지시설과 관련하여 불가결의 존재가 되었다.

한편, 농촌지역에서는 고령화와 인구 과소화가 급속하게 진전되어 농업을 지속하기에는 조건이 불리한 지역이 생겨나게 되어 이를 '한계집락(限界集落)'이라고 하게 되었다. 한계집락에서는 마을의 유지 자체가 어렵게 된 것이다. 이러한 상황 속에서 '농업원조대'라든지 '풀베기 십자군'과 같은 모델을 참고로 하면서 각 지역에서 도시 지역과의 교류를 통하여 일손 부족이나 농지의 소유자를 확보하려고 하는 운동이 일어나게 되었다.

농림수산성에서도 환경으로서의 농촌을 지속하려고 하는 방향으로 정책의 방향을 잡으면서, 1994년에는 '녹색 투어리즘'이 정식적인 정책으로 채택되었다. 한편에서는 1996년에 도시인들의 즐거운 농업 선언을 통하여 요코하마(横檳)와 가마쿠라(鎌倉) 등의 수도권 근교에서 본격적으로 도농(都農) 교류의 움직임이 나타나기 시작하였다.

시민농장이 붙은 주택에 대한 도시민들의 주거를 유도하기 위한 정책이나 지역 생산을 지역에서 소비한다는 운동 등이 각지에서 전개되기 시작하였다. 이미 이 당시에도 대량적이고 대중적인 관광 시대가 끝나고, 관광의 개인화와 스토리가 중시되는 시대가 되면서, 도시와 농촌과의 교류를 통하여 개인적이고 스토리를 만들어가게 된다. 이러한 흐름이 국제적인 수준까지 확대되는 경향도 나타났다.

환경성에서도 에코투어리즘(eco-tourism)의 흐름도 이러한 경향과 융합하기 시작한 것이다.

정부도 '도시와 농산어촌의 공생과 교류에 관한 프로젝트 팀'을 발족시키고, 2003년에는 '도시와 농산어촌의 공생과 교류추진회의'로까지 발전하였다. 이때 NPO 법인으로서 '100만 명에게 고향복귀지원센터'라고 하는 것이 생겼다. 2003년의 일이다. 기존에 있었던 도시-농산어촌 교류 활성화 기구와 함께, 농촌과 도시민과의 거리를 가깝게 하기 위한 시책이 점점 정비된 것이다.

환경면에서도 공해 문제나 지구환경 문제에 대하여 관념적인 이해에서 더욱 진전되어 생명에 대한 생존 기반을 다루게 되었다. 즉, 생명을 지지하는 수자원, 생태계로서의 생태 영역에 대한 인식이 높아지고, 산과 바다의 보전이나 유지 관리가 '지속가능성'을 둘러싼 논의가 이루어지게 되었다. 환경에 대한 정의도 확대되어 '환경 화폐'나 '지속적 지역산업'이라고 하는 개념을 성립시키게 되는 등 장기적으로 환경을 지속시킬 수 있는 것에 대한 인식이 높아지게 되었다.

지역 내의 신뢰를 기반으로 하여 유통하는 환경 화폐는 미국의 이사카시에서 사용되었던 사례를 참고로 하였다. 이것이 광범위하게 보급되면, 지역 내에서 만들어진 가치는 지역 내에서 유통되고, 도쿄(東京) 등의 중추관리공간으로 화폐와 자본이 빠져나가는 효과가 줄어들 수 있게 된다는 것이다.

이와 관련해서 커뮤니티 비즈니스(Community Business)라고 하는 개념도 제안되었다. 커뮤니티 비즈니스는 "지역 커뮤니티를 기점으로 주민이 주체가 되어 상호 얼굴이 보이는 관계 속에서 운영되는 사업"을 의미한다. 그런 의미에서 이런 영역과 상당히 겹치는 부분이 바로 종래의 중소 영세기업이나 시민사업, NPO, 협동조합이나 자치회의 일부에 해당된다고 할 수 있다.

이처럼 생존 기반의 하나인 환경에 대해서도 자급을 목표로 하는 움직임이 나타나고 있다. 홋카이도의 그린판다가 처음 시작하여, 동일본을 중심으로 확대된 시민자본에 의한 풍력(風力) 발전은 바로 선구적인 예라고 할 수 있다. 야마가타(山形)현 다치가와쵸(立川町)의 경우와 같이 '풍력에 의한 마을만들기'를 추진한 자치단체도 있다. 그 밖에도 이와테(岩手)현에서 열심히 추진한 바이오 자원의 활용이나 홋카이도에서 천연가스 자원을 활용하는 시도 등 지금까지와는 달리 거대한 공익회사만에 의존하였던 방식을 벗어나 자립 가능한 에너지를 설계하고 현실성을 높이려고 하는 자치적이고 자립적인 개연성이 높아지고 있다.

이러한 흐름은 결과적으로 '마을만들기'라고 하는 개념으로 표현된다고 할 수 있다. 2000년에 마을만들기 관련 3개의 법안의 제정은 직접적으로는 인구 감소의 시대에서 쇠퇴하는 지방도시의 중심 시가지를 활성화하려고 하는 것을 염두에 둔 것이지만, 단지 중심상업지역의 활성화만에 그치지 않고, 지역의 생활권을 재정의하려고 하는 측면에서 행해진 것이라고 할 수 있다. 즉, 지역생활권의 자치를 새롭게 정의하여 '자치를 재창조'하려는 다양한 노력의 일환으로 볼 수 있다.

기존의 영역에서 '시장의 실패'와 '정부의 실패'에 의한 심각한 제도 피로 현상이 나타나고, 시스템의 역기능 현상이 생기고 있는 현재의 상황에서 이에 대항하는 시민사회 혹은 비영리섹터의 성장이 시급한 과제가 되고 있다. 또 마을만들기 NPO는 그러한 중핵적인 존재로서 역할을 수행할 것을 기대하고 있다. 이들의 역할과 존재에 의하여 공과 사, 그리고 그 사이에 있는 공공(公共)의 경계선을 새롭게 그어야 할 정도로 새로운 '자치의 재창조'의 시도가 나타나고 있다. 이러한 현상은 학자나 정책입안자들도 더 이상 현장에 발을 담그지 않고서는 파악하기 어려운 로컬, 즉 지역 현상들이고 다양한 형태로 전개되고 있는 것이다.

생활자치의 한계와 셀프 거버넌스 제창

생활자치의 단위로서 결과적으로 기초자치단체의 내부 단체로서의 위상을 가지고 있다고 볼 수 있다. 일본에서도 이러한 커뮤니티의 위치를 근린정부의 일종으로서 제도화하려고 하는 기대를 가지고 있었다. 일본도시센터에서는 '자치적 커뮤니티의 구축과 근린정부의 선택'이라고 하는 논의에서 "지역의 공공적 과제에 관하여 주민에 의한 공공정책 형성의 기초 단위로서 커뮤니티가 극히 중요한 역할을 담당하게 할 수 있다고 하는 시각에서 커뮤니티(공동체) 정책을 전개"하려고 하였다. 이러한 근린정부는 기초자치단체의 기능과 권능을 더 작은 단위의 지역기관으로 분산시키고 분권화시키는 소위 '도시 내 분권' 혹은 '조직 내 분권'의 시점에서 볼 수 있다. 바로 이러한 도시 내 지역분권의 흐름과 조직의 분권화라고 하는 양자가 접목하는 영역에서 '자치 커뮤니티(공동체)의 구축'이 가능하고, 이것을 가능하게 하기 위하여 '근린자치 시스템 만들기'를 선행하여야 한다고 하였다.

이러한 근린정부에 대한 지지는 '자치의 재창조'를 위한 주요한 내용의 실현이기도 하였다. 그러나 이러한 시도들은 환경의 급격한 변화 속에서 실현하기 어려운 상황들이 벌어졌다. 즉, 현장에서는 위로부터의 지시나 보조사업이 너무 과다하여서 공민관 등의 상근지도원의 업무는 붕괴 직전이라고 한다. 또 자신의 지역 실태와는 너무나 부합하지 않는 것이 많다는 지적들이 있다.

되돌아 보면, 일본에서의 지역은 고도성장기인 1970년대 이후에 10년을 단위로 하여 정책 과제의 이질화가 심각하게 전개되었다. 즉, 지역의 입장에서는 이러한 급변하는 환경 변화에 노출되어 급변하는 중앙정부의 정책 과제 대응에 급급하였다는 것이다.

고도성장기 이후의 10년은 지역 개발에 우선성이 있었고, 그 다음에는 갑자기 '마을만들기'에 대하여 경쟁적으로 정책이 전개되기 시작하였다. 그리고 또 1990년대 이후에는 경제 상황이 급격하게 악화되면서 시정촌의 합병정책을 전개하기 시작한 것이다.

이러한 환경 변화에 대하여 작은 자치체가 가지고 있었던 희망이나 시행착오가 융합되어 나타난 대표적인 사례가 니가타(新瀉)시와 합병을 선택한 니가타현 마키쵸에서 볼 수 있는데, '자치의 재창조'를 포기한 것이다.

즉, 선구적인 자치체는 물론이고, 재창조를 일본 전역으로 전개하기에는 아직 많은 애로가 놓여 있다는 것을 알 수 있고, 이것을 넘어서기 위한 방향성을 찾아나가야 하는 과제가 일본에서도 있었다. 이처럼 한국보다 자치의 선행적인 경험과 역사를 가진 일본에서도 생활자치를 시도하려는 노력들은 아직 열매를 맺고 있지 못하고 오히려 시 · 정 · 촌 합병에 의하여 역행하는 현상도 나타나고 있는 것이다.

생활자치가 염두에 두고 있는 기대이기도 한 근린정부에 대한 소망은 생활자치를 둘러싼 국가행정과 지방자치의 환경이 뒷받침해 주지 않는 한 매우 어려운 노정에 놓일 가능성이 높다는 점을 염두에 두어야 할 것이다.

이러한 한계 때문에 일본에서는 자치라는 단어를 대신하여 '셀프 거버넌스(self-governance)'라고 하는 개념이 제창되고 있다. 셀프 거버넌스는 지역 주민이 스스로의 자원을 근거로 하여 스스로 복지를 높여나가기 위해서는 정부-조직-주민이 상황에 따라 적절하게 협력 관계를 맺어나가면서 지역의 역량을 높여나가는 활동을 의미한다.

거버넌스라고 하는 용어는 '코포레이트 거버넌스(corporate governance)', '국제정치 거버넌스', '환경 거버넌스'와 같이 다양한 분야에서 정착되어 사용되고 있는데, 공치(共治) 혹은 협치(協治)라고 하는 일본어로 사용되고 있다. 거번먼트(정부)와 대비시키기 위하여 사용된 개념이기에 정부만이 특정한 영역을 통제하는 것이 아니라, 다양한 주체가 공식 · 비공식적으로 협력하고 경쟁하며, 연대하고 대립하는 과정에서 영역 질서를 형성해 나간다고 하는 함의가 들어 있다.

바로 여기서 셀프라는 단어를 붙임으로써 주민과 관계 주체가 지역의 영역에서 고유한 문화를 가지고 지역에 초점을 두고, 대립과 협동의 동태적인 움직임 속에서 새로운 관계성이나 지역적 공공성을 형성하는 행위라고 하는 의미를 담고 있다.

그러나 현실적으로 이러한 셀프 거버넌스가 제대로 전개되지 못한 것은 이것이 제창된 시대적 모순과 관련되어 있는 것 같다. 즉,

글로벌리제이션(globalization)이 전개되는 상황 속에서 국가의 시책으로서 분권정책, 합병정책이 강제적으로 시행되면서, 자치를 하라고 하지만, 실제로는 상호 모순되는 요구가 병립되어 들어왔기에 지역의 입장에서는 셀프 거버넌스를 할 수 있는 상황이 아니었고 역량을 키울 수도 없었던 것이다. 지역의 문제를 해결할 수 있는 구조를 만드는 것이나 이념을 스스로 생각하여 스스로 법을 만들어 나가는 형태로 전개되어야 하나, 이것이 광역화한 기초자치체에서는 생각하기 어려운 방향이었던 것이다.

글로벌리제이션에 따라서 형성된 도쿄국(도쿄의 1도 3현을 통칭하여 이름, 인구 3,405만 명, 면적 1만 3천 3백 제곱킬로미터)을 통하여 알 수 있듯이 경제가 지역의 문화와 셀프 거버넌스를 강제적으로 구축해 버리는 강한 힘을 가지고 있다. 이런 상황에서 지역의 '장소성'을 가지고 대항하려고 하는 구상은 상당한 정도의 한계에 부딪히고 있다고 할 수 있다. 따라서 셀프 거버넌스의 제창도 자치의 재창조 없이는 용이하지 않을지도 모른다.

생활자치를 지원하기 위한 커뮤니티 행정 (미타카시의 사례)[2)]

■ 미타카시의 사례 개요

이 사례는 도쿄도(東京都) 미타카시(三鷹市)의 주민 및 시민 활동에 대한 것이다. 도쿄도의 구부(區部)에 인접한 미타카시에서의 대규모적인 지역사회의 변동은 이미 1960년대에 끝나고, 1970년대

2) 히마키 미츠구, 시민적 지역사회의 전개, 일본경제평론사, 2008에서 인용함.

이후부터는 이곳에 거주하는 시민이 주체적으로 지역 경영을 추진해 왔다. 이 중에서도 커뮤니티 센터를 중심으로 하는 참가형의 지구행정(地區行政)은 일본자치단체에서도 선구적인 것이었다.

미타카시의 사례에서 가장 주목할 만한 것을 세 가지로 정리할 수 있다.

첫째, 커뮤니티 센터이다. 커뮤니티에 대한 사고 방식이나 개념이 일본 사회에서 혹은 자치체 정책으로서 확대되는 시기에 미타카시는 구체적인 형태를 가지고 일찍이 조직화해 낸 것인 바로 커뮤니티 행정이라고 할 수 있다. 인간성의 회복과 지역사회의 재생이라고 하는 큰 주제를 가지고 커뮤니티 행정의 조직화를 전국적으로 확산시킨 것이다.

둘째, 백지로부터의 시민 참가이다. 이것은 커뮤니티 행정이 시작한 이래로 20년 이상의 세월을 거친 후에 등장한 것이었다. 일본 전국 각지에서의 시민 참가나 참여의 시도가 적지 않았지만, 행정 쪽에서 주축이 되어 조직한 구조에 대하여 주민과 시민들은 불안감을 가지고 있었고 그 성공례도 그다지 많지 않았다.

이런 속에서 미타카시의 미타카시민플랜21회의에서 만들어 낸 시민 협동의 자치체 경영 사례는 기록할 만한 것이다. 자치체 경영에서 시민활동의 독자적인 것으로 존중하였고, 성공시킨 것이다.

셋째, 시민형의 커뮤니티 비즈니스의 전개이다. SOHO 지원하에서 유연한 공적 서비스를 전개하는 주식회사 마을만들기 미타카는 마을만들기를 시민의 생활에서부터 만들어 내는 커뮤니티 비즈니스의 가능성을 시사해 주고 집주(集住) 사회의 비즈니스를 만들어 내는 가능성을 보여주고 있다. 선구적인 사례로서 미타카시는 성숙사회를 향한 파트너십 도시의 진면모를 보여주는 것이라고 할 수 있다.

■ 미타카시의 프로필

① 주택도시

미타카시는 도쿄도의 중간에 위치한 곳이다. 도쿄도의 자치구에 인접한 인구 17만의 주택도시이다. 간토(關東)대지진의 부흥 과정에서 도시부에 대한 인구 유입에 의하여 미타카시가 형성되었다. 또 전쟁 전에는 항공기산업에 의한 군수공장이 진출해 있었다. 전후에는 주택 개발이 진전되어 현재의 도시 기반은 이때 형성된 것이다.

② 생활환경의 성숙

1920년대부터 1960년대까지 40년간, 미타카시 지역은 크게 변화하였다. 그동안 행정구역의 면적은 165ha인 채로 인구가 25배로 늘어났다. 일찍이 순수한 농촌지대였으나, 공업지역으로 변화되었고, 현재는 주택지역이 전체의 9할을 점하는 지역으로 급속하게 변모하였다. 이 과정에서 교육시설, 상하수도 등 도시 기반 정비가 진행되었다.

또 당시의 시장이 의사 출신이었던 관계로 공중위생에 대한 관심이 높고, 시정의 중점으로서 하수도 정비가 이루어졌다. 1973년에는 하수도 보급률 100%를 전국에서 최초로 달성하였다. 미타카시는 1970년대 초반에는 인구 증가가 그치고, 최근 10년 사이에 지가는 장기간의 하락을 하고 있지만, 인구는 도심 회귀 등에 의하여 조금 증가하여 17만 명을 넘고 있다. 그래도 지역사회의 성숙화와 저출산 고령화가 진전되고 있다. 지역 자원은 집적한 중간계층의 주민과 그들의 조직과 생활문화라고 할 수 있다.

③ 실험도시

미타카시는 정보도시이기도 하다. 일찍이 '정보도시 미타카'라고 하는 기본계획을 세우고, 고도정보화를 추진해 왔다. 1984년에는 NTT와 공동으로 실시한 INS 실험을 계기로 디지털 통신망을 정비하고, 캡틴 시스템에 의하여 행정정보의 제공을 다른 도시보다 앞서서 추진하였다. 또 종래의 시정을 변혁시키기 위한 실험적인 조치들을 취해 왔다. 2002년부터 시작한 구조개혁특구 추진본부에 대한 특구 신청은 교육개혁, 산업 진흥, 정보기술, 도시계획 등에 대하여 여러 건의 제안을 하기도 하였다. 이 중 정보기술은 행정의 투명성을 지향하는 전자자치체의 실험으로서 행해진 것이다.

■ 커뮤니티 센터의 커뮤니티 서비스

① 선행한 오자와지구의 커뮤니티 센터

1971년 3월에 만들어진 미타카중장기재정계획(제2차)에서 커뮤니티 센터 플랜이 제시되고 있다. 전국적으로 가장 앞서서 생활 기반의 하수도 정비를 추진한 미타카시는 지역사회에서 커뮤니케이션을 지원하는 커뮤니티 센터를 설치하고 관리하는 구상에 착수한 것이다. 이 정책도 하수도의 전도시에 대한 정비 방침과 마찬가지로 당시의 스즈키(鈴木) 시장에 의하여 하향식(top-down)으로 실시되었다.

이를 구체화하기 위하여 1974년 2월에 마타카 최초의 커뮤니티 센터가 오자와지구(인구 약 12,000명)에 건설되어 개관하게 되었다. 마타카시의 지구 커뮤니티에서 시민의 참가는 이 오자와지구의 커뮤니티 센터의 관리 운영으로서 시작된 것이다. 이때, 지구 주민에 의한 커뮤니티 센터의 자주 관리를 방향짓는 '미타카시 커뮤니티 센터조례'(이것도 전국 최초)가 제정되었다.

이 조례의 전문에는 다음과 같이 커뮤니티 센터의 설치 의의를 표명하고 있다. 즉, "시민의 일상생활의 장인 근린사회의 생활환경의 정비와 함께, 새로운 지역적인 연대감에 기초한 근린생활과 활동의 원천으로서 실시하는 것"이라고 한다.

② 주구(住區)의 계층에 따른 커뮤니티 정책

실험적인 오자와지구의 커뮤니티 센터 운영 성과를 바탕으로 미타카시의 시민 참가에 의한 커뮤니티 센터의 건설과 운영은 시 전체에 걸쳐서 실시되었다. 즉, 커뮤니티 참가의 전시화(全市化)가 진전된 것이다.

1975년 3월에 미타카시 기본 구상이 의결되어, 드디어 1978년에는 미타카시 기본계획이 결정되었는데, 이 두 가지 계획에 따라서 미타카시의 커뮤니티 참가 거점으로서 커뮤니티 센터가 제도화되었다.

시내에 7개의 주구(住區)로 나누고, 각각의 주구마다 커뮤니티 센터를 시민 참가에 의하여 건설하고 관리 운영하는 것을 계획하였다. 이와 동시에 커뮤니티의 계층화와 지구 구분(커뮤니티 조닝[community zoning]이라고 함)이 시도되었다.

즉, 커뮤니티 센터의 대상 범위를 커뮤니티 주구(住區)(7지구, 2만에서 3만 명의 인구)로 하고, 그 하위에 근린주구(近隣住區: 후래아이구라고 부름, 5천에서 1만의 인구 규모 단위, 시내 전체에서 24개의 구역)의 2층제에 의하여 권역 구성을 하였던 것이다. 이에 따라 미타카시는 근린주구–커뮤니티 주구–시 전체라고 하는 3층 지역이 설정되었다. 이러한 세팅을 커뮤니티 조닝(community zoning)이라고 부르는데, 미타카시라고 하는 도시를 대상으로 한 커뮤니티 형성의 예상 구역을 명시한 셈이다.

커뮤니티 주구에는 활동 거점인 커뮤니티 센터가 설치되고, 근린주구에는 지구구민회관(지구공회당)을 설치하게 되었다. 즉, 주구의 계층에 대응한 집회 시설을 설치하고, 지역 주민이 주민협의

표 3 커뮤니티 센터의 대상 범위

구분	인구	면적	생활권	기타	목표와 시빌 미니멈
근린주구 (24개 주구)	약 5,000~10,000명	30ha~167ha	도보권10분 정도, 일상의 구매행동, 지역활동을 배려하여 커뮤니티 활동을 통하여 설정		가까운 거리에서 서로 만날 수 있는 거점시설로서 지구공회당을 24개소에 설치
커뮤니티 주구(7주구)	약 20,000~30,000명	130ha~400ha (2~4개의 근린주구를 합함)	역사성, 주민특성, 지역특성 등을 고려하여 설정	구역 설정은 간선도로, 하천 등을 기준으로 설정	커뮤니티활동의 거점시설로서 커뮤니티센터를 7개소 설치

표 4 미타카시 커뮤니티 센터 현황

지구	인구(명)	면적(㎢)	지역성	주민협의회(설립)	커뮤니티 센터
오자와	12,000	2.62	대학 입지	1973.11	풀, 체육관, 도서관
히가시부	29,000	3.00	공단주택, 상업지역	1978.1	풀, 체육관, 도서관
니시부	22,000	2.57	농지가 많이 남아 있음	1978.11	풀, 체육관, 도서관, 광장, 게이트볼, 테니스장
이노가시라	16,000	1.31	녹지와 수변, 목조밀집주택	1979.12	도서관, 조리실습실
아라가와나가하라	25,000	2.76	주택지구, 버스교통이 불편	1981.1	풀, 체육관, 도서관, 솔라 시스템
랜사구	38,000	2.90	시내중심지역, 공공시설 집중, 주택공장 혼재	1984.1	풀, 체육관, 도서실, 트레이닝룸
미타카역 주변	23,000	1.67	시내에서 인구밀도 가장 높음, 상업활동 중심지	1993.7	시립도서관

주: 미타카시 환경부커뮤니티문화부 편.

회를 통하여 참가하고, 완성 후에는 센터시설을 지구 주민이 포괄적으로 관리 운영하게 한 것이다. 이를 통하여 대상 지구에서의 커뮤니티 형성과 시민 참가를 진전시킨 것이다.

1993년 12월에는 미타카역 앞에 커뮤니티 센터가 시립도서관에 병설되어 개관하였다. 이것으로 미타카시의 7지구 모두에 약 20년에 걸쳐서 커뮤니티 센터가 설치된 것이다.

③ 주민협의회와 커뮤니티 계획

커뮤니티 센터를 거점으로 한 커뮤니티 형성이 진전되었다. 이를 위한 구체적인 소프트웨어로서 두 가지를 도입하였다. 첫째는 주민협의회이다. 주민협의회는 실험적인 시도로서 도입된 오자와 지구만이 아니라 다른 6개의 지구에서도 점차로 설치되었다. 이 프로세스에 의하여 각 지구에서 주민 공모에 의한 커뮤니티연구회가 설치되었고, 그 연구회의 발전적 해소와 함께 주민협의회가 설치되도록 하였다. 여기서 지역 주민으로부터 주민협의회 위원이 선출되고, 위원에 의한 협의회 회칙이 승인됨으로써 커뮤니티 센터의 관리 운영이나 협의회 활동을 위한 사무국 체제가 마련되었다.

이 주민협의회는 자주적으로 운영되었고, 이것은 지방자치법 244조의 2에 규정된 '공공단체'로 인정되었다. 그리고 공적인 시설로서 7개 커뮤니티 센터의 관리 운영이 미타카시로부터 각각 위탁받도록 하는 것이었다.

주민협의회는 커뮤니티 센터의 운영 등을 통하여 주체적으로 자주적인 성격을 강화하는 것이 기대되었다. 1996년 2월에는 '주민협의회연락회'가 설치되었고, 커뮤니티 활동에 관한 공통 주제, 커뮤니티 센터의 관리 운영에 대한 공통 사항, 주민협의회 상호의 친목 사항 등에 대한 횡적인 연대가 시작되었다.

또 하나의 방법이 커뮤니티 플랜의 도입이었다. 이러한 종류의 계획 작성은 이 시기에 이미 다카사키(高崎)시나 고베(神戸)시 등에서 이미 나타났던 것이다 미타카시에서도 지구 단위에서 지역의 현상이나 문제점을 파악하여 지역의 과제를 공유하도록 시도하였다. 지구의 실시계획을 수립할 때, 7개의 주구마다 앙케트 조사를 실시하고, 주민의 필요, 지구의 문제점 등을 정리하였다.

또, 행정 쪽의 성과와 그 대응표에 의하여 시 전체의 과제를 명확히 하려고 하였다. 이러한 계획 만들기는 1981년에 두 번에 걸쳐서 이루어졌고, 세 번째의 커뮤니티 계획은 주구의 미래상에 대한 검토를 추가하여 '마을만들기 플랜'으로서 1989년에 발표되었다.

커뮤니티 플랜의 실태를 깔고 있는 마을만들기 플랜은 1992년에 미타카시 기본 구상, 기본계획에 반영되었다. 거기서 7개의 지구 플랜을 미타카시라고 하는 도시에서 시민의 관점을 중시하고, 시내에 거주하는 학식 경험자나 단체 대표로서 구성되는 '시민회의'가 설치되었다. 여기서 7개 주구의 시민조직 이외에도 상방적으로 하나의 시 지역에서 사람 중심의 시민조직이 탄생한 것이다.

1990년대에 들어와서 미타카시의 시민조직은 더욱 성장하였다. 마을만들기 간담회가 1993년에 설치되고 운영되었지만, 그 주제는 지금까지의 커뮤니티 플랜과 마을만들기 플랜을 토대로 하여 새롭게 실시계획을 세우고 이에 주민을 참가시키는 방식이었다. 주구 수준의 시민활동의 성과를 시지역 수준의 시민활동에 합류시키고, 주구마다 개최된 '지역간담회'와 계획 과제를 테마로 전 도시적으로 개최된 '실시계획간담회'의 두 가지 차원의 마을만들기 구조가 추진되었다. 후자의 경우에는 백지로부터의 시민 참가를 지탱하는 구조로서 성장한 것이다.

④ 주민협의회의 일과 조직

여기서 미타카시의 커뮤니티 센터를 관장하는 주민협의회의 일과조직을 보면, 시내에는 커뮤니티 주구에 대응하여 7개의 주민협의회가 있지만, 그 대상 구역은 중학교구이다. 여기에 풀(pool), 체육관, 도서관, 조리실, 회의실 등을 구비한 커뮤니티 센터가 있고, 이것을 각 지구의 주민을 위하여 운영하면서 커뮤니티 만들기를 해 온 것이 주민협의회의 일이다.

구체적으로는 센터의 축제, 운동회 등의 이벤트도 행하였다. 또 고령자에 대한 배식 서비스나 회식에 시설을 제공한다든지, 그 밖의 지역에 복지, 교육활동을 하는 것이다. 물론, 커뮤니티 플랜 등 지구의 현황 조사나 계획 만들기도 실시하였다.

그 기초에는 행정과 주민 간에 일정한 의사결정이 있었다. 시행정과 주민협의회에서 하는 사업 실시는 명시적으로 상호 협정이나 계약에 의하여 연대시키고 있다. 시행정과 주민협의회의 관계는 행정과 주민이 대등한 위치를 가지도록 위치지어졌다.

주민협의회의 일과 활동은 협의회의 이사가 중심이 되어야 하지만, 그 임원의 대부분은 지역의 단체 추천에 의하여 결정되고, 개인참가는 드물다. 즉, 지연단체로서의 자치회 쵸나이가이(町內會), PTA, 방범협회, 청소년대책지구협의회, 교통안전대책협의회, 노인클럽, 문화스포츠서클, 볼런티어단체, 환경보호단체, 각종 학습그룹 등이 담당자가 되고, 동시에 주민협의회의 이사가 되는 형식이다. 이 중에서 쵸나이가이, 자치회의 조직력이 가장 강하다고 생각되는데, 그 조직률은 50% 정도이고 하락 추세에 있다.

주민협의회는 자치회와 쵸나이가이를 핵으로 하여 구성되고 지구 내 종래의 주제별 시민조직을 포함한 지역단체의 거점이 되고 있다.

행정과의 관계, 지역의 시민조직이나 지역단체와의 관계에 대하여 미타카시의 주민협의회를 보면, 주민과 행정, 주민과 시민 간의 중간 기능을 담당하는 것으로 이해할 수 있다. 또 각각의 커뮤니티 센터에는 주민협의회의 사무국이 있고, 거기에는 각각의 주민협의회에 의하여 고용된 상근 직원이 있다. 커뮤니티 센터의 관리직원을 채용하고 배치하는 인사권은 주민협의회가 가지고 있다. 물론 그 직원은 행정직원이 아니다. 관료 시스템이 미치지 못하는 주민활동의 기초가 된다고 하는, 말하자면 민료(민간관료)로서의 위치라고 할 수 있다.

⑤ 커뮤니티 센터의 과제와 문제점

커뮤니티 센터가 도입된 것도 이미 상당히 오래 되었기에 활동 참가자들의 고령화와 커뮤니티 센터의 시설에 대한 이용자가 적어지고, 고정화하는 현상이 생기고 있다. 그 결과, 주민협의회가 조직으로서 활력이 저하되고 있고, 후계자 육성 문제가 생기고 있다고 할 수 있다. 이러한 문제점에 대하여 주민협의회를 중심으로 실행위원회나 협력위원회 제도를 도입하여, 자조에 의한 활력 회복의 노력이 행해지고 있다.

■ 백지에서부터의 시민 참가

① 시민플랜 21

1996년에 시민과 행정의 협동을 지원할 목적으로서 재단법인 미타카시 마을만들기 공사가 설립되었다. 그때, 이 공사에는 시직원, 학식자(시내의 국제기독교대학의 연구자 등), 시민이 참가하는 '마을만들기연구소'가 설치되었다. 1998년 12월에는 이 연구소는 미타카시의 새로운 기본 구상, 기본 계획 책정을 위한 시민 참가를 제안하였다. 결국, 기본 구상과 기본 계획의 초안을 만드는 단계에서 시민의 참가를 도입할 필요가 있었고, 이를 위하여 시민 주도로 '시민 참가로 기본 구상을 입안하기 위한 준비회(가칭)'를 발족시킨 것이다. 또 계획 책정의 초년도에 시민 주체로 '21세기 시민플랜 검토회의(가칭)'를 발족하도록 제안하였다.

이 회의는 미타카시 종합계획에 관한 시민 참가의 구조로서 위치지어졌다. 이 방식을 통하여 많은 자치체 종합계획의 시민 참가가 형해화되어 가고 있는 것과는 달리, 명확히 '백지에서부터의 시민 참가' 혹은 '원안 책정 이전의 시민 참가'의 방식을 도입하려고 한 것이다. 시민 주도의 참가 체제를 만들어 내기 위하여 시민활동의 구조로서 마을만들기연구소의 역할이 새롭게 부각된 것이다.

② 시민 제안의 구조

미타카 시정은 이 제안에 따라서, '미타카시민 플랜검토회의(가칭)준비회'의 멤버 공모를 행하였다. 이 준비회에서는 시민 59명이 참가하였다(원래 참가 수는 당초 30명이었으나 2배 가까이 시민의 참가가 이루어졌을 정도로 열기가 높았다). 이 준비회에서는 주민 주도로 추진된 인재의 결정이나 추진 방식 등의 결정이 이루어졌다. 즉, 시민 참가 코디네이터의 양성 강좌의 실시, 회칙이나 회의 룰, 파트너십 협정안의 작성, 인터넷의 이용, 홍보 체제 등에 의하여 참가

표 5 **미타카시 마을만들기 추진 과정**

시민21회의+시민	미타카시	미타카시의회
미타카시민플랜21 -미타카시에 제언 -관계 기관에 제언 -시민 스스로 행동계획	기본 구상 수정 제3차 기본 계획의 작성	기본 구상의 검토 의결
검토, 작성		
	초안화	
재검토, 의견 표명		
	최종안	
보고받고, 홍보		기본 구상의 검토, 의결
실천	사업화	

주: 미타카시, 미타카시를 생각하는 기초용어사전(2000).

시민이 실질적으로 정책 형성에 접근 가능하도록 조건 정비가 이루어지도록 하였다. 이 준비회에서의 대응은 백지에서부터 시민참가를 추진하기 위하여 시민 측에서 실제의 계획 검토에서 가능한 행정에 의존하지 않고, 시민이 자주자립으로 계획만들기를 추진하는 것이 기초 조건이었다.

여기서 안이 만들어지고, 즉시 실시되었다. '미타카시민플랜 21 작성에 관한 파트너십 협정'은 시민, 미타카시, 미타카시의회가 각각 참여하여 대응하여 만들어진 것으로서 시민 참가의 성과를 계획대로 추진하기 위한 획기적인 것이었다.

이 준비회의 구조를 토대로 하여, 1999년 10월 '미타카시민플랜 21' 회의(회의등록자 252명)가 발족되었다. 상설의 사무국에는 시청의 회의실이 배치되었고, 풀타임의 사무국장, 차장, 파트타임의 사무국원이 배치되었다. 시민 측의 사무국장 체제를 충실히 하고, 시민 주도의 시민 참가가 명실상부하게 움직이기 시작한 것이다. 이 등록 멤버들은 10개의 분과회로 나뉘고, 2001년 3월에 시민 대상으로 최종 보고회가 실시되었다. 이때까지 약 350회의 분과회의, 12회의 전체회의(최고의사결정기관)가 개최되었다.

기본 구상의 초안에는 파트너십 협정대로, 실제로 미타카시민플랜21회의가 제안한 '지구', '협동', '순환', '공생'이란 키워드가 포함되었다.

■ 생활 필드 만들기와 커뮤니티 행정의 과제

미타카시민플랜21회의에서 제언된 미타카시의 새로운 기본 구상은 2001년 9월에 의회에서 의결되었다. 그 전문에는 '협동과 커뮤니티에 뿌리내린 자치'를 기조로 하면서, 본문에서도 커뮤니티 주구의 시점을 기초로 한 '협동적인 마을만들기'를 자치체 경영의 기본적인 사고 방식의 하나로서 들고 있다. 동시에 '커뮤니티 주구를 기초로 한 협동적인 마을만들기'를 도시공간 정비의 기본적인 사고 방식의 하나로서 자리매김하고 있다.

약 30년 전에 선구적으로 시도되었던 커뮤니티 행정은 미카타 시정의 중핵으로 발전해서 지속되고 있다는 것을 이 기본 사상은 표명하고 있다. 또 이 기본 구상에서는 전체의 정책상으로서 '고순환, 고복지의 마을만들기'라고 하고 있고, 8개의 시책군을 들고 있는데, 그 중 하나가 '자주 보기와 협동으로 추진하는 시민자치의 마을만들기'라고 되어 있다. 여기서도 그 내용에는 커뮤니티의 전개와 협동의 마을만들기를 표명하고 있지만, 그 목적은 지구를 넘어서 주민, 시민의 생활 영역에 협동해서 대응하여야만 하는 과제가 많아지고 있다고 지적한다.

여기서 시민, NPO, 사업자 등과 행정이 각각의 역할에 따라서 협동하는 커뮤니티의 새로운 전개를 제시하고 있다. 여기서의 커뮤니티는 커뮤니티 비즈니스를 포함하여 주민과 시민 생활의 필드 만들기의 성과라고 할 수 있다.

오늘날은 이것이 자치체 경영의 필드로서 다루어지는 단계에 이르고 있고, 시민과 행정이 어떻게 책임을 분담하는가 하는 것이 큰 과제로 되고 있다는 점을 시사한다.

여기서 지구, 주민과 시정부, 시민의 과제가 동일 차원에서 배치되고, 공통 인식에 의하여 대응한다는 점이, 적어도 계획적이고 이념적일지는 몰라도 명확하다. 이것이 시민활동 선진 도시인 미타카시의 모습인 것이다.

이러한 기본 구상이 만들어지고 나서 2개월 후인 2001년 11월에 '제3차 미타카시 기본 계획'이 만들어졌다. 여기서 계획의 구조에서는 기본 구상을 토대로 하고 있지만, 커뮤니티의 전개와 협동에 의한 마을만들기를 구체적으로 추진하기 위하여 새로운 시민센터로서 '시민협동센터의 설치, 운영에 대한 검토'를 제안하였다. 이 기본 계획에서 제시한 기본적인 사고 방식은 다음과 같다.

"지역의 NPO 등과의 네트워크 만들기와 그 지원 체제 만들기 등은 새로운 구조에서도 필요하다. 21세기는 '시민의 세기'라고도 할 만한데, 미타카시에서도 NPO가 크게 비약하고, 마을만들기에서도 중요한 역할을 담당하는 것이 기대된다. 그래서 NPO 등 시민활동 거점의 정비를 시도함과 함께, NPO 등 시민활동 지원조례의 제정을 위해서도 전향적으로 검토한다."

여기서 시민활동 거점의 정비가 미타카시에서 공식 테마로서 제기한 것이고, 시민의 활동 특성을 기초로 한 '제도 만들기'를 해야 한다고 제시하고 있다.

일본 사례조사와 평가

일본에서의 생활자치는 이미 깊이 뿌리가 내려져 있고 상당한 발전이 진행되고 있으며, 새로운 단계로의 도약도 이루어지고 있음을 알 수 있다. 무엇보다도 일본의 생활자치는 그 역사가 뿌리 깊다. 이미 생활자치라고 할 수 있는 커뮤니티 행정이 시작된 지도 40여년이 넘고 있다.

커뮤니티 행정을 위하여 미타카시의 경우에는 커뮤니티 주구 혹은 근린생활 주구가 만들어져서 생활자치의 단위가 인구 5,000에서 10,000명 단위에서 이루어지고 있으며, 이들의 연합조직으로서의 커뮤니티 주구라고 하는 것도 만들어져 있음을 알 수 있다. 즉, 생활자치도 2층제의 구조를 가지고 있다.

그리고 생활자치의 이러한 2층제는 미타카시의 자치행정과 연계되고 있다. 즉, 자치행정과 생활자치를 연계하는 것이 바로 주민협의회인 것이다. 주민협의회는 커뮤니티 주구마다 설치되어 있다.

일본의 사례를 통하여 생활자치의 규모와 계층의 문제에 대하여 상당한 개념이 잡힐 것으로 보인다. 우리의 읍 · 면 · 동 수준에서의 생활자치는 너무 큰 것이다. 그 이하 수준에서 생활자치의 기초

단위가 설정되어야 할 것이다.

그리고 생활자치의 내용에서도 종합적임을 알 수 있다. 마을만들기로 대변되고 있는데, 마을의 조경, 쓰레기, 가로 정비, 방범, 스포츠시설, 도서관, 풀 등 주민의 생활에 관련된 서비스가 망라되고 있다. 또 생활자치가 학교구로서 초등학교구나 중학교구와 관련됨을 알 수 있다. 즉, 생활자치의 기본 단위는 학교구와 관련하여 전개됨을 알 수 있다.

또 생활자치는 상향식(bottom-up)으로 전개되어야 함을 알 수 있다. 즉, 백지에서부터의 시민 참가 방식이 미타카시에서 이루어진 것이다. 하향식(top-down)으로 전개되는 것이나 행정이 최종적인 권한을 가지고 이루어지는 것이 아니라, 시민들과 주민들이 스스로 권한을 가지고 만들어 올라가는 방식이란 점이다. 그런 의미에서 생활자치는 내용면에서 주민들의 생활 서비스와 관련되는 것이지만, 그 방식으로서 상향식으로 그리고 백지에서부터 시민이 참여하는 능동적이고 주도적인 것이어야 하는 것이다.

미타카시의 사례는 생활자치의 구조에 대해서도 상당한 시사점을 준다. 즉, 주민이 직접 참여하면서 의사결정 기구를 만들어 두고, 여기도 주민의 대표들이 참여하는 방식이다. 그리고 주민들이 스스로 그것을 집행해 나가는 사무국 조직을 두고 있다. 인사권도 주민협의회에서 가지고 있다. 그리고 행정은 이러한 시민과 협동하고 역할 분담하는 선에서 대등하게 수평적으로 참여하는 것을 이상으로 하고 있다. 이와 같은 일본 생활자치의 선진 사례를 통하여 선행 경험을 학습하는 것이 우리에게도 긴요하다고 여겨진다.

생활자치를 통한 마을경제 활성화 사례: 빗돌배기 감미로운 마을

오우식 (퍼포먼스웨이 컨설팅 대표)

생활자치와 마을경제

인간은 혼자서는 살아갈 수 없는 사회적 동물이며, 그 생활 속에서 경제활동은 일상과 분리할 수 없는 불가분의 관계에 있다. 그렇다면 공동체에서 경제활동은 어떻게 시작되는가?

인간의 경제활동은 태어나자마자 시작할 수도 없고 그렇다고 영구적으로 할 수 있는 것도 아니다. 개인으로서 육체적 · 정신적으로 경제활동을 할 수 있는 일정한 시기와 기간이 있게 마련이다. 경제활동의 형태는 개인별 능력과 처한 환경에 따라 다르며, 동일한 투입을 하더라도 각각 차별적인 산출물을 만들어 내곤 한다. 그와 같은 과정에서 인간은 더욱 효율적이고 효과적인 방법과 수단을 찾게 되는데 여기에서 규모의 경제가 필요하게 된다. 주변의 살아가는 환경은 개인이 독립적으로 해결 가능한 부분이 있긴 하지만 모든 영역이 그렇게 할 수 있는 것은 아니다. 오히려 공동의 힘을 합쳐야 더 큰 경제적 가치 획득이 가능한 영역이 훨씬 더 많다. 그와 같은 관점에서 보면 마을 공동체 생활 속에서의 경제활동은 개별적인 경제적 이득의 한계를 인식하고 이를 극복하면서 좀 더 집단으로서의 이점을 극대화하기 위하여 노력하는 것으로 해석할 수도 있다. 아마 예로부터 전해 내려온 두레활동이나 품앗이의 형태는 이와 같은 공동생활 경제활동의 필요성을 입증하는 것이 아닐까?

그렇다면 어떻게 공동체의 생활경제가 이루어지는가. 마을 단위 공동체를 기본으로 하는 생활경제는 이론적으로 설명하는 경제 문제가 아니라 개인과 집단, 그리고 마을과 마을의 상호 작용을 전제로 설명하는 것이 이해하기가 쉽다. 따라서 공동체의 생활경제는 주어진 공간적 · 시간적 범위 내에서 최대한의 자율성과 독립성이 보장되고 이를 기초로 성장과 발전이 가능한 주민 주도의 마을경제를 상정하고 있다. 이는 마을공동체가 보유하고 있는 역량을 기반으로 자연적인 생산물, 관광자원, 문화자원, 그리고 자연경관 등 유 · 무형의 공동자원을 활용하여 집단적인 경제활동을 통하여 부가가치를 극대화하는 방향으로 발전될 수 있기 때문이다.

이와 같은 특성을 지닌 마을공동체의 경제를 더욱더 활성화하기 위해서는 마을이 보유하고 있는 자원과 주민들의 역량을 기초로 발전전략이 수립되어야 하며, 여기에 주민의 의견이 반드시 반영되어야 함은 물론 공동체 경제를 활성화하기 위한 조직 구성과 운영 원칙이 사전에 마련되어야 한다. 왜냐하면 공동체의 삶의 질 향상과 공동의 행복이라는 목적 달성을 위하여 각자가 해야 할 역할을 규정하고 이해 관계가 서로 다른 부분을 시스템적으로 조정하고 해결하기 위한 장치가 필요하기 때문이다. 즉, 공동체의 생활경제는 이를 구성하는 개인의 상호 작용을 통하여 모든 문제가 해결되어야 바람직한 모습으로 발전할 수 있기 때문이기도 하다.

이제까지 언급한 마을 공동체의 생활경제에 대한 내용을 현장의 실제 사례에 접목하여 그들이 어떤 과정을 거쳐 마을 공동체의 경제를 일으키고 활성화하였는지를 알아보고 핵심적인 성공 요소들을 여타 마을에 확산시켜 우리가 바라는 경제 영역에서의 생활자치가 하루빨리 확산되고 정착되기를 바라는 마음이다. 여기서는 단감으로 유명한 창원의 어느 한 마을에 대한 이야기를 통하여 마을 공동체가 생활경제를 어떻게 실천했는지 알아보고자 한다.

> "60년도 훨씬 넘은 아주 오래전, 내 할아버지가 이곳 빗돌배기에 감나무를 심고, 내 아버지가 감을 키워 나를 공부시키고, 그 아들이 다시 이곳에 들어와 빗돌배기의 단감을 세계적인 명품으로 키워내는 한 가족의 역사가 고스란히 들어 있는 이곳이 바로 빗돌배기 감미로운 단감마을이지." (○○○주민)

달콤한 감으로 유명한 경남 창원시 대산면 모산리에 위치한 "빗돌배기 감미로운 마을"은 감뿐만 아니라 철철이 딸기, 수박, 복숭아, 멜론 등이 풍성하다. 마을에 있는 연못에는 녹색 연잎이 펼쳐져 있고 빗돌배기라는 마을 이름의 유래인 돌로 된 동산 위에는 백년을 이어온 단감나무 과수원이 있다. 약 20여년 전 현재 마을 대표를 맡고 있는 강창국 씨는 아버지로부터 단감농장을 물려받아 귀농을 하면서 감 재배 연구와 유통에 많은 노력을 기울여 왔다. 이 지역이 팜스테이마을로 지정되면서 강대표는 자신의 농장을 도시인들의 농촌 체험장으로 탈바꿈시켰고, 그 결과 이곳의 논, 밭과 과수원에서 재배되는 다양한 곡식과 채소, 과일은 모두 친환경 농법으로 재배되기에 이르렀다. 게다가 가까운 곳에 철새들의 쉼터이자 놀이터인 주남저수지를 활용하여 습지의 자연 생태도 함께 체험할 수 있는 초록환경마을로 변모시켰다.

빗돌배기마을 사례

빗돌배기는 어떤 마을인가?

빗돌배기마을은 들어서자마자 너른 황금 들녘이 펼쳐지고 또 그에 어울리게 주황색 단감들이 가는 곳마다 수줍은 듯 대롱대롱 매달려 있어 방문하는 이들의 마음까지도 더더욱 풍요롭게 해주는 조용한 마을이다.

특히, 귀농한 2가구를 포함한 16가구가 옹기종기 모여 있는 작은 마을로 항상 웃음이 떠나지 않고 활기와 인정이 넘치는 모범적인 마을공동체이다. 예로부터 비석에 쓰이던 돌이 많아 '빗돌배기'라는 지명이 붙여졌다고 하며, 지리적으로는 '경남 창원시 대산면 모산리'에 있는 낮은 구릉 위에 위치하고 있다. 마을 이름에 걸맞게 여기저기 솟아 있는 돌 틈 사이로 휘몰아 가는 바람은 방문객들에게 빗돌배기라는 이름을 잘 기억할 수 있도록 배려하는 느낌마저

드는 자연 친화적인 농촌마을이다.

일제 강점기부터 이곳 빗돌배기마을에 들어온 단감은 벌써 백 년 터줏대감으로 마을의 자랑거리이자 대표 자원으로 그 가치가 매우 높다. 그에 따라 창원시는 전국 최대의 단감 생산지로 자리매김하고 있으며, 대한민국 대표 단감 산지 위상을 굳건히 하고 있기도 하다.

아무리 심한 가뭄이 와도 빗돌배기마을만큼은 물이 마르지 않을 정도로 농사를 짓기에는 최적의 조건을 갖추고 있어 빗돌배기마을은 단감 외에도 수박, 멜론, 고추, 토마토 등 다양한 특산물이 생산되고 품질 또한 국내 최고로 인정받고 있다고 한다. 최근에는 많은 도시민의 귀농을 위한 문의가 계속되고 있으며, 주민들 또한 체험마을을 통하여 농촌 문화를 도시민들에게 알리기 위하여 최선을 다하고 있다.

빗돌배기마을은 그동안 어떤 일들을 해왔는가?

이 마을은 도시민의 향수를 불러일으키는 다양한 농촌 수확 체험 프로그램을 운영하고 있으며, 생산된 마을 농산물의 우수성을 알리고 자연 생태도 함께 이해할 수 있도록 하기 위한 프로그램 개발로 연간 1만 명 이상의 방문객을 유치하고 있다. 일반적인 농촌마을의 경우 생산 · 유통 시스템이 주를 이룬다면 이곳 빗돌배기 감미로운 마을은 생산 · 가공, 유통과 함께 농촌 관광까지 연결되어 있어 자연스럽게 농외 수익까지 창출하면서 직거래 위주의 고객 확보가 이루어지는 일석삼조의 소득 창출 구조를 가지고 있다고 할 수 있다. 그야말로 6차(1차×2차×3차) 산업을 현장에서 실현하고 있다고 말해도 과언이 아니다. 특히, 마을 직거래 매장이나 온라인 등에서 판매하는 비율과 백화점을 비롯한 대형 유통매장에서 판매되는 비율이 50:50이 될 정도로 직거래가 활성화되어 있다. 이 마을의 수익 구조는 총수익을 기준으로 보면 직거래(40%), 백화점 유통(30%), 농촌 관광(30%)의 안정적이고 균형적인 수익 구조로 이뤄져 있고, 도시민의 직거래와 유명 백화점의 유통이 전체 유통의 70%를 차지하고 있기 때문에 농산물 품질은 당연히 고품질로 보장되어야 한다. 그렇게 되기까지 리더를 중심으로 한 주민들의

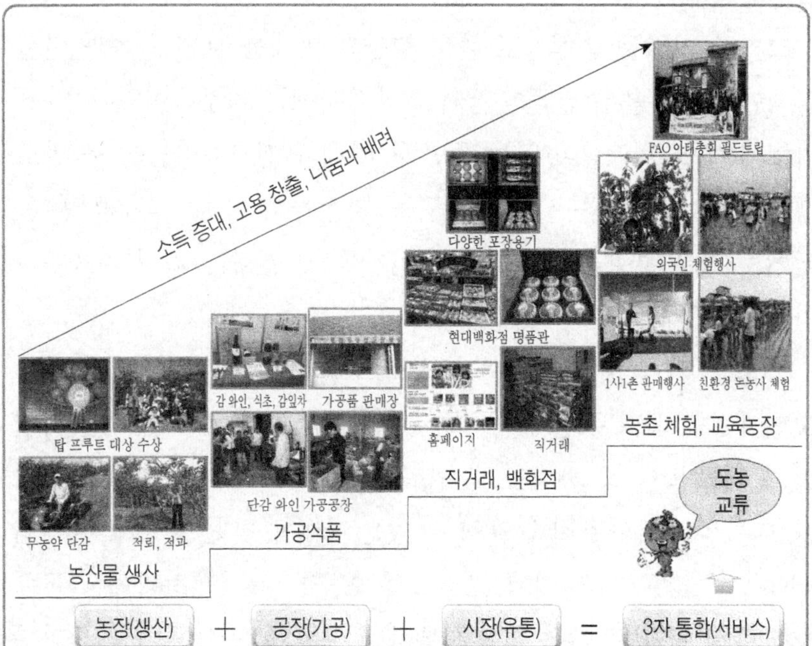

[그림 1] 빗돌배기마을의 유통 구조 및 서비스

노력은 이루 말로 표현할 수 없었으며 협력과 단합은 필수적인 요소가 되었다. 이렇게 체계적이고 지속적으로 노력한 결과 도농 교류의 결실이 이제야 빛을 보는 것 같다고 주민들은 입을 모은다.

이와 같은 일을 추진하게 된 배경은 무엇인가?

도시화와 산업화에 밀려 점차 농업뿐만 아니라 농촌마을의 경쟁력이 떨어진데다 한미 FTA의 영향과 패스트푸드의 생활화 등으로 인하여 마을 농민들은 기존의 영농 방식을 통해서는 수익이 보장되지 않는다는 결론에 이르렀고, 이에 대응할 새로운 해결 방안이 절실하였다.

그러나 리더를 중심으로 한두 명만의 미래를 보는 안목과 현실 인식만으로 마을 주민들의 생각을 바꾸기에는 역부족이었다. 마을 사업에는 별로 관심이 없는 주민들, 미래나 전략이라는 것을 별로 생각해 본 적이 없는 시골 아저씨들, 자신들의 이익에 따라서만 움직이는 일부 한량들을 끌어들여 뭔가를 해 본다는 것이 처음부터 만만치 않았다.

그러나 뭔가 새로운 대안을 만들어야 한다는 절박감으로 많은 고민과 수차례의 주민 설득, 그리고 난상토론 끝에 그 문제를 해결하기 위한 방안 중 하나로 도시민들에게 우리 농산물에 대한 신뢰와 우수성을 자연스럽게 알릴 수 있는 방법을 찾던 차에 농촌 체험이라는 새로운 농촌 관광 프로그램 연구가 불가피하다는 결론에 도달하게 되었다. 마을 회의를 통하여 '찾아오는 농촌마을, 다가가는 농촌마을, 살기 좋은 농촌마을'이라는 슬로건을 내걸고 한 땀 한

땀 정성어린 농심을 알려 도시민에게 믿을 수 있는 먹거리 제공과 로컬 푸드 정착에 초점을 맞추어 몇 년 동안 주민들의 노력을 집중하게 된 결과가 오늘의 빗돌배기마을을 만들게 되었다. 1교 1촌, 1사 1촌 등 도시민과의 자매 결연을 통하여 직거래 고객만 1만 여명을 유치할 수 있게 되었고, 단감의 고품질화로 유통의 정상이라 할 수 있는 국내 유명 백화점에 안정적이고 지속적인 납품을 가능하게 하였다. 이 밖에도 전국 농산물 품평회에서의 다년간 수상 경험과 팜스테이사업 성공 등 이와 같은 값진 경험들이 주민들에게는 하면 된다는 자신감을 갖는 원동력으로 작용하였다. 다시 말하면, 이처럼 잘 다져진 힘과 저력을 바탕으로 마을에 존재하던 장애물을 극복하고 활기에 넘친 새로운 바람을 불어넣기 시작한 것이다. 결국 빗돌배기 단감마을의 사례는 외부의 환경 변화로부터 만들어진 위기를 주민들 스스로 극복해 낸 좋은 사례라고 할 수 있다.

빗돌배기 단감마을이 지금의 감미로운 단감마을이 되기까지

빗돌배기 단감마을이 활성화된 역사를 살펴보면, 마을 대표인 강창국 대표가 3대째 단감 농사를 지어온 고향으로 내려와 농사짓기 시작한 1992년으로 거슬러 올라간다. 그는 농촌에서 가장 기본이 되는 것은 농산물의 고품질화라고 생각하였고 지금도 그 마음에는 변함이 없다. 귀농할 때부터 최고의 단감을 만들겠다는 꿈이 있었고, 단감 고품질화 연구에 매진하였다. 20여년을 연구와 실패를 거듭한 끝에 어디에 내놓아도 손색이 없는 '명품 단감'이라고 이름을 붙일 정도로 빗돌배기 단감의 품질에 대하여 자신 할 수 있게 되었다.

2000년대 초반, 농촌진흥청에서 실시한 농업인기술개발사업을 통하여 감의 떫은 맛을 빼내는 기술(탈삽법)이 당선되었고, 여기서 받게 된 지원금으로 저온 저장고를 짓게 된다. 저장고 시설에서 온도 편차를 이용, 단감을 고품질의 홍시로 만들어 내는 기술을 개발하고, 이러한 기술로 최고의 판로인 백화점 유통에 도전하게 되었다. 지방의 작은 농장 하나가 백화점에 납품하기까지는 정말 많은 우여곡절이 있었다. 일반 생산자에게 대도시 백화점의 벽은 너무나 높았고 납품 제안을 거절당한 적이 한두 번이 아니었다. 도전은 계속되었고 '끝장을 보겠다'는 오기까지 발동하기 시작하였다. 명품 단감 품질에 대한 자부심이 있었기에 수십 번의 도전 끝에 2004년 서울의 H백화점에 납품할 수 있게 되었다. 고객들이 빗돌배기 단감의 우수성을 먼저 알아보았다. 납품하자마자 폭발적인 매출 증가로 H백화점 전국 7개 전점에 유통할 수 있게 된 것이다. 폭발

명품화를 추구한 빗돌배기마을의 단감

적인 매출 증가에 힘입어 '벤더 코드(vendor code)'를 부여받고 농산물 생식품 200여 종을 취급할 수 있는 백화점의 정식 공급자 반열에 오르게 되었다. 수요가 폭발적으로 증가하다보니 강대표 개인 농장의 단감만으로는 물량을 채우기가 힘들어졌고, 마을 주민들과 함께 작목반을 조직하기에 이르렀다. 이후 명품 유통의 판로가 확실해지고 전국 농산물 품평회 톱 프루트 단감 부문에서 2007년부터 4년 연속 수상하게 되었다. 결론적으로 빗돌배기마을이 이렇게 발전하게 된 것은 고품질 단감의 생산과 유통에 대한 끝없는 노력의 결과라고 볼 수 있다.

체험마을을 추진하게 된 배경은 무엇인가?

체험마을을 시작하게 된 것도 바로 고품질 단감의 유통 때문이라고 볼 수 있다. 백화점에서 단감을 사먹은 소비자가 단감의 맛에 반하여 빗돌배기마을에 하나둘씩 찾아오기 시작한 것이다. 이런 상황에 이르자, 2007년 농협중앙회의 권유로 '팜스테이사업'을 시작하게 되었다. 농협중앙회는 체험을 위한 체험객을 모집하고 홍보해 주는 역할을, 빗돌배기마을에서는 농장주들을 중심으로 체험객들을 맞는 시스템이었다. 2007년 첫해에 200여명이 팜스테이를 통하여 방문하게 되었는데, 이때에는 체험객을 맞을 준비가 거의 안 되어 있는 상태였다. 공동 편의시설이 없어 잔디밭에 텐트를 치고 마을 주민들의 주택 화장실과 세면실을 개방하여 체험객을 맞이하였다. 체험객들을 위하여 집집마다 부엌에서 요리를 해가지고 나와서는 마당에 천막을 치고 함께 밥을 먹는 식이었다.

빗돌배기 체험마을 활동

사업 초반에는 마을 주민들의 자발적 참여로 체험객들의 감동적인 서비스를 창출할 수 있었지만 체험객이 늘어날수록 마을 주민들이 외부 방문객들의 방문을 힘들어 하였다. 팜스테이를 시작할 때에는 함께 해보자고 손잡았던 가구가 여섯 가구였는데, 체험 소득도 적었기 때문에 3개월 만에 세 가구가 탈퇴하는 등 고전을 면치 못했다.

그러나 지난해에 방문하였던 사람들의 재방문과 입소문, 명품 단감 덕택에 그 이듬해인 2008년에만 3,000명 이상으로 방문객이 증가하였다. 덕분에 다시금 팜스테이를 운영하는 가구 수는 자연스레 증가하게 되었다. 2007년 팜스테이사업을 성공적으로 추진하였던 경험을 바탕으로 마을 주민들은 우리 마을도 할 수 있다는 자신감을 가지게 되었고, 오랜 논의 끝에 '녹색농촌 체험마을(2009)' 선정에 도전하였다. 녹색농촌 체험마을로 지정받게 되면서 오늘에 이르렀다.

체험마을을 추진할 때 어려움은 없었나?

녹색농촌 체험마을을 지정받고자 할 때부터 어려웠다. 단감 농사를 짓는 빗돌배기마을은 수박 농사를 짓는 본마을인 송등마을과는 거리가 꽤 떨어진 자연부락이다. 당시 빗돌배기의 가구 수는 16가구였는데, 녹색농촌 체험마을을 신청하기 위한 기준으로는 마을의 가구 수가 최소 40가구 이상이 되어야만 하였다. 따라서 사업을 신청하려면 본마을인 송등마을과 함께 녹색농촌 체험마을에 도전하여야 하는 것이 기본 조건이었다. 그런데 걱정이 앞섰다. 주민들의 수가 많으면 지정 요건은 되지만 앞으로 의사결정에도 어려움이 많을 것이고, 사업비로 인한 분쟁 등 많은 문제와 힘든 숙제들이 생기는 것은 당연한 것이었다. 마을 간의 이해 관계가 얽히는 겪어보지 못한 사건들이 여기저기서 터져 나왔다. 그 숙제들을 풀어 가는데 여러 가지 우여곡절이 많았다. 대동회 날에 마을총회가 열렸는데, 이때 본마을 사람들에게 녹색농촌 체험마을사업의 취지에 대하여 설명하고 체험마을사업을 유치할 수 있도록 동의를 구하였다. 처음에는 본마을 사람들이 모두 동의해서 순조롭게 출발할 수 있었다. 그러나 문제는 녹색농촌 체험마을에 지정된 이후부터 시작되었다. 사업 지정을 받게 되면 2억의 지원금을 받게 되는데, 이 지원금에 대한 소문이 이상하게 나기 시작하더니, 급기야는 본마을 사람들 모두 체험마을사업을 반대하기에 이른 것이었다. 애초에 녹색농촌마을 사업비로 체험객들을 위한 공동 편의시설을 지을 목적이었는데, 본마을에서 사업비 사용의 전권을 요구하기 시작하였다. 계속되는 대화에도 본마을과 빗돌배기 자연부락의 불신의

마을 주민들의 토론 모습

골은 깊어져 갔다. 당시로서는 녹색농촌 체험마을 사업의 정당한 허가 취득이 중요하였기에 결국 마을 지원금의 많은 부분을 포기하여 본마을을 지원하고 일부를 빗돌배기마을의 공동 편의시설을 짓는 데 사용하는 것으로 결정하였다. 특히, 이유 없이 사업을 반대하는 주민들을 목이 쉴 정도로 설득하는가 하면, 어떤 경우는 마을발전기금을 지원하는 조건으로 반대파들의 극적인 타협을 이끌어 내기도 하였다. 우리가 함께 잘살 수 있는 방법이라는 비전을 가지고 수차례의 토론과 설득 과정이 이루어졌던 것이다. 그와 같은 과정을 거쳐 본마을과 원만한 관계를 유지하고부터는 도농 교류에 박차를 가할 수 있게 되었다.

당시 추진위원장이자 현재 마을대표인 강창국 대표는 체험마을 사업의 지정 요건이 마을 단위가 아니라 마을과 마을을 엮어서 사업을 추진하였기 때문에 빗돌배기뿐 아니라 많은 마을이 불화가 생기고 어려움에 직면하는 등 고전을 면치 못하였던 상황을 직접 겪으면서 체험마을 지정 요건에서 마을 규모를 하향 조정해 줄 것을 열심히 요구하였다고 한다. 그러한 노력에 결실이 이루어져

2009년 도농교류촉진법에 녹색농촌 체험마을의 지정 요건에 마을 규모가 20가구 이상으로 하향 조정되었다고 한다.

농림수산식품부(지금의 농림축산식품부)로부터 녹색농촌 체험마을로 지정받게 되면 체험 휴양마을 사업자로 등록할 수 있는데, 체험마을의 규모가 하향 조정되면서 체험 휴양마을 등록에서는 빗돌배기 자연부락만 등록을 신청하여도 되었고, 비로소 본마을에서 독립, 자체적으로 녹색농촌 체험마을로 출범할 수 있게 된 것이다.

이미 체험마을 지정을 받을 당시에 본마을과의 불화가 심했기 때문에 빗돌배기마을 구성원들은 더욱 결속할 수 있었다. 주민들은 체험마을사업을 통하여 한 단계 더 마을의 발전을 도모할 수 있을 것으로 판단하였다. 다행히도 더욱 발전하고 성장하는 마을을 만든다는 목표를 주민들이 공감하고 있던 터라 많은 어려움이 마을 회의를 통하여 원만하게 해결되었다. 또한 체험마을사업을 진행하면서는 마을 주민에게 최대한 혜택이 돌아갈 수 있도록 운영 시스템을 마련하게 되었다.

빗돌배기 단감마을의 조직 운영 시스템은 어떠한가?

우선 함께 모여서 모호하게 섞이면 문제가 생기는 것을 목격한 터라 빗돌배기는 조직을 세분화하여 철저히 분리시켰다. 각 분과별로 업무를 분리하였기 때문에 사업의 운영에서 거의 전권을 위임하였다.

체험 손님들의 식사는 무조건 부녀회가 운영하는 식당에서 할 수 있도록 시스템을 만들었고, 식당의 운영을 전적으로 부녀회에 맡기는 식이었다. 단, 메뉴를 개발하거나 새로운 시도를 하게 될 때에는 운영위원회의 허가를 받도록 하였고, 수익의 10%만 마을운영위원회에 마을기금으로 내어놓도록 하였다. 청년회, 농촌교육농장, 영농조합법인도 마찬가지로 관련 모든 사업을 운영하는 데 전권을 위임하였다. 단, 전체 수익의 10%를 마을기금으로 내는 원칙은 동일하도록 하였다. 마을운영위원회는 이렇게 징수된 10%의 마을기금으로 각 분과의 사업을 관리하고, 마을 전체 사업의 살림살이를 해결하는 방식이다.

또한 체험마을을 지정받을 때 한 차례 홍역을 치렀기 때문에 투명 경영에 대한 생각이 강해졌다. 국가에서 받게 되는 지원금으로는 체험관을 비롯한 각종 편의시설을 지었는데, 이러한 시설들도 체험마을사업과 이해 관계가 전혀 없는 제3자의 땅을 임대해서 지

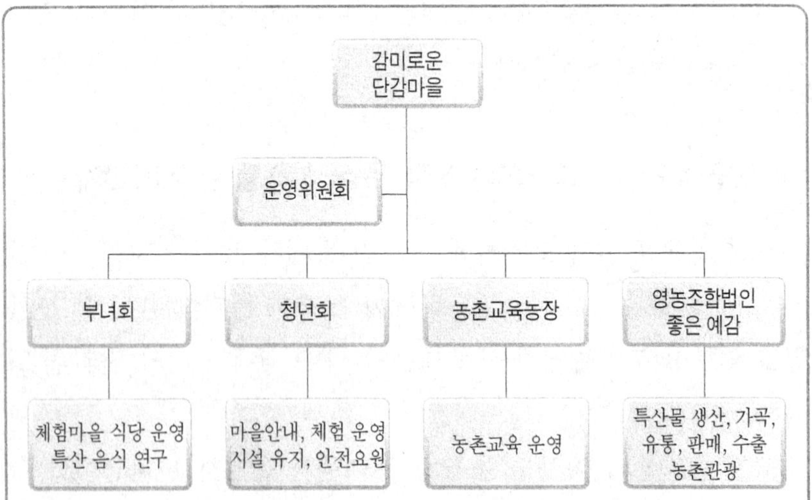

[그림 2] 빗돌배기마을의 운영 조직

었다. 처음부터 마을지원사업을 통하여 받은 편의시설이기에 훗날 개인 소유화되어 주민 간에 불화가 생기는 것을 방지하기 위한 하나의 방법이었다. 대신에 마을 주민들과 10년 후 돈을 많이 벌어서 훨씬 더 멋진 건물과 편의시설을 개인 소유로 짓자는 비전을 함께 공유하였다.

정부로부터 받게 되는 지원금은 무조건 체험객을 위한 공동 편의시설에 투자하였으며, 개인 체험 농장의 시설에서는 개인 부담을 하도록 규약으로 정하였다. 소득 분배에서도 위원장이나 운영위원들이 소득을 분배하는 것이 아니라 이해 관계가 전혀 없는 사무장이 직접 소득을 분배할 수 있도록 시스템화한 점들은 다른 마을의 본보기가 될 만하다. 그동안 추진해 왔던 사업들을 돌이켜보니 감미로운 단감마을의 조직 자체가 요사이 관심이 높은 '사회적 기업'이 되어 있었다. 운영위원회 인력과 체험 활동을 위하여 소요되는 인력을 유지하기 위하여 발생하는 비용도 대부분 마을 사람들에게 돌아간다. 마을 주민들이 함께 일하고 함께 그 혜택을 받을 수 있는 것이 바로 사회적 기업이 아닐까 생각한다.

다른 마을과 비교해서 빗돌배기마을의 체험이 어떠한 차이점이 있나?

빗돌배기마을에서는 아무나 체험객들을 지도하지 않는다. 제빵가공 자격을 가지고 있는 전문가 할머니가 아이들에게 떡 체험을 지도하고, 전통 장류 제조 과정을 수료하고 발효사 자격을 취득한 마을의 어머니들이 전통장 체험을 지도한다. 빗돌배기의 자랑인 명품 점심 식사 역시 조리사 자격증을 가진 부녀회에서 담당한다. 농림축산식품부의 마이스터 대학을 수료한 생산 전문가가 명품 단감을 생산해 내고, 이러한 명품 단감의 유통은 농림축산식품부의 국제무역사 자격을 지닌 유통 전문가가 담당하고 있다. 농촌관광대학을 수료한 마을 주민만 해도 11명이나 되니 전체 주민 수를 고려하면 마을의 전문가 비율이 매우 높은 편이다. 이러한 전문가 주민들이 모여서 빗돌배기 감미로운 마을의 체험 프로그램을 만들고, 진행하면서 우리만의 마을 문화와 특성을 살려내고 있다.

보이지 않는 마을의 역량 강화를 위한 남다른 노력은 무엇인가?

빗돌배기마을의 주민들이 각자 맡은 분야의 전문성을 갖추기 위하여 노력하고 있는 점 또한 눈여겨볼 만하다. 농산물의 생산, 가공, 유통 및 체험 활동 등과 관련해 전문가가 되기 위하여 필요한 교육이 있으면 찾아다니면서 교육을 이수하고 자격증을 취득하는데 심혈을 기울였다. 이렇게 되기까지 마을 대표는 발로 뛰어다니며 마을 주민들에게 교육의 필요성을 강조하고 역량 강화의 절실함을 호소하면서 동참을 유도하였다. 처음에는 농사만 짓던 주민들이 시간을 내고 앉아서 교육받아야 한다는 것 자체가 매우 어려운 일이었다. 차라리 밭일을 한두 시간 더 하는 게 낫다고 생각하는 주민들의 인식 개선이 급선무로 대두되기도 하였다. 이를 위하여 마을 대표와 사무장이 솔선수범하여 모든 교육에 참여하였으며, 주민들의 자기 계발을 독려하는 등 위로부터의 솔선수범을 통한 주민들의 동참을 이끌어 내는 방식으로 리더십을 발휘하였다. 그 결과 이제 마을 주민들은 자기가 담당하는 분야에서만큼은 상당한 수준의 전문가가 되었다. 시간이 흐를수록 마을 주민들의 자격 취득률이 늘어나고 각자의 분야에서 자신감을 갖게 되자 이는 마을의 또 다른 활력으로 이어지는 선순환 고리가 조성되고 있다. 현재 빗돌배기마을 운영은 마을 대표, 마을 해설가이자 국제 농식품무역사 자격증을 가지고 있는 마을 부대표, 한식조리사 및 발효기사 자격을 가진 부녀회장, 외국인 유치 마을지도자 과정을 밟고 있는 마을운영위원 등 총 8명으로 이루어진다. 마을 운영위원들은 오늘도 다른 마을과 차별화된 지속 성장 가능한 감미로운 마을을 만들기 위하여 농어촌 축제 설계 과정이나 생태 가이드 과정 등에 참여하는 등 학습과 연구를 게을리하지 않고 있으며 전문성 확보에 노력하고 있다. 마을 발전의 원동력은 주민 스스로 자발적인 참여와 협력을 전제로 역량 강화가 뒷받침되어야 함을 새삼 느끼게 한다.

앞으로 빗돌배기 단감마을이 어떻게 진화하기를 바라나?

한 사람이 꿈꿔왔던 마을을, 뜻을 같이하는 사람들이 점차 늘어나면서 그 꿈이 현실화되었다고 생각한다. 또한 마을에 와서 보고 뜻을 함께하기로 한 사람들(귀농을 하는 사람들)도 점차 늘어나고 있다. 앞서도 말하였지만, 빗돌배기마을은 아무것도 없던 평범한 마을로 명품 단감 하나만 가지고 시작하였다. 시작할 때도 아무런 지원이나 보조 없이 주민들이 자생적으로 키워낸 것이다.

과거에는 우리가 선진국에 가서 농업 기술을 배워 왔다면, 앞으로는 외국에서 우리 단감마을의 농업 기술을 벤치마킹할 수 있게 되는 것이 빗돌배기마을 주민들의 새로운 꿈이다. 또한 단감마을에 반해서 뜻을 함께하고 싶어하는 도시민들을 적극 유치하여 그들과 함께 꿈꾸고 한 단계 더 도약하는 단감마을로 키워내고 싶다는 포부를 밝힌다.

빗돌배기의 새로운 도전에 날개를

빗돌배기 감미로운 마을은 고품질의 단감 유통을 기반으로 해서 작목반이 결성되어 마을협동 시스템이 조직화되었다. 명품 단감으로 품질을 인증받은 후부터는 영농조합법인 '좋은 예감'으로 조직 체계를 다시 정비하고 생산뿐만 아니라 명품 단감 상품화에 심혈을 기울이게 되었다.

이러한 단계적인 발전을 토대로 다른 마을사업도 성공리에 추진할 수 있게 되었다. 추진위원들은 그동안 전개해 온 많은 사업이 처음부터 부가 수입을 목적으로 한 것이 아니라, 빗돌배기마을의 가장 중요한 사업인 단감 농사를 더 잘 짓기 위하여 진행한 결과로 오늘의 빗돌배기마을을 만들었다고 믿고 있다. 따라서 지금 이 순간에도 단감의 명품화에 그 가치를 부여하려는 노력을 투입하고 있다. 상품 하나하나가 소비자에게 전달될 때까지 그냥 팔았다는 생각에 그치지 않고 고객의 기억에 오래 남아 단감 소비를 넘어, 이러한 이야기들을 직접 듣고, 눈으로 보기 위하여 마을에 가보고 싶다는 욕구가 생길 수 있도록 하였다.

단감을 가공한 단감파이와 단감와인

또한 단감의 가치가 증진될 수 있도록 좀 더 오래 보관하고 신선함을 유지시킬 수 있는 포장 기법을 개발함으로써 명품 단감의 감동이 소비자에게 그대로 전달될 수 있도록 노력하였다. 이와 함께 단감의 대중화를 위하여 상품 가공에도 신경을 쓰고 있는 모습이 역력하였다.

전국적으로 보면 단감의 인지도가 배, 사과, 귤에 비하여 낮은 편이라 소비자들에게 단감의 이미지를 개선해야 소비가 증대될 거라는 생각으로 상품 개발에 또 다른 도전을 시작하였다. 명품 단감은 생과로 유통시키고 그 밖의 것들은 감식초, 감말랭이, 감잼, 감잎차 그리고 단감 와인까지 개발하기에 이르렀다. 국내 최초로 단감 파이도 개발할 예정으로 되어 있어 자신감에 차 있는 마을 대표의 모습이 눈에 선하다.

빗돌배기, 세계로 눈을 돌리다!

2007년 팜스테이로 시작된 빗돌배기의 농촌관광은 2009년 농촌

교육농장, 녹색농촌 체험마을을 기반으로 농어촌 체험휴양마을로 발전하게 되었다. 그 과정에서 대표를 포함한 주민들은 과연 빗돌배기의 미래는 어떤 모습이어야 하는지 고민하기 시작하였고, 결국 빗돌배기마을 하면 떠오르는 대표 이미지로 푸근함과 넉넉함을 만들고자 하였다. 푸근하고 넉넉한 빗돌배기가 도시민의 휴양지이자 도시에서의 스트레스를 치유할 수 있는 공간으로 조성하기 위하여 정성을 다한 결과가 오늘의 이 마을을 있게 한 것임에는 의심의 여지가 없다. 그동안 추진해 왔던 1교 1촌, 1사 1촌 등 도농 자매결연 덕분에 자연스레 직거래가 이어지고 도시민에게는 믿고 구입할 수 있는 농산물이 제공되는 선순환 고리가 형성되면서 로컬 푸드 정책이 서로 맞아떨어지는 결과를 가져왔다.

2008년은 빗돌배기마을을 세계에 알리는 중요한 해가 되었다. 마을 인근 주남저수지에서 람사르총회를 개최하였는데, 외국인 습지체험단을 유치하여 습지 농경 문화의 우수성을 알리게 되었다. 이를 계기로 빗돌배기마을은 세계로 시선을 돌릴 수 있는 눈을 뜨게 되었고, 2010년에는 WWOOF KOREA HOST에 선정되어 많은

단순한 팜스테이에서 벗어나 각종 프로그램의 창의적 융합화를 추구한 모습

빗돌배기마을을 방문한 외국인 문화체험단

외국 문화체험단이 빗돌배기마을을 방문하기도 하였다. 또한 국내 우수마을을 평가하여 정부가 해외에 홍보하는 Rural-20 프로젝트 사업 선정과 G-20 정상회의 FAO(국제연합식량농업기구)의 현장 순방을 성공적으로 수행하기도 하였다. 아마도 대규모의 국제적인 행사를 성공적으로 여러 차례 치러낸 농촌마을은 빗돌배기마을이 최초일 것이다. 2011년에는 UN사막화 방지 총회 필드 트립, 베트남 정부기관 직무연수 현장 순방을 유치함으로써 외국인들에게 한국의 농촌과 빗돌배기마을 단감의 우수성을 알릴 수 있는 기회도 얻게 되었다. 단감은 한국, 일본, 중국이 주 생산국이고 흔한 과일이지만 국제 행사를 통하여 단감이 외국에서는 귀한 과일이고 외국인들에게 더 인기가 있다는 사실을 알게 되었다. 이는 단감이 세계 속에서 경쟁력이 있으며, 세계화에 도전할 수 있는 아이템이란 것도 동시에 깨닫는 행운을 얻게 된 것이다. 이러한 인연을 바탕으로 러시아, 유럽 등 세계 각국에서 단감 수출 요청이 들어오고 있다. 또한 필드 트립이나 해외연수단을 통하여 우리나라, 특히 빗돌배기에 정착하고 싶어하는 외국인들이 점차로 늘고 있어 마음으로 행복한 마을이란 생각이 든다. 실제로도 외국인 연수생, 관광객 3명이 한국어 학당에 다니면서 이 마을에 정착을 준비하고 있었다.

100년 감문화축제, 수확의 기쁨을 축제로

마을 자체적으로 시작한 100년 감문화축제는 단감을 수확하며, 예로부터 내려오는 감나무에 얽힌 다섯 가지 덕(문·무·충·효·절)을 되새기는 하나의 문화축제로 단감 수확기에 맞춰 10월 말쯤 진행된다. 감잎이 과거 글(文)을 쓰는 종이로 활용되었다는 것에 착안한 감 문화 백일장, 사생대회, 서예 퍼포먼스 등을, 감나무는 단단하여 화살촉으로 사용되었다(武)는 역사적 사실을 되살린 국궁 쏘기, 감나무 투호던지기 등을 부대 행사로 개최한다. 감은 겉과 속이 똑같이 붉어서 겉과 속이 동일하다(忠)는 성질을 바탕으로 가장 당도가 높은 감을 찾는 '진짜 단감? 찾기'. 이가 없는 노인도 즐겨 먹을 수 있다(孝)의 의미를 살린 엄마·아빠와 함께하는 감 따기 행사도 열린다. 특히 감 따기 행사는 창원 100년 감문화축제의 하이라이트로 꼽히고 있다. 100년 감문화축제에 참가한 도시민들에게는 마을의 돌산에서 자란 친환경 감나무의 감을 따는 것 자체가 특별한 체험이 되고 있다. 이처럼 다양한 프로그램 역시 마을 주민들이 주체가 되어 아이디어를 내고 스토리텔링화하여 완성도를 높였기에 해를 거듭할수록 축제의 품격이 향상됨은 물론 감미로운 마을을 찾는 관광객들에게 좀 더 풍성한 서비스가 제공되리라 믿어 의심치 않는다. 이렇듯 다양한 체험거리, 다채로운 공연과 특산 먹거리 속에서 많은 체험객과 함께 어울릴 수 있는 것 자체가

감문화축제

바로 100년 감문화축제의 가장 큰 강점이 아닌가 생각한다.

전국 최고, 1등 팜스테이마을로 인증

2011년은 빗돌배기마을에 무척이나 의미있는 또 하나의 해가 되었다. 2만 여명에 이를 정도로 많은 고객이 빗돌배기를 찾았고, 국제행사도 성공적으로 치러냈으며, 전국 최고 팜스테이마을로 인정받기도 하였다. '제1회 팜스테이마을 대상' 시상식에서 최우수상을 수상해 상장과 현판 및 마을발전기금을 부상으로 받았다. 학계, 연구기관 등으로 구성된 외부 전문가들이 마을체험 프로그램, 숙박시설, 음식, 편의시설 등 여러 분야를 종합적으로 평가한 결과, 전국 286개 팜스테이마을 중 최고의 마을이 된 것이다. 이처럼 시간이 흐르면서 차근차근 쌓인 실적들이 빗돌배기마을의 구성원 개개인들에게 더 큰 자부심을 불러일으키고 성장 동력이 되어 마을 주민들을 신나게 하고 있는 것에 틀림없다.

가을을 알리는 황금 들판과 탐스러운 주황 단감! 상상만 해도 평

팜스테이로 대회에서 수상한 모습과 관련 기사

화롭고 풍요로움을 상징하는 농촌 전경!

입가에 미소가 떠나지 않아 행복을 굳이 설명할 필요가 없는 아주머니들, 언제나 학습하고 발전하고자 노력하고 더 나은 미래를 꿈꾸는 마을, 한국의 농촌을 배우겠다고 자원하여 외국인들까지 찾아와 일손을 거들어 주는 글로벌화 선도 마을, 항상 더 나은 것을 위하여 고민하고 도전하는 빗돌배기마을의 주민생활 공동체를 보면서 대한민국 농촌의 미래를 엿보게 된다. 이런 마을이야말로 진정으로 살고 싶고 얘기하고 싶은 농촌 마을의 모습이 아닐까?

빗돌배기마을이 주는 시사점

그렇다면 빗돌배기마을이 이렇게까지 성장, 발전하게 된 성공 요소를 찾아보고 다른 국내 마을 공동체에 벤치마킹될 수 있는 것들은 없는지 알아보자.

첫째, 빗돌배기마을 리더인 강창국 대표는 철저하게 농촌이란 농업과 농산물로 승부를 걸어야 한다는 확실한 신념과 철학을 가지고 있다. 이는 그야말로 농촌은 농촌다워야 한다는 말과도 일맥상통한 부분이 있음을 의미한다. 그러기에 그는 농사를 빼놓고는 그 어떤 것도 생각해 본 적이 없으며, 오로지 세계 최고의 품질을 자랑하는 단감을 생산하는 데 온갖 정열을 바쳤고, 그 집중적인 노력의 결과가 개인의 위상은 물론 빗돌배기마을의 오늘을 가져오는 결과를 낳았다.

둘째, 마을 주민들의 참여와 열정을 적극적으로 이끌어 냈다는 점이다. 이는 리더십을 잘 발휘한 점도 있지만 마을과 관련하여 모든 것을 투명하고 공정하게 처리하는 것은 기본이고, 주민들에게 비전을 제시함으로써 그들에게 동기부여는 물론 마을의 사업 추진에 몰입하도록 만들었다. 이렇게 하기까지 주민들과 수많은 대화와 설득, 마을회의 등이 필요했다. 그 과정에서 불협화음도 발생하였지만 머지않은 미래에 더 큰 목표와 비전 달성을 위하여 힘을 합치자는 리더의 지속적인 설득이 효험을 보게 된 것이다.

셋째, 마을공동체 내부의 자원인 단감을 최대한 활용하였다고 볼 수 있다. 조상으로부터 물려받은 단감을 최고의 품질로 생산하는 것은 물론 단감을 활용한 다양한 상품을 개발하여 판매하기에 이르렀다.

특히 명품 단감에 대한 자신감은 백화점 유통망 확보를 위한 노력으로 이어졌다. 유통의 꽃인 백화점을 판로로 삼기 위하여 수십 번의 노력 끝에 백화점에 납품하게 되었으며, 소비자의 꾸준한 사랑 덕분에 벤더 코드를 부여받은 백화점의 정식 공급자가 되었다.

백화점 판매를 통하여 명품 단감의 안정적인 명품 판로를 갖출 수 있게 된 것이다. 또한 명품 단감의 명성으로 빗돌배기마을에 방문객이 급증하게 되면서 방문객들을 위한 체험활동 프로그램 개발을 통하여 방문객을 즐겁게 하고 주민들의 소득 증대에 기여하였으며, 이를 계기로 마을 주민 모두가 동참하는 결과를 가져왔다.

넷째, 임원부터가 솔선수범하여 주민들을 독려하고 지원하는 내부의 운영 시스템을 만들었다. 특히 마을 인재 개발을 위하여 주민들에게 전문 분야를 정하여 교육을 받을 것을 독려하였는데, 실제로 임원들부터 솔선수범하여 교육을 받고 자격증을 취득하는 등 전문가로 성장해 나가는 모습을 마을 주민들에게 보여주었다. 이를 통하여 마을 주민 개개인이 분야별 전문가로 발돋움하였으며, 자기 계발에 대한 사기 진작과 함께 마을 성장의 견인 역할을 톡톡히 하도록 하였다.

다섯째, 외부의 개방적이고 도전적인 행사 유치를 통하여 스스로의 발전 동력으로 삼았다. 특히 다른 어느 마을과 비교할 수 없을 만큼 많은 국제행사를 유치하여 성공적으로 행사를 개최하였고, 이러한 행사 하나하나가 외국인들에게 한국의 농촌과 빗돌배기마을 단감의 우수성을 알릴 수 있는 기회가 되었다. 또한 외국에서 귀한 단감이 세계적으로 경쟁이 있으며, 세계화할 수 있는 아이템이라는 확신을 가지고 빗돌배기마을이 세계로 도약하는 새로운 꿈을 꿀 수 있는 계기를 만들어 주었다.

여섯째, 정부의 도움을 받지 않고 처음부터 자립을 꿈꾸었다. 빗돌배기마을은 일부 사업에 대하여 정부의 지원을 약간 받았지만 애초에 도움을 받을 생각이 없었다. 자립으로 최고 품질의 명품을 만들면 수입은 필연적으로 따라온다고 굳게 믿었다. 마을 대표와 주민들의 그와 같은 생각은 오히려 스스로를 강하게 그리고 결속력 있게 만드는 역할을 한 것임에 틀림없다. 도시화와 산업화, 한미 FTA 등의 영향으로 농촌의 경쟁력이 떨어지는 것에 민감하게 반응하여 해결 방안을 모색하였다. 마을회의를 통하여 '찾아오는 농촌마을, 다가가는 농촌마을, 살기 좋은 농촌마을'이라는 슬로건을 내걸고 도농 교류에 노력을 다하였다. 도농 교류를 통하여 마을이 활성화되고 단감의 고품질화를 위하여 지속적으로 노력한 결과 안정적인 유통망까지 확보하게 되었다. 이런 결과에 힘입어 다시 방문객이 증가하고, 마을 체험 프로그램이 지속적으로 개발, 발전되면서 도시민을 불러들이는 도농 교류 활성화의 초석이 된 것이다. 결국 이와 같은 선순환 구조는 마을의 재정을 안정적으로 확대시키는 한편 새로운 수익원으로 발전되어 마을의 자립도를 높이는 효과를 가져왔다.

이상에서 살펴본 바와 같이 농촌은 농촌다워야 한다는 신념으로 빗돌배기마을을 농촌답게 만들기 위하여 노력한 점, 마을사업을 추진하는 데 주민들의 참여와 열정을 적극적으로 이끌어 낸 점, 마을 내부의 자원인 단감을 최대한 활용한 점, 마을의 추진위원들이 마을 운영을 위하여 솔선수범하는 시스템을 구축한 점, 국제행사 유치를 통하여 세계로 도약할 수 있는 계기를 만든 점 등이 빗돌배기마을이 다른 마을과 차별화되는 이유일 것이다. 이 모든 성공의 시작에는 정부의 지원이 아닌 마을 대표를 중심으로 한 주민들의 자발적인 참여와 고민, 그리고 이에 대한 각고의 노력이 중요하게 작용하였다.

생활자치를 통한 복지 실현

김필두 (한국지방행정연구원 연구위원)

일상생활 속에서 주민과 함께하는 복지 실현

사례 누구에게 돌을 던질 수 있을까?

얼마 전에 혼자 사시던 어르신 한 분의 자살 소식이 매스컴을 통하여 보도되어 많은 사람의 가슴을 아프게 하였다. 이 어르신에게는 아들이 하나 있었지만, 아들의 형편상 전혀 도움을 받을 수 없어서 생활고에 시달리다 못해 어르신은 관할 동사무소에 가서 정부양곡 지원을 요청하였다. 하지만 담당 공무원은 근로가 가능한 아들이 있기 때문에 정부가 지원할 수 있는 범위에 들지 않는다고 하여 지원이 불가했다고 답변하였다. 이에 어르신은 "밥 한번 배불리 먹고 싶다"는 유서를 남기고 자살하였다.

이 사건은 복지담당 공무원의 책임이라기보다는 현행 복지전달 체계의 한계에서 비롯된 비극이다. 복지담당 공무원은 정해진 법과 규정, 매뉴얼 등에 따라서 업무를 처리하고 있다. 만약, 찾아오신 어르신의 처지가 딱하다고 해서 정해진 법과 규정, 매뉴얼 등을 무시하고 감정적으로 양곡을 지원하게 되면, 그 공무원은 직권을 남용하여 자의적으로 업무를 처리한 혐의로 징계를 받거나 처벌을 받을 수 있다. 또한, 우리나라의 현행 사회복지 예산은 그와 같은 어르신 개개인의 특별한 사정까지 고려하여 편성되지 않았기 때문에 그 어르신을 도울 수 있는 정부의 예산은 없는 것으로 보아야 할 것이다.

다만, 담당 공무원의 융통성과 배려심이 아쉬움으로 남게 된다. 만약 해당 동 주민센터를 찾아오신 어르신이 정부 양곡의 지원을 받을 자격에 적합하지 않다면 차선책으로 관내의 주민자치센터, 직능단체, 시민단체, 종교단체, 봉사단체 등에 의뢰하여 그 어르신이 도움을 받을 수 있도록 조치하는 것이다. 여기에도 문제는 있다. 사회복지 공무원이 법이나 규정에 따라서 수행해야 하는 업무량이 너무 많다는 것이다. 대통령 등 중앙정부와 정치인들은 찾아가는 복지의 실천을 강조하지만, 현실적으로 공무원들이 찾아가는 복지를 실천하는 것은 매우 어렵다. 찾아오는 민원인 1인당 평균 상담 시간을 30분으로 계산한다면, 하루 종일 쉬지 않고 상담해도 12명 정도를 상담할 수 있다. 여기에 실태조사, 보고 등의 문서와 공문을 작성하여 결재 절차를 거쳐서 처리는 데 상당한 시간이 소요되기 때문에 찾아가는 서비스를 제공할 여력이 없다고 보아야 할 것이다.

복지(福祉), 한글로 풀어 쓰면 '행복한 삶'이다. '복지사회'는 모든 사회 구성원이 빈곤과 곤궁에서 벗어나 최저 생활을 적극적으로 보장받는 사회를 뜻한다. 즉, 모든 사람이 행복하고 인간다운 삶을 누릴 수 있도록 보장하고, 어떤 특수한 장애나 어려움에 있는 사람들을 보호해 주는 사회를 말한다.

물론, 국민의 복지는 국가의 당연한 책무이기 때문에 지난 10년간 국가는 국민의 복지 향상을 위하여, 나아가 선진 복지국가 구현을 위하여 수많은 사회복지정책과 막대한 복지 예산을 투입하며, 우리나라 사회복지의 눈부신 성장을 이뤄왔다.

이와 같은 행정의 사회복지 서비스 전달 체계가 가지고 있는 한계와 문제점을 극복하기 위하여 생활자치를 통한 지역복지 전달 시스템의 구축이 필요하다. 이상에 언급한 어르신과 같은 복지의 사각지대에 있는 대상자를 돕기 위하여 지역사회 전체가 적극적으로 나서야 한다. 우선 주민자치센터, 시민단체, 직능단체, 자원봉사단체, 종교단체 등이 네트워크를 구축하여 행정에서 제공하기가 어려운 필요한 복지 서비스를 제공하는 것이 필요하다.

생활복지란 무엇인가?

생활복지는 지금까지 격리된 시설을 중심으로 이루어지고 있는 복지에서 지역사회 안의 이웃 주민과 함께 하는 생활 속의 복지로의 전환을 의미한다. 따라서 생활복지는 도움이 필요한 복지 대상자들이 불편 없이 일반 주민과 함께 생활하고 어울릴 수 있도록 일반 주민이 배려하는 것을 말한다.

생활복지의 대상자는 지역사회 안에서 살아가는 취약계층(장애인, 노인, 어린이, 여성, 외국인 등) 전부라고 할 수 있기 때문에 특수한 소수에서 보편적인 다수로 확대되었다고 할 수 있다.

생활복지의 제공 주체는 주민과 행정인데, 주민이 주가 되고 행정이 보조적인 역할을 수행하는 것이 바람직할 것이다. 지역사회의 다양한 조직이나 단체들이 마을공동체를 구축하고 필요한 정보나 자원을 공유하면서 지역 주민 모두가 편안하고 즐겁게 생활할 수 있는 살기 좋은 마을을 만들어 가는 것이 필요하다.

생활복지의 범위는 주민의 일상적인 생활 속에서 도움이 필요한 모든 경우를 말한다. 즉 보건, 복지, 고용, 주거, 교육, 문화, 관광, 생활체육 등 주민 삶의 질 향상과 관련된 각종 서비스를 포괄하여 지원하는 서비스가 여기에 해당된다. 현재 우리 주민은 복지 · 문화 ·

표 1 생활복지 분야와 서비스 분류

분야	생활복지 서비스 분류
복지	급여지원사업(법정 지원), 의료비 지원, 결연 후원, 급식 지원, 가사 · 간병 지원, 상담치료, 재활 지원, 생활 지원, 안부 서비스, 주단기 보호, 쉼터 서비스(일시보호), 지역아동보호(지역아동센터), 시설 입소 지원, 특수보육, 자원봉사, 기타 지원 등
보건	건강관리 지원, 검진 서비스, 방문보건, 정신보건, 출산 지원, 예방접종 등
고용	일자리 지원, 직업훈련, 창업 지원, 취업 알선 및 상담 등
주거	주거안정 지원, 주거자금 지원, 주거환경 개선 등
체육	청소년/아동 프로그램, 장애인 프로그램, 일반 프로그램 등
교육	평생교육, 외국어교육, 정보화교육, 청소년교육, 아동학습 지원 등
문화	문화행사, 전시, 일반 문화활동, 노인 문화활동, 장애인 문화활동, 청소년 문화활동, 아동 문화활동 등
관광	관광안내 등

고용 등 8개 분야, 236개의 서비스를 중앙부처에서 제공받고 있다.

생활복지 사례 1 : "나도 세금을 내는 대한민국 국민입니다"

자립의 꿈을 키워주는 '희망센터'(충청북도)

사례 "나도 세금을 내는 대한민국의 자랑스러운 국민입니다"

사회에서 격리되어 세상에서 존재하지 않는 듯이 숨어 살고 있는 중증 장애인,

부모와 가족들조차도 감추고 싶고 숨기고 싶어하는 사람들,

항상 누구에게인가 보호를 받고 보살핌을 받아야 하는 사회와 가족의 짐인 이들,

그래서 더욱 주눅이 들고 움츠러들면서 공격적으로 변한 이들,

이들 중증장애인이 가슴을 펴고 이웃과 만나고 웃을 수 있는 날이 왔다.

'희망센터'에서 한 달 동안 힘들게 일해 태어나서 처음으로 다른 사람의 도움 없이 자기 스스로의 힘으로 번 몇만 원의 거금(?)을 손에 쥔 중증장애인들이 하는 첫 마디

"카페에 가서 내 돈 내고 커피를 주문해 마시고 싶어요."

" 나도 이제는 나라에 세금을 내는 당당한 국민이 되었습니다."

중증장애인 일감 만들어주기 지원센터는 이렇게 시작되었지요

중증장애인 일감 만들어주기 사업의 아이디어는 2010년도에 실시된 충청북도 내 장애인복지관 실무자 연찬회에서 제안되었다. 그러나, 이 아이디어를 실무에 직접 적용하기 위한 예산이 확보되지 않아서 사업은 사장될 위기에 처하였다. 사업비 확보를 위하여 동분서주하던 실무진들은 이 아이디어를 한국장애인개발원(보건복지부 산하)의 공모사업에 응모하여 지원사업으로 선정되었다. 한국장애인개발원의 공모사업은 사업비를 지원하는 것이 아니고 연구개발비를 지원하는 것이어서 실무진들은 한국장애인개발원에서 지원하는 예산을 가지고 "장애인 일자리사업 적용 방안 연구"라는 제목으로 연구 용역사업을 수행하였다.

연구 용역의 결과를 바탕으로 하여 2011년 2월 10일 사업계획서를 제출하고 충청북도 관내 8개 시 · 군에 중증장애인 일감 만들어주기 지원센터를 설치하게 되었다.

충청북도 관내 8개 시 · 군의 장애인복지관에 설치된 중증장애

표 2 중증장애인 일감 만들어주기 지원센터 설치 현황 (단위: 개소)

구분	합계	청주	충주	제천	보은	옥천	영동	음성	단양
합계	46	12	4	16	0	0	1	12	1
일반고용	18	5	4	16			1	12	1
보호작업장	7	7							
부업 외 기타	21								

인 일감 만들어주기 지원센터에서 2011년도 한 해 동안 중증장애인 198명이 직업훈련에 참가하였고, 그 중 절반에 가까운 90명이 부업전선에 성공적으로 뛰어들게 되었다. 중증장애인 일감 만들어주기 지원센터에 일거리 제공에는 충청북도 관내 248개 업체가 참여하였으며, 2011년도 총 14억 원어치의 일감이 제공되었다.

현재, 이들은 중증장애인들의 특성상 외부인과의 접촉을 매우 꺼리기 때문에 장애인복지관 내의 공동작업장에서 주문받은 물건을 만들고 있다. 어느 정도 작업이 숙달되고 외부인과의 접촉에도 익숙해지면 외부 사업장에도 파견할 계획이다.

충청북도에서는 시·군별로 장애인고용 촉진 및 직업재활법에 의한 중증장애인들이 경제활동에 참여할 수 있는 기회를 제공하기 위하여 각 지역 장애인 복지센터에 중증장애인 일감 만들어주기 지원센터를 설치하여 운영하고 있다. 2012년도 5월 현재 개설되어 운영하고 있는 중증장애인 일감 만들어주기 지원센터는 청주시를 비롯하여 충청북도 관내 8개 시·군에 설치되어 있다. 참여 대상자는 사회성숙도 검사, 양손 협의검사 등을 통하여 적합하다고 판단되는 중증장애인을 선발하였다.

선발된 중증장애인들에게는 우선 직업 준비 훈련을 실시하였다. 간단한 손동작을 비롯하여 손과 몸을 이용하는 간단한 놀이 등을 통하여 손을 이용한 단순한 작업이 가능하도록 교육시켰다. 놀이 등을 통하여 배운 손동작을 응용하여 비누나 쿠키 등 간단한 물건을 만드는 교육을 실시하였다. 또한, 사회성을 기르기 위하여 주변의 물건을 정리하는 신변 처리 훈련을 실시하고, 다른 사람과 함께 공동 생활을 하기 위한 질서지키기 훈련과 더불어 동아리모임 등을 운영하였다.

중증장애인 일감 만들어주기 지원센터의 1차적인 목적은 중증장애인들을 세상 밖으로 나오게 하는 것이다. 부모나 가족 이외에는 낯선 사람들을 만나려고 하지 않는 대인기피증에 걸린 중증장애인들이 부모나 가족 이외의 사람들과도 어울릴 수 있도록 배려하는 것이다. 첫 번째 단계에서 중증장애인의 낯선 사람에 대한 거부감이 어느 정도 사라지면, 두 번째 단계는 손을 이용한 기초적인 작업 준비 훈련이다. 이 단계에서는 손으로 도구를 다루기 위한 준비 동작으로 간단한 도구를 이용하여 손의 근육을 단련시키는 것이다. 세 번째 단계는 지역 특성에 맞고 중증장애인들이 쉽게 다룰

표 3 중증장애인 일감 만들어주기 지원센터의 실적

시·군	2011년 실적		비고
	업체 수(개)	창출 금액(원)	
합계	239	137,510,080	
청주시	190	98,979,780	떡, 제과·제빵
충주시	14	20,442,000	악세사리, 종이가방 조립
제천시	9	4,000,000	다슬기 분리 상복 실밥 정리 등
보은군			묵주 제작
옥천군	9	9,100,000	건티슈, 건강팔찌 제작
영동군			포도박스 조립
음성군	12	2,438,300	문구류 포장, 완구 조립
단양군	5	2,550,000	볼펜 조립, 빵 포장

수 있는 일감을 찾는 단계이다. 일감은 주로 관내 중소기업이나 산단 등에서 간단한 부업거리로 제공된다.

어느 정도 훈련이 된 중증장애인에게는 본격적으로 일감이 제공되었다. 일감은 각 지역별로 중소기업, 직능단체, 종교단체, 개인 등이 제공하였다. 생산된 물품은 주문자들에게 납품하고, 남는 물품이 있으면 장애인 생산품 전문 매장인 곰두리 매장이나 시청이나 군청의 매장에서 일반에게 판매하고 있다. 판매 수익금은 개인이 생산한 분량에 맞게 각 개인에게 월급 형식으로 지급하고 있다. 매월 액수는 다르지만, 월 8만 원~10만 원 정도의 월급을 받는 것으로 조사되었다.

중증장애인 일감 만들어주기 사업을 통하여 얻은 것은?

장애인 보호시설에 위탁할 형편이 되지 않아 집에서 중증장애인을 보호하는 경우, 한 사람의 보호자가 하루 종일 떨어지지 않고 보호하여야 한다. 따라서 중증장애인의 보호를 담당한 사람은 정상적인 사회활동을 하기가 어렵다. 대개의 경우, 가정의 경제 형편이 여유가 없는데, 직장에 다니면서 돈벌이를 하여야 하는 사람을 집안에 묶어 두게 되면, 가정의 수입은 줄어들고 살림살이는 더욱 어렵게 된다. 중증장애인이 장애인복지관에서 직업훈련을 받고 부업을 하게 되면, 보호자는 중증장애인이 장애인복지관에 있는 시간 동안은 사회활동과 경제활동을 할 수 있게 되어 중증장애인과 온종일 생활하면서 쌓인 스트레스도 해소되고, 돈벌이도 하여 가정 경제에 보탬을 줄 수 있게 된다.

중증장애인 본인의 경우, 하루 종일 집안에만 갇혀 지내다 보면, 성격은 더욱 폐쇄적이 되고 보호자에 대한 의존도가 심화되는 등 장애의 정도가 더욱 심해지는 경향이 있다. 중증장애인이 자신을 돌보는 할머니, 할아버지, 어머니 등을 해치는 일이 종종 발생하는데, 이것은 중증장애인의 폐쇄적인 생활의 반복으로 인한 증세 악화가 빚어낸 비극이라고 할 수 있다. 그러나, 장애인복지관에서 직업교육을 받게 되면서 중증장애인은 장신이 집중할 또 다른 관심거리를 찾아내고 그 일에 집중하게 되면 성격도 밝아지게 되고 다른 사람과도 어울리게 되어 치료 효과를 볼 수 있다. 참여자의 만족도가 상당히 높은 편이어서 짜증을 내지 않고 열심히 훈련에 임하고 있다고 한다. 특히, 부업을 하여 처음으로 월급을 받게 된 장애인은 "나도 대한민국의 국민으로 세금을 내게 되었다"고 하며 매우 기뻐하였다고 한다.

각각의 시 · 군의 입장에서도 그동안 예산 등의 부족으로 장애인 직업재활시설을 설치할 수 없었던 보은, 음성, 단양 등의 지역에 장애인복지관을 활용한 장애인 직업재활을 실시하여 예산과 인력을 줄일 수 있게 되었다.

중증장애인 일감 만들어주기 지원센터는 어떻게 성공하게 되었나?

중증장애인에게 일자리를 제공하고 사회성을 키워주는 한편, 소외되고 폐쇄된 생활을 하던 중증장애인의 삶의 질 개선에 기여하여 중증장애인 스스로 높은 만족도를 나타내었다.

중증장애인의 특성과 능력을 고려한 체계적인 접근 방법을 활용하여 중증장애인의 적응을 쉽게 하였다. 중증장애인의 보호를 겸하고 있기 때문에 보호자의 부담을 감소시키고 사회활동을 가능하게 하여 보호자들로부터도 환영을 받았다. 또한, 행정기관–장애복지관–기업체가 협력 네트워크를 구성하여 사업을 추진한 결과, 지역사회 모두가 참여하는 생활복지를 실천하게 되었다.

희망센터의 성공 비결은 첫째, 지역자원을 활용한 민·관·산·학 컨소시엄의 구성이다. 도, 시·군, 장애인복지관, 기업체, 장애인일자리 정책지원단이 유기적 관계 형성을 통하여 사업의 효과성을 증대시켰다.

둘째, 장애인 당사자 중심의 정책 추진이다. 장애인 일자리 정책지원단을 통하여 설문조사를 실시하여 1단계로 장애인 당사자의 욕구를 파악한 뒤, 2단계로 사업을 실시하고, 3단계로 사업에 대한 장애인 당사자의 만족도를 조사하여 정책에 반영한 결과, 사업의 효과가 증대되었다.

셋째, 체계적인 진단을 통한 최적의 직무 배치이다. MDS, 워크액티비티(work activity), 사회성숙도 검사 등을 통한 체계적 진단을 실시하고 장애인의 신체 조건에 적합한 훈련을 실시한 후, 장애인의 능력에 맞는 최적의 직무를 찾아서 장애인을 배치한 결과, 장애인의 취업이 증대되었다.

생활복지 사례 2 : "손자에게 용돈 주는 할머니"

농촌노인 복지형 두레농장(전북 완주군)

사례 **"도시의 대학생 손자에게 용돈 주는 능력 있는 할머니입니다"**

옛날에는, 아침에 일어나도 별로 할 일이 없었다. 그래서 그대로 누워 있다가 아침밥을 먹으려고 일어난다. 혼자서 밥상 차리기도 힘들고 귀찮다. 또 혼자 밥을 먹으려니 밥맛도 없다. 먹는 둥 마는 둥 하고 다시 자리에 눕는다. 모든 뼈마디가 쑤시고 아프다. 할 일도 없는데 보건소에 가서 물리 치료나 받아야지.

그러나, 지금은 아침에 일찍 일어날 이유가 생겼다. 두레농장에 출근해야지. 늦으면 촌장한테 또 잔소리를 듣지. 서둘러서 작업장에 가면 반가운 얼굴들이 먼저 와서 기다린다. 여럿이 함께 웃고 떠들면서 밥을 먹으니 밥맛이 꿀맛이다. 다른 사람들과 어울려서 열심히 일하다 보니, 뼈마디가 쑤시고 아픈 것도 다 잊어버린다. 일이 노동이 아니고 건전한 운동이 되어서 건강도 좋아졌나 보다.

"두레농장에서 일을 시작한 뒤 아픈 데가 모두 없어졌어요."
"언제 보건소에 갔는지 생각이 안 나."
"아프지 않으니 약값 절약되고, 일해서 돈 벌고."
"손자 대학 등록금에 조금 보태주었지."

두레농장은 이렇게 시작되었지요

농촌노인 복지형 두레농장은 면 단위의 마을을 중심으로 어르신들이 함께 일할 수 있는 공동작업장을 마련하여 함께 식사를 하면서 일하는 장소이다. 농촌노인 복지형 두레농장에는 그 지역에 거주하는 노인뿐만 아니라 귀농 희망자도 참여하고 있으며, 귀농 희망자의 농촌 생활 적응 훈련장 역할을 하기도 한다. 귀농 희망자에게는 일정 기간 동안 '귀농의 집'을 제공하여 농촌 생활에 적응할 수 있도록 배려하고 있다. '귀농의 집'에서 생활하면서 귀농에 대한 결심이 굳어지고 농촌 생활에 완전히 적응하게 되면, '귀농의 집'을 나가서 본격적인 농촌 생활을 하게 된다.

두레농장은 완주군–지역노인–귀농인 3자가 함께 이끌어가고 있다. 완주군은 귀농 의사가 있는 사람을 선별하여 추천하고, 친환경 농업 기술을 지원하며, 두레농장의 설치와 운영을 지원하고, 두레농장의 생산품 유통을 지원한다. 지역의 노인은 두레농장의 농산물 재배에 필요한 노동력을 제공하고, 그동안의 농사 경험을 바탕으로 귀농인에게 농사 기술을 전수하며, 귀농인의 농촌 사회 적응을 지원한다. 귀농인은 노인 인력으로 해결하기 어려운 중노동이나 전기, 기계, 자동차 등을 다루는 일을 하고, 두레농장의 운영과 관련 사무와 행정 등을 처리하는 관리인으로서의 역할을 수행한다.

두레농장에 대한 군청의 지원은?

완주군은 2009년부터 농촌노인 복지형 두레농장를 시작하였는

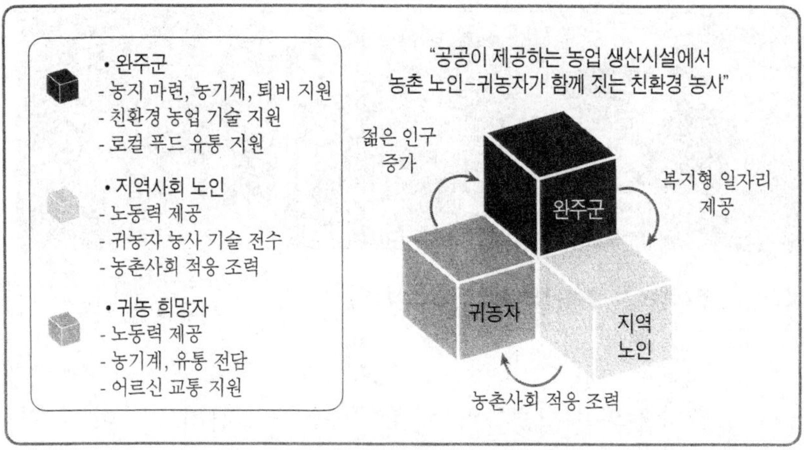

[그림 1] 지역 주체들의 역할과 협력 거버넌스

데, 완주군의 농촌노인 복지형 두레농장에 대한 지원 내용은 다음과 같다.

첫째, 생산 기반 지원이다. 공동 생산시설의 설치를 위한 토지 임대와 공동작업장 설치, 친환경 농자재 구입 등의 생산 기반 정비를 위하여 150만 원을 지원하였다.

둘째, 복지에 관한 지원이다. 공동 취사시설 등의 설치, 참여 인력

표 4 농촌노인 복지형 두레농장에 대한 지원 내역

구분	지원 내용	사업비 (백만 원)	비고
생산 기반 (H/W)	공동 생산 기반 조성 (생산시설, 설비, 공동식당 등)	150	1년차 지원
운영(복지) (S/W)	친환경 농자재 구입, 농장도우미 제도, 공동 식생활 운영	190	1~5년차 지원

1호 두레농장 : 참나물 생산, 공동 식생활

4호 두레농장 :
한우 공동 사육

의 건강 증진을 위한 식생활비, 재료비 등을 지원하기 위하여 190만 원을 지원하였다.

셋째, 두레농장의 운영 지원이다. 농촌 노인의 경험과 능력에 맞는 일거리 발굴과 생산품의 납품, 회계 관리, 시설물 관리 등을 위하여 두레농장의 전담 관리 인력을 채용하도록 하고, 매달 100만 원의 두레농장 전담 관리인의 인건비를 보조하고 있다. 전담 관리인은 노인 인력으로 해결하기가 어려운 경운기 등의 운전, 중노동 등을 수행하기도 한다. 전담 관리인은 귀농인이 될 수 있고 이장이나 지역 주민을 채용하기도 한다.

완주군은 이후 4년 동안 매년 190만 원의 운영자금을 지원하고 6년차부터는 독립적으로 운영하도록 조치하고 있다.

인덕면 두레농장의 경우, 공동작업장으로 비닐 하우스를 설치하고 17명의 어르신이 참여하여 공동으로 참나물을 재배하고 있다. 생산된 참나물은 완주군의 유통 · 판매망인 '로컬 푸드'를 통하여 판매된다. 판매 수익은 참여자들에게 골고루 분매하는데, 2011년도는 참여자 1인당 월 평균 30만 원 정도의 수입을 올렸다고 한다.

두레농장은 누가 어떻게 시작하게 되었나?

농촌 사회가 고령화되어 감에 따라서 농촌의 노인 인구 비율은 점차로 증가되어 가고 있으나, 소수의 기초생활 보호대상자를 제외하고 대다수의 농촌 노인은 도시 등에 아들, 딸 등이 살고 있기 때문에 복지 혜택에서도 소외되어 복지의 사각지대로 남아 있다. 농촌 사회에는 노인 혼자서 살아가는 1인 가구가 증가하고 있는데, 이들은 혼자 살기 때문에 사회적으로 고립되어 있고, 돌보는 사람이 없어서 경제적으로도 어려움을 겪고 있으며, 건강상에도 문제가 많아서 지방자치단체의 또 다른 부담으로 작용하고 있다.

완주군에서는 농촌 노인의 소외된 삶을 개선하고, 경제적으로 도움이 될 수 있으며, 건강 증진에도 효과가 있는 복지형 두레농장을 2008년에 시작된 커뮤니티 비즈니스 사업의 일환으로 2009년부터 설치하기 시작하였다. 매년 2개소씩 설치하여 2012년 현재 8개소가 면 단위를 중심으로 설치되어 있다. 2010년도에는 고용노동부 지역일자리대책 경진대회에서 대상을 수상하기도 하였다.

두레농장에서 빼놓을 수 없는 것이 '귀농인의 집'이다. 귀농인의 집은 귀농을 희망하는 외지인들이 농사 일을 배우고, 지역 주민들과 함께 어울리는 등 농촌 생활에 쉽게 적응할 수 있도록 돕는 시스템이다. 귀농 희망자는 일정 기간 마을에서 마련해 준 '귀농인의 집'에서 생활하면서 농사 일도 배우고 주민들과 사귀고 나서 정말로 정착하겠다는 결심이 서면 자신의 집으로 옮겨가도록 하고 있다. 이렇게 하여 귀농의 시행착오를 최소화시키는 것이다.

두레농장에서 주민들이 얻게 된 것은?

두레농장이 설치되기 전에는 혼자 살고 있는 대다수의 노인이 혼자 식사를 하고 보건소에 물리 치료 등을 받는 것이 하루 일과였다. 그러나, 두레농장이 만들어지고 농장에 출근하면서 생활이 크게 달라졌다.

첫째, 외롭지 않게 되었다. 대다수가 혼자 사는 어르신들은 잠만 각자의 집에서 자고 아침에 공동작업장으로 출근하여 다른 주민들과 함께 공동 취사를 하게 되니, 혼자서 음식을 요리하여 혼자서 식사를 하지 않아도 되었다. 여럿이 모여서 이야기를 나누며 식사를 하게 되니 재미도 있고 밥맛도 살아나게 되었다.

둘째, 돈벌이가 되었다. 두레농장이 생기기 전에는 할 일이 없어서 방 안에 누워 있거나 보건소에 물리 치료를 받는 것이 일과였다. 그러나, 두레농장이 생겨서 여러 사람과 도란도란 이야기를 나누며 일을 하게 되니 시간도 잘 가고 일한 대가로 돈을 받게 되니 일석이조가 되었다.

셋째, 건강하게 되었다. 특별한 운동도 하지 않고 누워서 생활하다 보니 건강은 더욱 악화되어 팔, 다리, 허리 등 아프지 않은 곳이 없어서 매일 보건소에 출근하는 단골 손님이 되었다. 그러나, 두레농장에서 매일 일을 하고 나서는 적당한 운동 효과 때문에 신경통이 사라지고 보건소 가는 일을 잊어버리게 될 정도로 건강하게 되었다.

넷째, 젊은 사람들을 새로운 주민으로 받아들일 수 있게 되었다. 젊은 사람들이 대부분 도시로 떠나고 마을 구성원의 대다수가 노인층이다. 정부에서는 귀농을 적극적으로 권장하고 일정한 지원도 하고 있지만, 행정의 지원은 한계가 있어서 농지 임대와 주택 임대 등 하드웨어적인 지원은 가능하지만, 주민들과 어울리고 현장에서 농사를 배우는 일은 도와주기가 어렵다. 그래서 전국적으로 귀농에 실패한 사례가 다수 언론 등에서 보도되었다.

그러나, 두레농장에서는 수십 년의 노하우를 가진 농사의 달인인 어르신들과 함께 일을 하게 되니 자연스럽게 책에서 배우지 못하는 농사 기술을 익힐 수 있게 된다. 또한, 젊은 귀농인들도 마을과 어르신을 위하여 일정한 역할을 하고 있다. 무거운 짐을 나르거나 힘을 써야 하는 일, 어르신이 하기 어려운 두레농장의 수입과 지출 등을 장부에 기록하고 관리하는 일, 생산품의 판매를 위한 계약과 운반 등은 젊은 귀농인의 몫이다. 어르신과 귀농인이 서로서로 돕고 사는 분위기가 자연스럽게 조성되니 정착에 성공할 확률이 높아지게 된다.

무엇이 두레농장을 성공으로 이끌었나?

두레농장을 시작하기 전에는 항상 부족한 농촌의 일손을 보충하기 위하여 집에서 놀고 있는 어르신들에게 "어르신, 품삯을 드릴 테니까 농사 일을 조금만 도와 주실래요?"라고 부탁하면, "못된 놈! 늙은이가 노는 꼴이 보기 싫어서 부려 먹으려고 그러냐? 돈도 싫고 기운이 없어서 일도 못하겠다" 하시더니, 두레농장이 생기고 나서는 "일거리 있으면 나눠 줘. 잘 할 수 있으니까"로 바뀌었다.

두레농장은 공동 생활을 통한 외로움과 소외감 해소, 공동 작업을 통한 약간의 수입 발생, 정신적 · 육체적 건강 유지 등 고령화된 농촌 사회에서 꼭 필요한 것을 제공해 주어 참여자들의 만족도가 매우 높았다. 소외된 노인 계층에게 일자리가 생기고, 경제적인 여유가 생기게 되자, 참여하는 노인들은 손자 · 손녀들에게 용돈을 줄 수 있는 능력 있는 할머니 · 할아버지로서 체면을 유지하게 되어 매우 기분 좋아했다. 어떤 할머니는 손자의 대학 등록금에 보태주었다고 자랑하였다. 혼자 살아가던 노인들이 함께 식사하고 함께 일하면서 자연스럽게 마을공동체가 부활되고 마을이 활력을 되찾게 되었다. 운동을 겸한 공동 작업을 통하여 노인들이 건강을 회복하고 의료비가 절감되어 국가나 지방자치단체 차원에서도 예산 절감 효과를 누릴 수 있게 되었다. 두레농장을 통하여 체계적인 귀농 훈련을 실시하고, 귀농 희망자가 마을공동체에 자연스럽게 소속되게 하여 귀농 희망자의 귀농 성공률을 높일 수 있게 되었다.

완주군의 두레농장이 성공한 비결은 첫째, 지역 주민 및 귀농 귀촌자의 실수요에 부응하는 창의적 일자리 모델을 발굴하였다는 것이다. 공동 작업 및 공동 식생활을 통하여 참여하고 있는 노인 인력의 건강이 증진된 결과, 두레농장에 참여하고 있는 노인의 병원 내원 횟수가 주 5회에서 월 4회 이내로 격감하였다. 귀농 귀촌자에 대한 정착 초기 단계에서 두레농장과 연계하여 현장 실습을 실시한 결과, 귀농 귀촌자가 안정적으로 농촌 생활에 적응하게 되었다(귀농자 인큐베이팅 역할 수행: 두레농장 마을 내 귀농 귀촌인의 집 조성).

둘째, 완주군이 두레농장 사업의 연속성을 담보하기 위하여 군의 중장기 계획에 두레농장을 반영하였다. '2008년에 완주군 농업

표 5 두레농장의 운영 현황

읍·면	조성 연도	마을	일자리	생산품	예상 매출액	운영 현황
계		8개소	132명	14종	760 백만 원	
소양면	2009	인덕	17	참나물, 상추, 부추	90	· 비닐하우스 - 8동 3,984㎡ · 공동작업장 - 1동 140㎡
구이면	–	구암	18	딸기, 홍양파	65	· 비닐하우스 - 4동 2,672㎡ · 공동작업장 - 1동 136㎡
화산면	2010	돈의	13	한우 220두	120	· 축사시설 - 1,400㎡ · 퇴비사 - 489.2㎡
구이면	–	상하보	13	유정란, 채소	75	· 시설하우스 - 10동 2,135㎡ · 공동작업장 - 1동 144㎡
소양면	2011	약암	12	표고버섯	90	· 버섯재배사 - 7동 2,646㎡ · 공동작업장 - 1동 133㎡
용진면	–	두억	15	화덕체험 레스토랑	150	농가 레스토랑 공동 체험관, 화덕 체험 운영
비봉면	2012	평치	21	수박, 방울토마토	120	· 비닐하우스 - 4동 3,530㎡ · 공동작업장 - 1동 328㎡
경천면	–	오복	23	블랙베리, 딸기	50	· 비닐하우스 - 8동 3,800㎡ · 공동작업장 - 1동 300㎡

농촌 발전 약속 프로젝트 사업 계획(5개 정책 분야 12개 세부 사업 추진: 복지혁신 분야-두레농장 조성 운영)을 수립하고, '완주군 지역공동체 활성화 조례'를 제정하여 두레농장의 제도적 기반을 마련하였다. 두레농장 사업 추진을 위한 자체 예산을 매년 5억 원 이상 반영하였다.

셋째, 두레농장별 공동 생산물의 로컬 푸드 연계 유통으로 경영 자립을 촉진하였다. 두레농장 생산물 80% 이상을 로컬 푸드(로컬 푸드 꾸러미, 직매장, 직거래 장터 등)에 납품하였다. 각각 개별적으로 운영되고 있는 두레농장을 통합적으로 관리, 공동 마케팅 기반을 조성하였다. 두레농장 통합 브랜드(CI) 개발+연중 작부 체계 확립+공동 생산 · 가공(유통) 등 삼위일체를 통하여 농민 소득의 안정을 꾀하고 두레농장의 자립을 촉진시켰다.

일상생활 속에서 복지를 실천하는 방법 배우기

'희망센터'에서 생활복지의 실천 방법 배우기

장애인고용 촉진 및 직업재활법 제27조의 규정에 근거하여 국가 및 지방자치단체는 장애인을 소속 공무원 정원의 100분의 3 이상을 고용하여야 하며, 2010년부터 공공기관 중 공기업 및 준정부기관의 의무고용률은 3%이다. 기타 공공기관 및 민간기업의 경우, 2010~2011년은 2.3%, 2012~2013년은 2.5%, 2014년부터는 2.7%에 해당하는 장애인을 의무적으로 고용하여야 한다. 장애인 고용 의무를 이행하지 않은 민간 사업주와 국가기관 및 자치단체에 대해서는 사업주가 고용하여야 할 장애인 총 수에서 매월 상시 고용하고 있는 장애인 수를 뺀 수에 부담 기초액을 곱한 금액의 연간 합계액의 부담금이 부과된다.

정부의 강력한 조치에도 불구하고 15세 이상 인구 대비 전국 취업자 비율이 60.3%인데 비하여 장애인 취업자 비율은 절반 수준인 35.5% 이고, 장애인의 실업률은 7.8%로 전국 실업률 3.3%의 2배가 넘는 수준이다. 2012년 10월~12월 기준, 장애인 의무고용 사업체(23,249개소)의 장애인 근로자는 126,416명이고 장애인 고용률은 2.24%(중증장애인 더블 카운트 미적용 시 1.94%)로 나타났다.

장애인 고용에 앞장서야 할 공공기관도 법을 지키지 못하여 막대한 장애인고용부담금을 납부하고 있는 실정이다. 2012년 8월 말 현재 경찰 공무원 3,849명 중 장애인은 102명, 경찰 근로자 2,060명 중 장애인은 41명으로 공무원 장애인 고용률은 2.65%, 근로자 고용률은 1.99%로 집계되었다. 경찰은 2008년부터 2012년까지 한 번도 고용 의무 비율을 충족시키지 못하였다. 이에 따라 경찰은 2010년에 1억 4,700만 원, 지난해에는 8,200만 원의 장애인고용부담금을 냈으며, 올해 역시 대규모 장애인 채용이 없을 경우 7,000만 원 상당의 벌금을 낼 것으로 예상된다. 지식경제부 산하 산업기술연구회 소속 정부출연연구원(10개의 본원과 4개의 부설 연구소) 중 장애인 채용 의무 비율을 지키는 연구원은 한국자원지질연구원이 유일하며, 나머지 13개 기관은 매년 최고 8,600만 원에서 최저 544만 원까지 고용부담금을 납부하고 있다.

지금까지 가족이나 지역사회의 짐으로 여겨져 지역사회에서 고립되고, 공동체의 구성원으로 대우받지 못하고 있는 장애인은 경제적으로도 어려움을 겪고 있다. 따라서 이들 장애인의 사회와 이웃에 대한 괴리감과 배신감이 적개심으로 변질되어 일반 주민이나 가족과의 갈등과 불화를 야기하게 되며, 이는 지역사회의 불안 요소로서 또 다른 사회 문제를 발생시키게 된다.

장애인은 지역공동체의 구성원이다. 우리의 가족이고 친척이며 이웃사촌이다. 지역사회가 이들을 돌보고 일반 사람들과 동등한 지역공동체의 구성원으로 대접하는 것은 당연한 것이다. 그러나, 비교적 여유가 있는 사기업체나 국가기관이 막대한 장애인고용부담금을 납부하면서까지 장애인 돌보기를 외면하고 있다. 희망센터는 국가나 기업체의 보호를 받지 못하는 장애인을 지역사회의 품안으로 끌어안아서 지역사회의 부담을 덜어주고 공동체 구성원 간의 갈등과 불안의 소지를 완화시키는 데 기여하였다.

생활자치와 관련해서 되짚어볼 사항은 지역 주민들의 자발적인 협조이다. 재래시장이나 골목의 영세 상인을 외면한 채 대형 마트나 백화점 등을 찾아가고, 유명 브랜드 제품만을 선호하는 것이 최근의 소비 동향이다. 그러나, 주민들은 유명 메이커의 제품도 아니고 품질이 보장된 제품이 아닌 것을 잘 알면서 생활용품이나 먹거리를 기꺼이 주문하여 중증장애인의 일거리를 만들어 주었다.

다만, 중증장애인 일거리 만들기 사업에는 몇 가지 해결하여야 할 과제들이 있다.

첫째, 장애인 고유의 취업 영역을 개발하는 것이다. 장애인복지관은 직업 교육을 시키는 수준이므로 이들을 고용할 기업체를 찾아내어 연결시키는 노력이 필요하다. 현재 일반인도 취업을 못해서 심각한 사회 문제가 되고 있는데 장애인을 우선 채용하게 되면 능력이 떨어지는 사람이 일하고, 일반 사람이 노는 이상한 사회가 된다는 논리도 성립된다. 따라서 일반 주민의 취업 영역을 침범하지 않고 장애인들이 쉽게 할 수 있고 재미있게 할 수 있는 일거리를 개발하는 것이 필요하다.

둘째, 일반 기업체의 참여를 유도하는 것이다. 장애인 고용 비율을 높이면 작업 효율이 떨어져서 기업의 경쟁력이 떨어지고, 장애인 편의시설 등을 별도로 설치하는 경제적 부담도 기업이 별도로 져야 한다. 이에 대한 해결의 열쇠는 주민이 가지고 있다고 생각한다. 일반 주민을 비롯한 시민단체, 직능단체, 공공기관 등에서 일정한 비율을 정하여 장애인 생산품을 사전에 주문하여 구입해 준다면, 생산품의 판로가 확실하기 때문에 일반 기업이 망설이지 않을 것이다. 또한, 국가나 지방자치단체의 적극적인 지원도 선행되어야 한다.

'두레농장'에서 생활복지의 실천 방법 배우기

2010년 기준 65세 이상 고령 인구 비중은 총 인구의 11.3%로 5년 전보다 24.4% 급증하였으며, 전국 모든 시 · 도의 고령 인구 비율이 7%를 넘어 한국은 고령화 사회에 진입하고 있다(65세 이상 인구 구성비가 전체의 7% 이상이면 고령화 사회, 14% 이상이면 고령사회, 20% 이상이면 초고령 사회로 분류됨). 고령화 사회에 접어들면서 65세 이상 노인이 가구주인 노인 가구의 비율이 빠른 속도로 증가되고 있다. 2010년 현재 노인 가구의 비율은 17.4% 정도이지만 2030년에는 약 30% 수준으로 증가할 것으로 전망된다. 노인 단독 가구(독거노인)는 2010년 현재 1,021천 가구로 총 가구의 6.0%를 차지하고 있으며, 그 비율은 꾸준히 증가하여 2030년에는 약 10%에 이를 것으로 전망된다. 65세 이상 노인을 대상으로 한 설문조사에 의하면, 60.6%의 노인이 향후 자녀와 같이 살고 싶지 않다는 의견을 보였으며, 특히 독거노인의 경우에는 그 비율이 71.5%로 나타나 노인 단독 가구의 비율은 더욱 빠르게 증가할 것으로 예상된다.

유소년 부양비는 지속적으로 감소하는 반면 노년부양비는 증가 추세에 있으며, 노령화지수는 2010년 69.7로, 2005년(48.6)보다 21.1포인트 늘었다. 한국보건사회연구원 저출산 고령사회 연구실의 이소정 연구원이 발표한 「고령자의 사회참여 활성화 방안」의 노인 실태조사 자료에 따르면, 우리나라 노인의 근로 활동 참가율은 1994년 28.5%에서 2010년 30%로 증가되었다고 한다. 미취업 노인의 32.2%가 일할 의지가 있으며 이 중 68.2%는 생계비 마련과 용돈 등의 경제적 이유로 취업을 희망하고 있다. 2009년 통계청의 설문 조사에 따르면 65세 이상 노인의 61%는 아직 노후 준비가 되어 있지 않고, 48%는 자녀(친척)나 정부(사회단체)의 지원으로 생활비를 마련하고 있는 것으로 조사되었다. 2009년 노인들이 겪는 가장 큰 어려움은 경제적인 어려움(41.4%)과 건강 문제(40.3%) 등으로 나타나고 있다. 건강보험심사평가원의 자료에 의하면, 국민연금 등을 비롯한 공적 연금과 노인 의료비 등의 사회적 지출도 점차 증가되고 있어서 2009년 65세 이상 인구 중 공적 연금 수급자는 27.6%로 16.1%였던 2005년에 비하여 크게 상승하였으며, 2009년 건강보험에서 65세 이상 노인을 대상으로 한 의료비는 12조 391억 원으로 전체 의료비의 30.5%를 차지하며 급격히 증가하고 있다.

지금까지 노인을 부양의 대상이고 보호의 대상으로만 인식하고 있어서 노인에 대한 국가와 지역사회의 부담은 질적으로나 양적으로나 지속적으로 증대되고 있다. 일부 부유층을 제외하고 대다수의 노인은 시간은 남아도는데 할 일은 없고, 하는 일이 없다 보니

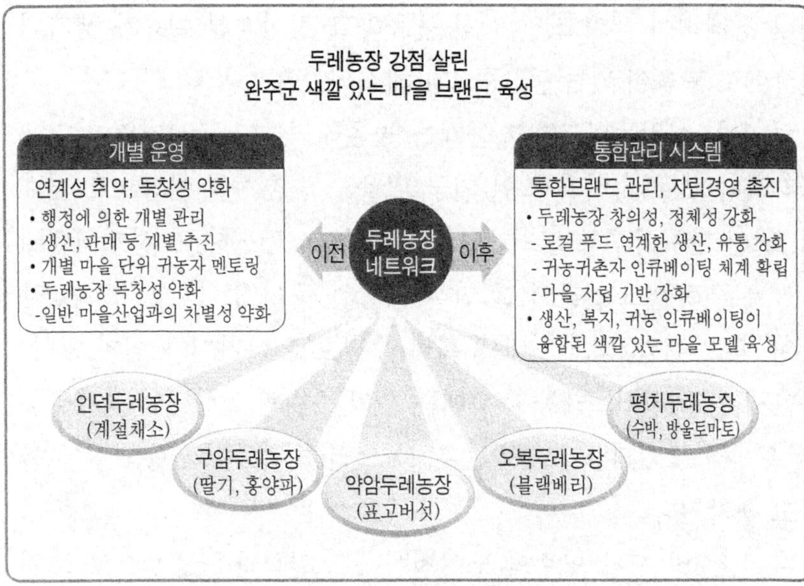

[그림 2] 두레농장 네트워크

경제적인 능력이 없어지고, 경제적인 능력이 없다 보니 자식이나 국가 혹은 지방자치단체에 대한 의존도가 심화되고 있다. 특별히 갈 만한 곳이 없어서 할 일 없이 집안에서 가족들의 눈치를 보며 놀다 보니 아픈 데만 늘어난다는 푸념과 함께 많은 노인이 경제적인 어려움, 건강 악화, 사회적인 소외 등 3중고를 겪고 있다.

한정된 국가와 지방자치단체의 노인복지 예산만으로는 이와 같은 노인들의 3중고를 해결할 수가 없다. 결국, 지역공동체가 이러한 노인들의 3중고를 해결할 수밖에 없게 된다. 완주군의 두레농장이 지역사회가 앞장서서 노인들의 3중고를 해결하려고 노력하고 있는 대표적인 사례라고 판단된다. 공동작업장에서 여럿이 모여 함께 식사하며 일을 하니 외로움이 해소되고, 적지만 월급을 받게 되니 경제력이 생기고, 적당히 운동하고 정신적인 여유가 생기니 건강에도 도움이 되는 등 3중고가 해소되었다.

하지만, 노인들의 3중고 문제는 농촌지역보다 도시지역이 더욱 심각하다. 도시지역의 노인 인구 비율도 농촌지역 이상으로 높으며, 노인 단독가구와 노인 1인 가구도 높은 편이다. 도시지역에서야말로 은퇴한 노인들이 갈 만한 적당한 곳이 없다. 노인회관, 양로원 등도 매월 약간씩 내는 회비 부담으로 나가기가 쉽지 않다. 따라서 완주군의 두레농장 사례는 우리 주변의 일상적인 생활공동체 속에서 소외되고 고통받는 도시 노인을 위하여 활용되어야 한다고 생각된다.

우선, 소비 생활 위주의 노인정이나 노인회관을 중심으로 노인 일거리센터를 만드는 것이 필요하다. 시민단체, 직능단체를 중심으로 네트워크를 형성하여 노인의 일거리를 적극적으로 만들어 주는 노력이 필요하다. 국가나 지방자치단체도 노인을 보호하고 부양하는 예산만을 책정할 것이 아니라 노인의 특성에 맞는 일자리를 발굴하고 육성하기 위한 예산의 책정이 필요하다. 노인들은 젊은 사람들에 비하여 민첩성, 활동성, 체력 등에서 떨어질지는 모르지만 인생의 선배로서 전문성과 노련성은 젊은이들보다 앞선다고 생각된다. 이와 같은 노인의 장점을 실릴 수 있는 다양한 일자리 창출이 필요하다. 예를 들면, 동네문화 해설사, 전통 육아교사, 마을공원 관리사, 전통 발효식품 제조사 등 젊은이들이 하기 어렵거나 할 수 없지만 노인들은 자신있게 할 수 있는 다양한 일거리 창출이 요구된다.

[참고] 우리나라 사회복지정책의 변천 과정

국민기초생활보장법 제정을 기념하기 위하여 마련된 사회복지의 날이 올해로 13년째를 맞고 있다. 6·25전쟁 이후 국가가 산업 발전에 전력을 쏟으며 경제 성장을 이루는 동안 뒷전에 밀려 있던 '사회복지, 국민의 복지'에 대하여 국가가 관심을 갖기 시작한 시기라고 볼 수 있다.

복지(福祉), 한글로 풀어 쓰면 '행복한 삶'이다. '복지사회'는 모든 사회 구성원이 빈곤과 곤궁에서 벗어나 최저생활을 적극적으로 보장받는 사회를 뜻한다. 즉, 모든 사람이 행복하고 인간다운 삶을 누릴 수 있도록 보장하고, 어떤 특수한 장애나 어려움에 있는 사람들을 보호해 주는 사회를 말한다.

물론, 국민의 복지는 국가의 당연한 책무이기 때문에 지난 10년간 국가는 국민의 복지 향상을 위하여, 나아가 선진 복지국가 구현을 위하여 수많은 사회복지정책과 막대한 복지 예산을 투입하며, 우리나라 사회복지의 눈부신 성장을 이루어 왔다. 제10회 사회복지의 날을 맞아 10년의 사회복지 변천 과정을 들여다봤다.

6·25전쟁 이후 외국 원조단체의 자선구호 활동, 전문 사회사업 교육기관의 설치, 각종 복지 직능단체의 발생 등 민간사회사업은 활발하였던 반면, 국가의 사회복지정책은 단순히 응급구호사업에 치중되어 있었다. 1970년대에 들어서면서 사회복지사업법 제정 등 '복지'를 법적으로 제도화하고, 이를 바탕으로 제6공화국 시절 국민연금 제도, 최저임금 제도, 그리고 전국민 의료보험 제도 실시 등 소득 및 의료보장이 확대되어 왔다. 하지만 이 시기까지만 해도 우

리나라 복지정책은 극소수의 대상자들에 대하여 시혜적인 복지를 베푸는 데 그쳤다. 그러나 이후 1990년대 후반 김대중 정권의 '국민의 정부'가 들어서면서 사회복지는 획기적인 변화를 겪게 되었다. 1999년 12월 30일 정기국회에서 사회복지사업법을 개정하며 제정된 국민기초생활보장법은 사회복지의 수준을 한 단계 도약시켰다는 평가를 받고 있다. 특히 사회복지계는 국민기초생활보장법이 공포된 9월 7일을 기념하기 위하여 이날을 '사회복지의 날'로 정하고 그로부터 1주간을 '사회복지주간'으로 규정하며 새로운 전기를 맞고 있다. '생산적 복지' 이념을 강조하는 국민의 정부는 1998년 11월 제1차 사회보장장기발전계획을 내놓으며 1999년부터 향후 5년간에 대하여 인구의 노령화, 가족구조의 변화, 산업화 등에 따라 국민복지 수요가 급증할 것을 예상하였다. 또 경제난에 따른 대량 실업자 발생 등으로 소득 분배의 악화, 가족 해체 등 과거에는 없던 새로운 복지 수요 발생 등 국민생활의 질적 개선을 위한 다양한 복지 욕구가 표출되고, 소외계층의 사회보장 증대 욕구가 심화될 것으로 내다봤다.

이에 따라 보호가 필요한 모든 국민에 대한 최소한의 먹고 입는 문제와 자녀 교육 및 의료는 국가 책임 하에 두고, 단순 보호 차원의 복지보다는 자활 능력 배양 등을 통하여 경제 발전에 기여할 수 있는 생산적 복지를 추진하였다. 이를 위한 복지 예산도 아끼지 않았다. 외환 위기를 극복하는 과정에서 사회복지 예산을 1997년 4조 3,000억 원에서 2002년 10조 원 수준으로 5년새 2배 이상 확대하는 등 중산 서민층 대책을 적극 추진하였다. 특히 1999년 1조 원도 안 되었던 저소득층 생계 · 의료비 지원은 이듬해인 2000년에는

4조 원으로 급증하였다. 기초생활보장 수급자도 1997년 37만 명에서 2002년 155만 명으로 늘어났다. 또 사회복지 전담공무원도 3,000명에서 5,500명으로 급증하였다. 이 같은 과감한 투자는 외환위기에서 가장 피해를 입는 저소득층을 복지정책을 통하여 끌어안으려는 정책으로 풀이된다. 이와 함께 2000년 7월 4대 사회보험을 확대 실시하며, 사회적 약자를 보호하는 사회안전망 구축에 시동을 걸었다. 또 2001년 처음으로 여성부를 신설하는 등 여성 권익을 확대하기 위한 제도적 장치도 마련되었다. 이처럼 1999년부터 2002년까지, 김대중 정부에 의한 사회복지는 '생산적 복지' 이념을 통하여 '사회안전망 구축'의 시기로 볼 수 있다. 또한 단순한 시혜적 복지가 아닌 능동적인 복지 제도로, 사회적 약자를 사후 지원해 주기보다는 일할 능력이 있는 사람에게는 일자리를 만들어주고, 일할 능력이 부족한 사람에게는 교육과 훈련을 통하여 복지를 제공한다는 새로운 개념의 복지를 선보이는 시기로 기억된다.

하지만 이러한 사회복지 분야 개혁 조치들은 감당할 수 없을 만큼 한꺼번에 쏟아져 나와 난관에 부딪치기도 하였다. 국민기초생활보장제의 경우 대상과 지급 수준을 결정하는 기준이 불합리하다는 논란을 빚었는가 하면, 의료 개혁은 의사들의 파업에 이어 건강보험 재정 파탄 시비를 낳았고 결국 보험료 대폭 인상으로 결말지어져 의료 소비자들의 부담만 늘렸다는 질책도 받았다.

노무현 정부에서의 사회복지는 대한민국 정부 수립 60년 사상 '사회복지'의 전성기였다는 평가이다. 지난해 한 경제연구소의 조사 결과에 따르면 '사회복지'는 노무현 정부가 가장 잘한 것으로 분석하였다. 대한민국 정부 수립 60년 동안 17번의 정권이 바뀌었지만 노무현 정부가 사회복지 분야에서는 으뜸이라고 평가한 것. 이 시기 각종 복지 부문 청사진이 등장하였는가 하면 새로운 정책들이 선보였으며, 결정적으로 복지 예산의 증가는 괄목할 만하다.

김대중 정부 집권 첫해인 1998년 2조 8,000억 원에 머물던 보건복지부의 예산이 노무현 정부 첫해인 2003년 7조 8,000억 원으로, 그리고 2008년도는 14조 억 원에 이르렀다. 복지부 외에 다른 부처에 산재한 여러 가지 복지 예산을 모두 취합하면 전체 정부 예산에서 차지하는 비중이 2007년 현재 28%를 상회하는 등 복지 예산에 대한 아낌없는 투자가 눈에 띈다. 2003년부터 2007년까지 노무현 전 대통령은 임기 5년 동안 복지 분야 예산을 연평균 20.1% 이상 늘리는 저력을 보여주기도 했다. 특히 노무현 전 대통령의 '참여복지'를 통하여 노약자를 비롯한 여성, 아동, 장애인 등 소외받는 계층에 대한 관심이 집중되었다. 2007년 사회복지 · 보건 분야 예산은 61조 8,415억 원으로, 이 중 여성보육과 취약계층 지원 부문도 2003년도보다 각각 236.9%, 92.3% 늘어났다. 또 이 시기 '참여복지 5개년계획'을 통하여 빈곤아동 종합대책 수립, 자활 대책, 본인부담금 상한제, 암 등 중증질환 급여 확대, 분권교부세 도입, 긴급복지 지원 제도, 장애인 종합 지원 대책 수립, 저출산 고령사회 기본 계획 수립, 사회 서비스 일자리정책 시행, 주민생활 지원 서비스 체계로의 지방행정 조직 혁신, 기초노령연금 도입, 노인장기요양보험 제도 실시 결정 등 다양한 사회복지정책이 쏟아졌다. 반면 같은 시기 사회복지계에는 아동 보육 업무의 여성부 이관, 호주제 폐지 논란, 결식 아동 부실 도시락 파문, 복지 종사자 처우 개선 목소리, 저출산 고령화 사회 문제 부각, 빈곤, 노인 학대, 자살, 생활시설 인권 유린, 장애인연금제 도입 공방, 장애인 차별 금지법 도입, 보육시설 평가인증제 도입 등이 이슈화되며, 정부 차원의 적극적인 지원을 유도하였다. 특히 2003년 사회복지사 1급 시험이 국가고시로 치러지면 사회복지사의 전문성을 한 단계 업그레이드시키는 계기를 마련하기도 하였다.

이명박 정부는 '작은 정부'를 강력한 국가정책의 기조로 삼았기 때문에 감세정책의 결과 등으로 국가재정의 규모가 지속적으로 감소되었다. 이에 따라 복지재정의 확대는 원천적으로 제약될 수밖에 없었다. 이명박 정부 4년간의 복지 예산만을 비교하였을 때 2008~2012년 복지 분야 예산 평균 증가율은 8.02%로 노무현 정부 5년간의 복지 분야 예산 평균 증가율 11.8%에 훨씬 못 미치고 있다. 2012년도 보건복지부 소관 예산과 기금운용계획을 보면 사회복지 분야의 신규 사업은 20여개(총 679억 원)에 지나지 않지만 예산을 삭감한 사업은 아동, 노인, 장애인, 기초생활보장, 그리고 사회 서비스 전 영역에 걸쳐 광범위하게 나타나고 있다. 특히, 사회적 양극화 심화로 인한 절대 빈곤층의 증가에도 불구하고 생계급여와 주거급여 등의 기초생활보장 분야에서 1천 7백억 이상을 삭감하였으며, 노인 관련 기관 지원, 노인돌봄서비스사업 및 노인요양시설 확충 예산에서 340억 원 이상을 삭감하였다.

생활자치와 공동체

김광남 (공공정책연구소 SNP 대표)

우리가 공동체에 주목하는 이유

우리 사회는 개발 시대를 거치면서 세계 10대 경제대국의 위상을 이룩하였고 물질의 풍요로움을 얻게 되었다. 그러나 한편으로는 지나친 성장 위주의 가치관과 경쟁심이 사회 전반을 지배하게 되면서 우리는 심각한 가치관의 혼돈과 사회적 갈등을 겪게 된다. 입시-취업-사회생활 등 사회 전반에 만연한 실적주의와 과열 경쟁시대, 자본주의와 대기업 위주의 국가주의 시대가 봉착한 근본적인 문제와 한계, 신자유주의와 국제경쟁 시대의 몰인간화 현상 심화, 세대와 이데올로기의 대립 심화 등 갈등주의의 사회 변화 속에서 인간성의 상실과 삶의 질에 대한 회의론이 대두되고 있다. 이에 대한 반성으로 환경, 생태, 지속 가능 등이 화두로 등장하게 되었고, 슬로 푸드(slow food), 협동조합 등 대안적 삶과 생활 양식에 대한 가치 추구, 마을 · 공동체에 대한 관심이 정책의 주요 키워드가 되고 있다.

정치 제도 측면에서도 큰 변화가 있었다. 오랜 세월 우리 사회를 지배해 온 중앙집권 체제가 지방분권 체제로 바뀐 것이다. 1991년 4월 지방의회 구성과 1995년 6월 지방자치단체장 직선제를 통하여 정책 결정 과정에 시민 참여가 확대되는 계기가 되었다. 이어서 주민소환제–주민투표제–주민참여예산제 등을 도입하면서 주민의 목소리와 권리 주장이 강화되고, 제도권 지방자치에 대한 불신과 이에 대한 대안으로 생활자치 조직과 활동이 싹트는 계기가 되었다. 시민의 사회 참여 활동 측면에서도 1980년대 말과 1990년대 초에 등장한 시민단체 운동을 중심으로 정부의 일방통행 · 상의하달식 관행을 비판하고 제어하는 목소리가 커지기 시작하였다. 시민사회운동의 방향과 활동은 초기에는 정치 · 경제 부문의 민주화에 초점을 두었다. 시민단체가 주도하는 이러한 활동을 통하여 싹튼 시민 의식은 그 후에 마을과 주민 조직을 중심으로 생활자치의 영역으로 이동하게 된다. 이에 따라 지금은 도시와 농촌에서 학습공동체, 경제공동체, 생활공동체, 사회적 기업 등 다양한 형태의 도농공동체 활동이 활발히 꽃피고 있다.

공동체와 생활자치의 관계

공동체란 상당히 다의적인 개념이다. 고전적 의미에서 공동체는 안전-생활-문화로서의 주거지라는 기초적 지역성에 기반을 둔다.

이러한 주거공간에서 생활하고 소통하면서 싹튼 공동의 의식과 문화 형성이 공동체를 대표하는 속성이 된다. 사회가 발전하면서 고전적 의미의 공동체는 다양한 문화와 활동을 공유하는 집단적 의미로 사용되기도 한다. 공동체라는 개념이 고전적 의미의 지역성에서 활동성과 공유성을 바탕으로 하는 개념으로 전환된 것이다. 최근에는 SNS(Social Network Service)의 이용이 활발해짐에 따라 사이버 공간에 형성된 공동체까지 등장하는 개념과 영역의 확대가 이루어지고 있다. 이 책에서 말하는 공동체는 공동의 의식과 호혜적 관계를 가지고 소통하는 일정한 지역성을 가진 개념으로 접근한다. 생활자치는 바로 이런 공동체에 근거하며 공동체의 운영 및 존속 방식 그 자체가 바로 생활자치의 원형이라고 할 수 있다.

사례 1 : 도시지역 생활공동체 모델(부산 물만골마을)

흔히 생태공동체의 모델로 잘 알려진 부산 연제구 연산2동 물만골마을은 1970년대 이후 철거민들이 모여 살면서 마을이 형성된 곳이다. 개발 열풍이 도시를 휩싸고 있을 때에도 물만골은 1990년대까지 철거 저지 투쟁을 벌였고 토지를 공동 매입하면서 공동체의 기틀을 마련하였다. 마을에는 각종 자치회와 모임이 구성되었고 생태복원사업과 공부방 등 다양한 마을 단위의 복지 · 환경활동을 벌였다. 이런 활동을 토대로 2002년에는 환경부로부터 자연생태마을로 지정되기도 하였다. 하지만 이들의 꿈이 늘 장밋빛만은 아니었다.

진행 과정에서 불거진 갈등 때문에 운영위원회가 해체되는 아픔을 겪기도 했다.

물만골은 당시 의사이던 김이수 씨와 지금은 작고하였지만 환자이던 이희찬 씨가 결합하여 시작한 보건의료 중심의 활동을 토대로 시작된 공동체라는 특성을 가지고 있다. 지금 물만골 공동체는 위원장, 운영위원장, 운영위원, 의료복지상담소장, 자생단체설계위원장의 조직을 가지고 운영되고 있다. 그동안 마을 주민의 꿈이기도 하였던 주거환경 정비사업이 찬반으로 나뉘는 등 여러 가지 어려운 여건에 부딪쳐 사실상 진행이 되지 않고 있다. 최근 마을가게 주민 23명이 10만 원씩 투자해서 개인이 운영하던 가게를 인수하여 마을가게를 운영하고 있고, 오토바이를 구입해 배달 시스템을 도입하였다. 김이수 소장은 앞으로 도시농업을 결합한 형태인 텃밭 네트워크 생산자 협동조합으로 발전시키는 것을 구상 중이라고 밝혔다.

물이 마르지 않는 곳이라 불리기 시작한 '물만골'은 부산광역시 연제구 황령산 일대의 분지 10만 평에 자리 잡고 있다. 이곳은 약 450여 세대 1,500여명의 주민이 거주하는 이른바 무허가 불량주택지이다.

1953년 이곳에 방목장이 조성되면서 마을이 형성되었고, 1970년대에는 초량지역 철거민들과 1980년대에는 이농민들이 유입되면서 오늘날과 같은 마을, 물만골이 생겼다. 1992년에는 구청에 맞서 철거 반대 투쟁을 전개하면서 공동체가 싹트게 되었다. 1997년에

부산 황령산 기슭에 자리 잡은 물만골 생태공동체

는 재개발사업 추진 과정에서 주민들이 찬반으로 나뉘고 심한 갈등을 겪으면서 자연스럽게 공동체 의식이 강화되는 계기를 맞는다. 1997년과 1998년에는 물만골 주민들 일부가 재개발조합을 결성하여 기존 방식처럼 대규모 아파트 건립 방식의 재개발사업을 추진하였다. 그러자 이것을 반대하는 주민들이 비상대책위원회를 구성하고, 1999년 2월 14일에 주민총회를 개최하여 재개발사업 추진을 공식적으로 중지시키게 된다. 바로 이때 물만골의 자생조직과 통 · 반조직을 하나로 묶어 물만골 공동체가 출범하게 된다.

물만골 공동체의 탄생 배경

물만골 공동체는 초기에는 마을 청소, 마을 내 도로 개선, 마을버스 운행 등을 중심으로 마을활동을 전개하였고, 이러한 활동을 통하여 싹튼 공동체 의식을 바탕으로 좀 더 안정된 주거를 확보하자는 데까지 발전하게 된다. 주민들은 자신의 힘으로 돈을 모아 물만골 일대의 토지 5필지 중 3개 필지를 매입하였고 나머지 필지에 대해서도 매입을 추진하고 있다. 현재는 단순히 자기 땅을 갖자는 소유의 개념을 넘어서 스스로의 힘으로 생태마을을 만들자는 단계로 마음과 힘을 모으고 있다.

물만골은 부산 황령산의 분지에 자리 잡은 자연마을이면서도 시청까지 마을버스로 겨우 7분 거리에 있는 도심 한가운데에 위치하고 있다. 물만골은 마을이 형성되기 시작한 초기부터 철거민이 대거 유입되었고 무허가 주택 철거와 개발을 추진하던 행정기관과 대립이 잦았다. 이에 따라 몇 차례의 철거 투쟁을 겪으면서 주민들의 결속력과 공동체 의식이 강화되는 계기를 맞게 된다. 1987년에는 마을 안쪽에 폭 3.2m의 도로를 건설하고 1993년에는 마을회관 건립, 1994년에는 4개의 지하수 관정을 개발하여 수도시설 설치를 완료하는 등 생활에 필요한 기반 시설을 주민들 스스로 조성하면서 주민 중심의 실질적인 생활자치가 이루어졌다.

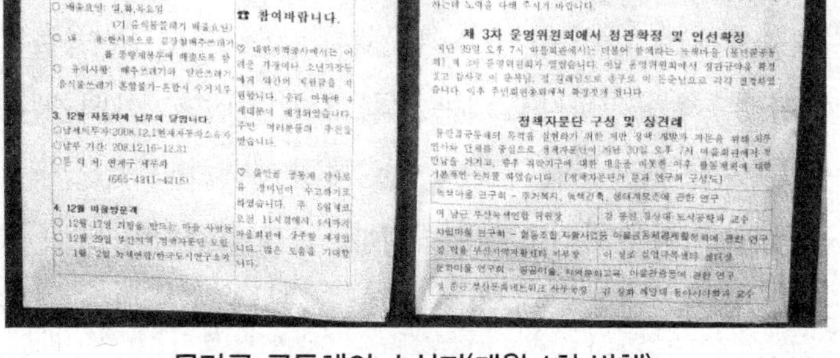

물만골 공동체의 소식지(매월 1회 발행)

물만골의 의료복지상담소[1)]

물만골은 1980년 초 주택 철거 문제와 마을의 현안을 해결하기 위하여 마을의 1세대가 주축이 되어 결성한 '마을 협동회'를 중심으로 초보적인 단계의 생활자치를 시작하게 된다. 1995년에는 인근 하마정 지역의 재개발사업 등 개발 붐을 타고 협동회 체제에서 더 발전한 개발조합을 구성하게 된다. 1997~1998년에는 아파트 방식의 대규모 재개발에 반대하는 주민을 중심으로 비상대책위를 구성하고 환경마을과 황령산 생태계 복원을 중심으로 주거 문제 해결 방안을 기획하게 된다. 1999년 2월에는 비상대책위와 자생단체, 통반 조직을 하나로 묶어 물만골 공동체를 출범시키고 운영위원회를 구성하여 공동체를 기반으로 하는 생활자치 활동을 전개하게 된다.

물만골 공동체는 매월 25일 주민총회를 개최하고 있으며, 27명으로 구성된 대의원회의도 매월 회의를 열고 있다. 6명으로 구성된

1) 물만골은 현 상담소 장인 김이수 씨와 지금은 작고하였지만 환자이던 이희찬 씨가 결합하여 시작한 보건의료 중심의 활동을 토대로 시작된 공동체라는 특성을 가지고 있다.

운영위원회는 정책자문단과 감사를 두고 있으며 안건이 있을 때마다 수시로 회의를 열고 있다. 물만골에는 노인회, 부녀회, 청년회 등의 자치조직이 있으며, 공동체 소속으로 자활사업단, 풍물패 '솟을오름', 주민학교 청소년 환경 지킴이 '반딧불이' 등이 활동하고 있다. 그 밖에 부산 지역의 의사 2명이 함께 참여하는 의료복지 상담소를 운영하여 지역주치의 제도를 운영하고 있다. 물만골 공동체에서는 신년하례회, 정월대보름 산신제 및 마을풍물놀이, 지신밟기 행사, 대동제, 경로잔치, 추석 무렵의 마을노래자랑들과 함께 수련회 등의 다양한 마을 행사로 주민들의 결속을 다지고 있다.

생태마을 만들기

물만골 공동체는 오래전부터 이 마을을 생태마을로 가꾸고자 하는 꿈을 가지고 있다. 그래서 이들은 생태마을 전환을 위하여 황령산 생태계 복원과 쓰레기 배출 없는 마을 만들기, 자활사업과 부지매입 사업 등을 진행하고 있다. 주민들은 황령산 임도와 봉수대 주변 순환도로 주변의 폐가구, 폐자재 수거 및 임도 주변 녹화사업 등과 들꽃 식물군 복원과 군락지 조성 사업, 자연 정화 활동을 중점사업으로 주민 참여에 의한 황령산 생태계 복원 활동을 전개하고 있다.

음식물 쓰레기 자원화사업은 기획단 회의를 거쳐 퇴비화와 사료화 방안이 제시되었고, 이를 이용하여 유정란 생산과 토끼 사육 등 수익성 있는 사업을 전개하기로 하였다. 이에 따라 마을 한가운데 자리 잡은 마을회관 채소밭 터를 닭과 토끼 사육장 부지로 정하고

생태마을운동의 하나로 정비된 마을 옹벽과 어린이놀이터

음식물 쓰레기로 칠면조, 거위, 오골계 등 가축을 시험 사육하였다. 사료 배합에 필요한 황토, 깻묵, 한약 찌꺼기, 채소 발효제 등은 마을 사람들과 연산시장의 어물전, 방앗간, 채소가게 등에서 도움을 받았고, 발효제는 우선 구입해 쓰고 연제구청에 협조를 요청하였다. 그러나 음식물 쓰레기를 수집하는 수거 용기, 사육장 설치 관리, 가축 사육에 대한 전문적 경험 부족, 판매망 확보, 김장철과 여름철에 발생하는 음식물 쓰레기 처리 문제 등으로 여러 가지 어려움을 겪었다.

헌옷, 폐지, 고철, 중고가구 등을 수거하여 분류해 판매하는 자원 재활용 사업도 전개하고 있다. 수집된 헌옷은 선별하여 쓸 만한 옷가지는 수선 · 세탁하여 알뜰장터와 재활용 매장에서 판매하고 중고가구 등은 수거 후 수리하여 재활용센터 등을 통하여 판매하고 있다. 이 사업을 통하여 주로 노인들이 1인당 월 20~30만 원의 수입을 나누고 있다. 자원 재활용 사업은 수입액의 크고 작음을 떠나 고령인구의 공동체 활동 참여와 경제활동 등을 통하여 생활비를 충당하는 복지 효과와 고용 창출 효과를 거두고 있다.

의류 봉제사업은 마을 부녀자의 30% 정도가 재봉틀을 사용해 봤다는 점에 착안하여 이러한 경험을 살려 추진한 사업이다. 사업 운영 초기에는 임가공업 형태로 출발하여 운영자금을 장비 확보 및 개선에 재투자하고 있다. 의류 봉제사업은 주부 노동력을 적극 활용한 사업으로 마을 놀이방과도 긴밀한 협조 속에 운영되고 있다. 위에서 소개한 사업 외에도 건설공동체를 운영하여 주민의 소득 증대를 위한 일을 하고 있으며, 녹색가게 매장을 상설로 운영하여 쓰지 않는 물품을 이웃과 함께 나누는 사업을 추진하고 있다.

자조주택운동

물만골은 자연녹지지역으로 개발이 제한되어 있어 부산 중심부에 위치해 있으면서도 토지 매입 비용이 상대적으로 저렴한 편이다. 주민들은 자조주택운동에 따라 토지 매입 비용을 대출받기 위하여 물만골이 위치한 연산2동 새마을금고 회원에 가입하는 운동을 벌이게 된다. 이에 따라 물만골의 약 400여 가구가 연산2동 새마을금고에 계좌를 개설함으로써 물만골 공동체는 이 새마을금고의 주요 회원의 된다. 이런 과정을 통하여 물만골 공동체 주민들이 새마을 대의원으로 진출하게 되고, 따라서 새마을금고의 주요 의사결정에서 물만골 공동체 주민에게 좀 더 유리한 입장에 서게 된다. 물만골 공동체 각 가구의 평균 토지 매입 면적은 약 150여 평 정도이고 평당 평균 매입 비용이 15만 원 정도라 치면 각 가구가 상환하여야 할 비용은 2천만 원 이상에 이른다. 그럼에도 이 사업이 지금까지 성공적으로 진행될 수 있었던 것은 주민들의 공동체 의식을 통하지 않고서는 불가능한 일이다.

물만골 공동체의 자조주택사업은 현재 진행형이다. 즉, 아직은 토지를 매입하는 초기 단계에 불과하다. 따라서 앞으로 이 사업이 성공하기 위해서는 주택의 건설, 기반시설 설치 등과 관련하여 수많은 난제가 쌓여 있다. 물만골 공동체는 약 300평의 개별 지분 중에서 가구당 24평 정도의 단독주택을 짓고 나머지 토지는 공공용지로 활용한다는 계획을 가지고 있다. 또한 주택들을 인접해서 짓기보다는 최대한 자연적 환경을 감안하여 배치할 계획이다. 물만골 공동체의 자조주택사업의 최대 목표가 생태마을을 조성하는 것이기 때문이다.

과제와 전망

물만골 공동체는 도시 저소득층 지역에서 주거 문제의 해결을 넘어서 환경과 생태 그리고 인간이라는 세 가지 중심 테마를 가진 생활공동체를 지향하고 있다. 물론 물만골 공동체가 이 꿈을 이루기 위해서는 앞으로 풀어가야 할 과제들이 산적해 있다. 물만골 공동체가 직면한 중심 과제는 이 지역에 적합한 생태적인 개발계획을 구체화하는 일이다.

이들이 만들어 낸 물만골 공동체는 생태마을을 만들기 위한 오랜 노력과 다양한 시도를 통하여 형성된 것이다. 도시에서 자연 공동체를 유지한다는 것은 쉽지 않은 일이다. 주민 사이에서도 기존 방식의 재개발을 통하여 재산상의 이익을 얻고자 하는 욕심이 생길 수도 있다. 이들 역시 한때 그런 문제에 직면하기도 하였고 지금도 간간히 그런 갈등이 생기기도 하지만 그런 와중에서도 갈등과 문제를 하나씩 풀어가고 있다.

물만골은 부산시가 취락지구로 지정하여 2015년이 되면 단계적으로 주택을 개량할 수 있게 되었다. 따라서 앞으로 기존 재개발에서 나타나는 많은 문제가 야기될 가능성이 농후하다. 또한 황령산 관통도로 개설에 따른 문제도 자칫 공동체를 와해시킬 위기로 작용할 수 있다. 다행히 부산시가 마을만들기 차원에서 접근하고 있지만 어려운 문제임에는 틀림없다. 장기적으로는 주민들이 점차 고령화되는 것도 문제라 할 수 있다.

물만골 생태공동체 운동이 주는 시사점

물만골 공동체가 지향하고 있는 생태마을 조성 차원의 재개발은 기존 도시재개발 방식으로는 이루기 어렵다. 이것은 주민이 중심이 된 공동체를 바탕으로 주민 참여가 보장된 계획을 통해서만 해결될 수 있는 부분이다. 따라서 개발 과정에서 주민 참여를 통한 입안뿐만 아니라 모든 계획이 마을의 공동체성을 유지할 수 있는 방향을 지향하여야 한다. 물만골 공동체의 실험이 성공하기 위해서는 넘어야 할 산이 많다. 근본적으로는 공동체 스스로 이러한 난관을 극복하여야 하지만 이러한 실험이 성공하기를 바라는 사람들의 관심과 지원 없이는 역시 불가능한 일이다. 물만골 공동체와 같은 실험과 노력이 소기의 성과를 거둔다면 이러한 사례가 더 많은 곳으로 확산되어 도시마을 만들기, 주민 주도형 주거 재생, 주민 참여, 생활자치의 바람직한 모델로 자리 잡을 수 있을 것이다.

사례 2 : 생활협동조합 활성화

"생협이란 집 주변의 주부들이 주 1회씩 만나 등대라는 모임을 하면서 살림살이, 돌봄살이, 나눔살이를 고민하며 살맛나는 이웃을 만나는 활동입니다. 살림살이하면 가장 먼저 생각나는 것이 부엌살림이지요. 생협에서는 부엌에 안전한 생활재로 건강한 식탁을 꾸릴 수 있도록 식생활에 대해 공부하고, 유기농 식재료를 공급받습니다. 우리는 역사 이래로 먹을거리가 가장 위협받는 시대에 살고 있습니다. 넘쳐나는 먹을거리 속에서 안전한 먹거리의 의미를 생각하고, 우리 가족에게 건강한 먹을거리를 제공해 주는 것, 이것은 주부로서의 당연한 권리이자 의무랍니다. 살림살이, 그것을 잘 할 수 있도록 생협이 돕습니다."

조양여 안양YMCA 등대생협 이사장의 「안양시민신문」 기고문
(2012년 2월 13일)

생활협동조합운동의 시발지 안양

생협은 생활협동조합의 준말로 '생활과 협동'을 합친 말이다. 여기서 한 번 더 풀자면 '생명활동과 협동조합'이다. 무한경쟁 시대에 환경을 보존하고 생명과 사람을 존중하며 서로 믿고 더불어 사는 공존의 세상을 만들어 가며 근검, 절약, 재생산을 바탕에 둔 생활자치운동을 펼치는 곳이다.

안양은 우리나라 최초의 생활협동조합의 발상지이고 그 효시는

'바른두레 소비자생활협동조합'이다. 바른두레생협은 1983년 5월부터 설립 준비에 들어가 1985년 5월 22일 창립총회를 거쳐 우리나라 최초로 설립된 생협이다. 바른두레생협은 생산자와 소비자의 신뢰를 바탕으로 안전한 먹을거리의 공동 구입이란 방식을 통하여 자연과 생활환경을 되살리고 새로운 생활공동체를 만들어가는 비영리 조직이다.

이러한 역사를 바탕으로 현재 안양지역에는 바른두레소비자생협, 한살림생협 안양지부, iCOOP안양율목생협, 새안양신협, 경기남부 두레생협, 안양YMCA 등대생협과 가장 최근인 2012년에 발족한 행복한 마을 의료생협까지 모두 7개의 적지 않은 생협이 조직되어 활동 중에 있어 생활협동조합의 도시라 일컬을 만하다.

이 중에서 안양YMCA 생협은 규모면에서 다른 곳과 비교가 안 될 정도로 소규모로 운영해 왔다. 조합원도 150명 남짓으로, 규모의 경제에서 본다면 유지가 쉽지 않은 산협이었다. 그런데 이런 안양YMCA 등대생협이 최근에 창립 20주년을 맞았다. 대부분의 사람이 안양YMCA 등대생협의 지속성과 발전 가능성을 비관적으로 봤지만 이들은 묵묵히 20년을 한결같은 길을 걸으며 여전히 새로운 발전을 모색하고 있다.

자치와 나눔의 공동체를 지향하는 '안양YMCA 등대생협'

바른두레생협을 필두로 한 안양지역의 생활협동조합운동은 시민들의 자발적 참여와 지속적인 활동을 통하여 다양한 생협활동을 발아시키게 된다. 이러한 활동으로 결성된 안양YMCA의 등대생협

20주년을 맞이한 등대생협의 기념축제

도 2012년 5월 20주년을 맞이하였다. 특히 등대생협은 안양지역 시민사회활동의 구심체인 YMCA의 회원들이 주축이 되어 결성하였고, YMCA와의 연계 활동을 통하여 다양한 분야의 생활자치를 실현하는 명실상부한 생활공동체, 자치공동체라는 특성을 강하게 띠고 있다.

등대와 촛불

안양 YMCA 등대생협은 1992년 아기스포츠단 학부모들을 중심으로 시작하여 35개 등대 220여명이 안양, 의왕, 군포 3개 시에서 동시에 촛불을 밝혔다. 등대가 검은 바다에 떠다니는 선박을 작은 빛으로 길 안내하듯 등대모임도 세상이 나아가야 할 길을 안내하는 역할을 담당하고자 하는 의미로 붙여진 이름이다. 등대모임 안에 있는 구성원 각자를 촛불이라 칭하였고, 촛불은 등대 운동의 당

안양 YMCA 등대생협 회원 워크숍

사자이며 핵심 주체이다. 민선 지방자치가 실시된 첫 해인 1995년에는 45개 등대 300여명의 촛불까지 확대되었으며, 이 시기가 안양 YMCA 등대생협의 등대와 촛불 수가 가장 많았던 때이다.

등대가 추구하는 '더불어 사는 삶'에 대한 가치는 생산자와 소비자, 아이들과 부모, 학생과 교사, 프로그램 이용자와 제공자 모두가 행복한 삶을 향한 디딤돌이 되고 있다. 등대는 내용(가치)과 형식이 있다. 형식은 1부 의식(마음나눔), 2부 지기활동(활동나눔), 3부 생활재 주문(생활재 나눔)으로 이루어진다. 1부 의식으로 인하여 등대 모임이 사이비 종교 모임 같다는 오해도 있었지만 이 형식은 사적인 수다모임을 넘어서 등대가 추구하는 가치로 삶의 변화와 성장을 꿈꾸는 모임이 되게 하는 중요한 역할을 하였다. 촛불은 등대모임의 주체로서 자신의 빛으로 작은 불을 밝히며 살아가는 사람이다.

생활재 공급

생활에 필요한 모든 요소를 '생활재'라 부른다. 누가, 어떻게 생산하였는지를 알고 소비자에게 전달되는 모든 과정을 연결하는 생활재 공급 활동은 1992년부터 시작되었다. 상품과 배달이라는 단어를 대신하여 '생활재'와 '공급'이라는 단어를 사용하였다. 1992년에는 70여종의 생활재를 공급하였으며, 16,022,240원의 매출을 기록하였다. 생활재는 유기농업과 친환경에 초점을 맞추어 공급하였으며, 충남 홍성과 전북 부안으로 첫 생산지 견학을 떠났다. 이후 취급 생활재의 종류가 점차 확대되었고, 매출도 1993년에는 126,518,562원, 1994년에는 186,794,032원, 1995년에는 162,829,933원으로 확대된다.

등대생협은 공동 주문, 공동 공급, 공동 결제라는 공동체 방식으로 생활재 공급을 진행하였다. 등대모임을 하면서 주간 생활쪽지와 타블로이드판 2~4장의 월간 생활재 안내지를 함께 보며 주문 신청란에 생활재 이름과 가격을 쓰고 가격 계산을 직접 해서 공급을 담당하는 생협 실무자들에게 전해 준다. 실무자들은 공급을 마치고 사무실로 돌아와서 각 등대별 촛불별 주문을 수기로 계산하여 홍성, 호저, 신안, 부안생협 중앙회 등 각 생산지에 팩스와 전화로 주문을 넣는다. 공동 공급은 등대모임을 하는 사람들에게만 등대모임을 하는 장소로 주문한 생활재를 전달하는 것이다. 이때 등대생협의 지난 한 주 혹은 향후 활동 계획이 매주 준비되는 쪽지를 통하여 공유된다. 등대의 촛불들은 매주 같은 시간 등대모임을 통하여 자신을 돌아보고 활동 나눔도 즐겁게 함께 하면서 필요한 생활재를 매주 공급받게 되는 것이다. 등대생협의 이러한 과정 자체는 바로 자치의 성격을 강하게 띤 공동체적 의사결정 모습이자 생활 방식이다.

풀뿌리 생활운동

등대생협은 이웃과 더불어 사는 공동체적 삶을 지향하며 시작하였다. 그래서 초창기부터 동네와 지역으로 나가서 촛불들과 이웃들과 함께 하는 활동에 적극적이었다. 이들이 시작한 폐식용유를 이용한 고형비누 만들기는 아파트 단지에서 크게 인기 있는 활동이었으며 대기환경 조사도 진행하였다. 요즘은 전광판으로 안양지역의 환경오염도 등을 쉽게 볼 수 있지만 그때는 일일이 시약을 도로 주변에 부착하고, 이를 수거한 뒤 절차를 거쳐 오염도를 확인하고 이를 알려야 하는 힘들고 번거로운 작업이었다. 등대생협은 아이들의 학교 주변 교통안전 권역 설정을 위한 모니터 활동도 열심히 하였다. 또한 당시에 이슈가 되는 사회적인 활동인 우리밀 살리기운동, 남북통일 인간띠잇기에도 적극적으로 참여하였다.

이러한 다양한 활동 중 등대생협이 가장 집중하였던 것은 '동네 한바퀴 생활함 운동'이다. 이는 마을의 주요 기관 혹은 놀이터 등의 일상적 활동이 빈번한 장소에 마을의 건의 내용들을 수집하고 마을의 촛불들이 의제를 선정한 후 이를 전체 활동으로 확대하는 것이었다. 마을 곳곳의 어려움과 문제를 직접 당사자인 주민들 스스로가 해결해 나가는 이러한 활동이 바로 풀뿌리 민주주의의 시작이라 해도 과언이 아닐 것이다. 이런 흐름의 연장선상에서 등대생협은 1995년도에 부활한 지방선거에서 비산동과 내손동 기초의원 후보자 초청 토론회를 진행하기도 하였다.

동네한바퀴 생활함운동

등대가 2개 이상이 되면 마을을 구성하였다. 등대가 모여 마을 안에서 이웃과 더불어 무엇을 함께 도모할 수 있는 기회는 새롭게 만들어지기도 하고 사라지기도 하였다. 1994년에 시작한 동네한바퀴 생활함운동은 우리나라에서 처음 시도된 활동으로 지금은 전국으로 퍼지게 되었다. '가지마다 새 잎을! 동네마다 희망을!'이라는 주제 아래 전개된 이 운동은 자신이 살고 있는 마을의 구석구석을 돌아보고 문제를 해결해 가고자 하는 풀뿌리운동, 생활자치운동의 시작을 알리는 신호탄이었다.

마을에서의 나눔, 지역조사 및 다양한 활동은 1998년 이후 '아름다운 마을 만들기' 활동과 함께 진행되었다. 마을 주민들과 함께하는 멍석민회(사랑방 간담회) 혹은 멍석학교(마을학교)를 함께 진행하면서 지역 주민에게 직접 어떤 마을 활동을 함께 하는 것이 좋겠는지를 설문하고 실천하였다. 마을축제를 기획하고 마을의 자치부녀회 및 단체들과 연계하여 마을 활동을 펼치기도 하였다.

생활자치운동

'지역자치에 관심 갖고 적극 참여한다'는 등대생협의 생활 약속 중의 하나였다. 이 약속을 적극적으로 실천한 경험이 바로 1998년 6·4 지방선거 참여였다. 안양 YMCA 생협은 조직의 대표를 생활자치인 지방의회의 대리인으로 참여하게 함으로써 운동을 확산하고 지속화하는 방안을 모색하였다. 이 같은 시도는 사실상 전국 최초의 일로 YMCA 전국연맹에서도 큰 관심을 갖고 실무자를 파견하여 지원하였으며, 전체 YMCA 회원 및 실무자들이 함께 운동을 펼치는 계기가 되었다.

선거 운동 과정 중 가장 큰 특징은 선거의 모든 과정이 촛불들의 자원봉사로 이루어졌다는 사실이다. 회원들이 자기 비용을 부담하여 자발적으로 역할을 분담하였고, 선거운동 과정에서 모든 촛불은 도시락을 가지고 참여하였다. 낯선 이들에게 '기호 라번 고경숙! 자신 있습니다!'라는 구호와 함께 '짱가'란 노래를 개사하여 거리에서 후보를 알리고, 더불어 사는 세상을 소리 높여 외쳤다. 그러나 정당 구도가 고착화된 틀 속에서 생활자치 후보가 자리를 잡는 것은 너무나 어려운 일이었다. 낙선의 아픔은 있었지만 그래도 20% 이상의 깜짝 득표를 얻는 놀라운 성과를 거두었다. 비록 미완의 프로젝트였지만 지역과 지역의 리더로 생협의 대표가 참여할 수 있는 기회를 열고 회원의 의지와 가능성을 확인하는 좋은 기회가 되었다.

초등대안 벼리학교 개교

1997년 말부터 닥친 IMF는 국민들에게 커다란 상처로 남았다. 이제 무엇을 해서 어떻게 먹고 살 것인가라는 과제가 사람들을 끝없는 경쟁과 생존으로 몰아세웠다. 생명 존중의 생협 가치에서 볼 때 학교의 경쟁주의는 자녀를 둔 부모들에게는 우려의 대상이었다. 그래서 2001년 생협 촛불대학에서는 대안교육을 주제로 하는 강의를 개설하게 된다. 생태주의를 가르치는 교육은 없는 것인가? 경쟁 말고 배움의 즐거움을 가질 수는 없을까? 부모와 아이가 함께

하는 생활 중심의 교육은 없을까? 이러한 고민과 더불어 '대안은 있다'는 희망을 안고 생협의 촛불들이 대안학교 개교 준비 모임을 꾸린다.

매주 한 번씩 만나서 대안교육에 대한 내용을 발제하고 토론하면서 학교에 대한 각각의 생각을 모아냈다. 장님이 코끼리 다리를 만지듯 개개인의 학교에 대한 이상은 달랐으나 최대의 합일점을 찾아 정관을 만들고 교육 원칙과 목적을 세워 2002년 3월 드디어 벼리학교를 개교하기에 이른다. 개교 당시는 교사 1인에 학생 9명으로 관양동 성공회 교회의 교육실 방 2개를 얻어서 학교를 시작하였다. 벼리학교는 그동안 국가에 맡겨두었던 아이들의 교육권을 개인의 몫으로 가져왔다는 점에서 등대생협의 걸음 안에 중요한 시사점이 된다.

지역사회에 미친 영향

안양 YMCA 등대생협은 이웃돕기, 마을이루기, 각종 행사 준비, 재정보고 및 월례회 등 다양한 활동을 하고 있는데, 이러한 활동 속에서 참여자들의 참여공동체 내에서의 자발적이고 능동적인 호혜관계가 점점 확산된다. 시장이 일방적으로 제공하는 농산물을 개인적으로 소비하던 주부들이 생협의 공동 구입을 통하여 구매력을 결집하여 유기농업 생산자들과 연대할 수 있었던 경험은 이웃들과 함께 사적 영역의 소비를 공공화시키는 훈련의 장이 되었다.

자치와 나눔의 생활공동체를 표방하며 출범하였던 안양 YMCA 등대생협의 역사는 비단 조합원뿐만 아니라 지역에도 각별한 의미를 갖는다. 촛불(조합원)들의 역량 계발을 통한 공동체운동에 선도적 역할을 해온 것은 물론 안양천 문제에 처음으로 눈을 돌리고 관심을 가짐으로써 생태계 복원에 앞장서 왔으며, 벼리학교로 대변되는 대안교육운동과 마을만들기 사업에도 힘을 쏟아왔다. 최근에 특히 학교들과 연계해 실시하고 있는 건강한 밥상 운동도 전에 없는 관심을 불러일으키고 있다. 특히 안양 YMCA 등대생협이 처음 시도한 지방자치선거 참여, 동네한바퀴 생활함운동과 같은 생활자치운동은 전국적으로 확산되는 불씨가 되었다. 등대생협의 이 같은 활동은 우리 생활자치운동이 가야 할 방향을 제시해 주는 귀중한 사례이다.

시사점과 앞으로의 방향

등대생협은 안양YMCA라는 안양 사회에 시민사회의 맏형 노릇을 하는 든든한 근거지를 기반으로 출발하였다. 그간 이들이 숱한 시련과 위기 속에서도 쓰러지지 않고 지속할 수 있던 것은 안양YMCA가 울타리가 되어 받침돌 역할을 해 주었기 때문이다. 그러나 이런 이유만으로 이들이 20년을 한결같이 생협 활동을 유지해 올 수 있었을까? 조합원들의 자발성과 결합력이 뒷받침되지 못한 다른 곳의 상황에서 알 수 있듯이, 소멸되거나 규모가 큰 생협으로 흡수 통합될 수밖에 없었을 것이다.

어려운 여건 속에서도 20년을 유지하며 새로운 발전을 모색하고 있는 등대생협의 원동력은 생협의 가치를 새롭게 느낀 조합원들이 보여준 끈끈한 공동체 의식이다. 특히 경제적인 문제로 매장 중심의 생협 활동을 전개해 온 다른 생협과는 다르게 매장도 없이 생협 조합원들의 참여 의지만으로 20년을 이어올 수 있었던 것은 이런 끈끈함을 유지할 수 있게 한 소규모 단위 조합모임인 '등대'의 역할 때문이었다. 조합원들은 등대모임을 지속적으로 갖고 개인의 의지로는 한계에 머물 수밖에 없는 상황을 공통으로 해결하고자 생활과 사고를 나누고 지역사회의 역할을 고민하며 등대생협만의 역할을 모색하여 왔다. 이들은 안양천 살리기, 대안교육 기관으로서의 벼리학교 설립 등 만만치 않은 성과를 이루어 내기도 했다. 등대생협은 YMCA 회원을 중심으로 한 조합 활동에서 좀 더 지역을 향하여 다가가는 조합으로 변신하여 생활자치 공동체로서 지역과 사회에 대한 더 큰 책무와 역할을 담당하겠다는 계획을 가지고 있다.

생활자치 측면의 의의와 정책적 시사점

부산 물만골 생태공동체는 많은 사람이 이 마을을 지키기 위하여 관심과 노력을 기울이고 있다. 물만골은 자연생태 우수마을로 인권지킴이로서 다양한 지역사회 활동이 이루어지는 곳이다. 물만골은 도시지역에서 전례가 없는 새로운 도전의 모델이 되고 있으며, 도시 저소득층이 중심이 된 환경생태운동의 중심지이다. 이들의 생활은 주거복지, 의료공동체를 지향하는 생활공동체, 생활자치의 원형이다.

물만골 공동체가 지향하고 있는 생태마을 조성 차원의 재개발은 기존 도시재개발 방식이 봉착한 문제들에 대한 대안으로 주목받고 있다. 요즘 정책과 주민활동에서 주목받고 있는 마을만들기가 지향하는 바도 결국 물만골 생태공동체가 지향하는 바와 다르지 않다. 물만골이 주목받는 이유가 바로 여기에 있다. 물만골 공동체의 실험과 노력은 도시마을만들기, 주민 주도형 주거 재생, 주민 참여, 생활자치의 바람직한 모델로서 가치가 있으며, 우리는 이를 주의 깊게 살펴보아야 한다.

YMCA 등대생협은 우리 공동체 경제 활동, 공동체 교육 활동, 생활자치 등 다양한 측면에서 여러 가지 가능성을 보여주고 있다. 현재 YMCA에서 진행하는 등대생협은 다른 생협과는 다른 형태인 등대모임을 중심으로 의식, 활동, 토론 등 총 3부로 구성되어 운영되고 있다. 여기서 주목해 봐야 할 것은 호혜 경제 영역의 확충이 자율과 자치라는 민주주의의 훈련으로 이어진다는 점이다. 즉, 생협운동은 먹을거리를 매개로 사적 영역으로 치부되던 일상적 삶을 공공화하여 사회 · 정치적으로 의제화함으로써 참여를 통한 풀뿌리 중심의 생명민주주의가 충분히 가능하다는 전망을 제공해 주고 있다.

우리는 생협이 일상을 공공화하여 시장이란 화폐 영역이 아니라 바로 사회적 협동경제, 호혜경제의 영역을 확충하고 있다는 데에 주목할 필요가 있다. 바로 사회적 협동의 호혜경제 구축이 민주주의 주체 형성과 연결된다는 점이다. 물론 호혜 관계가 근거하고 있는 신뢰라는 관계재, 공공재가 좀 더 튼튼한 현실적 토대를 갖기 위하여 새로운 사회적 가치 평가의 기준, 시스템을 정립할 필요가 있음은 부인할 수 없다. 이를 위한 지역사회의 자치 역량 실험과 실천적 네트워크로서의 정치적 전망을 가질 때 호혜경제와 연동하는 사회적 자본은 생동할 수 있을 것이라 생각한다. 즉, 공동체 경제 활동을 기반으로 하는 뿌리가 튼튼한 풀뿌리 자치인 생활자치가 건강하게 형성되어 가는 그 현장이 바로 안양 YMCA 등대생협이라고 할 수 있다.

생활 속의 교육자치 사례

남부현 (경기도 다문화교육센터 전문연구위원)

생활 속 교육자치의 필요성

아이들은 학교가 끝나면 터전으로 달려와 대문 앞에 매이어 있는 꼬리치는 강아지를 끌어안고 한바탕 장난을 친다. 그리곤 바로 가방을 집어던지고 친구들이 모인 방으로 향한다. 친구들의 얼굴을 살피며 "오늘 무슨 일을 할까?" 말을 던진다. 모두 고개를 갸우뚱하며 어떻게 즐거운 자유 시간을 보낼지 잠시 고민을 하고는 바로 자신들의 즐겁고 행복한 할 일을 찾아낸다.

한국 사회에서 생활 속의 교육은 무엇이며, 그리고 그것은 어떻게 하는 것인가에 대해서는 잊고 사는 듯하다. 가정과 학교, 그리고 학원을 오가며 우리 아이들은 무엇을 배우고 자라는지 모르게 힘든 모습만이 비추어진다. 왜 아이들은 그저 시계추처럼 이런저런 교육기관들을 오가고 교육받으며 학습에 대한 흥미는 잃게 되는가? 우리 어른들은 한 번쯤 아이들 편에 서서 깊이 고민하고 의문을 제기하며 반성해 보아야 한다. 공부가 재미없다는 아이들, 또 공부는 학교와 학원에서 하는 것으로 알고 있는 우리들이 무언가 잘못된 것은 아닐까? 우리는 과거 산과 들로, 그리고 동네 어귀로 뛰어다니며 자유롭게 시간을 보내고 자연을 학습하고 친구들과 서로 살아가는 법을 배우곤 하였다. 이러한 환경을 다시 만들기는 어려운 것인가? 요즘 야외 활동을 통한 체험 학습의 중요성의 인식되면서 아이들을 위한 체험 활동이 많아졌다, 하지만 일회성의, 어른 주도의, 학습 중심의 활동으로 체험도 여전히 아이들의 놀이와 학습의 자율성을 구속한다. 최근 노출된 아이들의 문제로 인하여 이제는 이러한 교육 방법이 올바른 것이 아니며 우리가 아이들을 잘못 안내하고 있었음을 깨닫게 되었다.

현재 우리 사회에 종종 인용되는 '한 아이를 키우려면 온 마을이 필요하다'는 아프리카의 속담은 우리들 사이에 널리 회자되는 문구이다. 이 문구가 의미하는 것은 무엇인가? 왜 우리가 남의 나라에서 행해지는 아이를 키우는 방법까지도 받아들이자고 하는 것인가? 우리는 아이들을 키우는 방법도 수입해서 우리 아이들을 키워야 할까? 예체능 중심 교육 활동, 핀란드식 교육 방법, 모둠 활동, 프로젝트 스터디, 자원봉사 활동, 입학사정관제 등 모든 것이 좋은 취지로 해외에서 도입되어 활용되고 있으나 많은 경우 왜곡된 결과만을 가져온다.

우리도 오래전에 아이들을 키우기 위하여 온 동네가 같이한 적이 있다. 과거 20~30년 전 우리의 전통적인 마을에서 자라난 성인들은 이 말뜻을 잘 알고 있을 것이다. 옆집 뒷집 큰 경계 없이 아이들이 오가면서 놀고 공부하고 나누어 먹으며 살던 때가 있었다. 우리는 힘들고 어려웠지만 서로 남의 편에 서서 이해하고 받아주고 나누던 시절이 있었다. 하지만 한국의 정치적 · 경제적 · 사회적 상황은 지난 30년 동안 어른이 된 우리가 우리의 자녀들을 그러한 환경에서 키우기 어렵게 만들었다. 그리고 우리 모두를 경쟁의 도가니로 몰아넣었다. 부모는 학교 교육에서 하나뿐인 일등의 자리에 내 자식을 올리기 위하여 다른 모든 친구가 뒤에 줄을 서길 원하였다. 그리고 나의 성공을 위하여 수단과 방법을 가리지 않고 앞만 보고 가도록 종용하였다. 이러한 상황에서 교육의 진정한 의미와 목적은 왜곡되었고 그 방법도 경쟁에서 살아남을 수 있는 자에게만 유리하였다. 그동안 이러한 현실 앞에 우리 모두는 사실 외롭고 힘들었다. 가까이 사는 옆집도 앞집도 뒷집도, 그리고 같이 앉은 짝꿍도 더 이상 이웃이고 친구이지 않았다.

그동안 한국 사회에서 진행된 빠른 도시화와 산업화는 생산, 분배, 소비의 과정을 철저히 분리하면서 서로의 상호 작용을 기피하게 만들었다. 도시와 농촌의 분리, 가정과 직장의 분리, 남녀의 역할 분리 등은 여성의 인력을 가정과 자녀를 돌보는 일로 구속시켰고 아이들은 조부나 조모의 지원을 벗어난 엄마의 손에서만 자라게 되었다. 부모 모두 생계 유지를 위하여 일하는 가정과 엄마가 자아 성취를 위하여 직업을 가진 경우 자녀들은 방치되거나 남의 손에 맡겨서 키워야만 하는 상황이다. 만일 아이에게 문제가 발생하면 그것은 모두 일하는 부모의 책임으로 돌리는 사회이다. 또 학교와 가정의 분리는 아이들의 교육에 대한 책임을 서로 전가하면서 비방하고 부모는 학교를 신뢰하지 않고 학교는 부모들의 간섭을 피하려고만 한다. 이로 인한 문제점들은 최근 곳곳에서 엄청난 충격을 주고 있다. 아이들이 학교 생활과 공부의 스트레스로 인하여 동료를 폭행하고 집단폭력으로 정신적인 피해에 시달리고, 심하면 학업 포기와 가출, 그리고 자살의 문제로까지 번지고 있다. 우리는 나쁜 교육적 방법과 가치관으로 아이들이 서로 돕고 의지하며 배려하는 인간 본연의 상호 작용과 관계를 무시하게 만들었다. 현재 나타나는 아이들의 문제에 대한 책임은 사회, 가정, 학교 등 우리 모두에게 있는 것이다. 교육이란 무엇인가, 부모와 선생님은 우리 아이들에게 무엇을 가르쳤는가 반성할 필요가 있다. 이러한 문제들로 인하여 최근 많은 사람이 우리의 아이들이 생활하는 지역사회, 학교, 그리고 가정의 공간에서 진정한 교육의 변화와 삶의 변화를 원하고 필요로 하고 있다.

최근 학교는 학부모를 주변인에서 참여자, 그리고 동반자로의 관계로 변화를 시도하고 있다. 그동안 나만의 자녀를 최고로 키우고자 하였던 일부 부모들은 현실 사회와 교육의 문제점을 각성하고 새로운 철학과 가치관을 가지고 주체적으로 자녀 교육의 방향을 바꾸는 데 앞장서고 있다. 즉, 이들은 생활 속에 교육공동체 운동을 통하여 나만의 아이가 아닌 이웃의 아이들도 함께 품고 진정한 교육을 실천하고자 노력하고 있다. 이 부모들은 무한경쟁 시대에 홀로 가는 아이는 외롭고 정신적으로 병들게 됨을 깨달은 것이다. 또 함께하는 아이는 다른 친구들과 즐겁고 건강하고 화합하고 소통함을 배우게 됨을 알게 된 것이다. 이를 위하여 자녀들의 장거리 인생 길에 함께할 이웃과 동료가 필요함을 알고 이를 준비한 많은 부모의 공동체가 현재 한국 사회에 존재하고 태동하고 있다. 우리 아이를 위한 양육과 교육에 모르는 누군가가 아닌 부모가 직접 참여하고 이웃이 함께 손을 잡고 마을 전체가 아이들을 키우기 위하여 노력하는 많은 이가 있다.

대표적으로 '사이좋은 방과 후'는 공동 육아와 공동체 교육운동을 통하여 부모들이 지난 10년간 생활 속에서 바람직한 자녀 교육을 실천한 좋은 모델이다. 부모들의 주체적인 참여를 통하여 자녀들은 물론 자신들의 삶에도 많은 변화를 가져온 '사이좋은 방과 후' 공동체는 지역사회 내 일반 주민들의 생활과 교육에도 변화를 불러오고 있다. 현재 한국 사회에 아이들을 건강하게 키우기 위한 부모들의 이러한 공동 육아 공동체는 아이들로 인하여 새로운 마을공동체를 재창조하며 우리의 생활문화, 가치관, 삶의 양식을 새로이 구축하게 만들고 있다.

여기에서는 현재 생활 속에서 교육공동체 활동을 활발히 펼치고 있는 '사이좋은 방과 후' 사례를 소개하고자 한다. 즉, 이 공동체가 어떻게 형성되었으며, 어떻게 전개되고 있는가, 그리고 이들의 활동과 프로그램은 무엇이며 그 파급 효과는 무엇인가를 살펴보고, 우리 일상생활 속에서 교육자치 실현을 위한 방향을 제시하고자 한다.

생활 속 교육자치 사례: '사이좋은 방과 후'

'사이좋은 방과 후'의 조직적 배경

'사이좋은 방과 후'는 자녀 양육과 교육에 문제 의식을 가진 사람들이 만나 이 문제를 해결하고자 서로서로 의지하며 공동의 노력과 참여를 통하여 발전한 지역 기반 생활 속의 공동체 조직이다. '사이좋은 방과 후' 부모들은 공동으로 조합을 조직하고 스스로 운영·관리하며 자녀들 삶의 중심에 서서 교육적 환경과 내용을 제공함으로써 자녀가 자율적이며 개성적이고 도덕적인 인간으로 자랄 수 있도록 안내하고자 하는 민간 공동체 생활 교육자치 활동을 전개하고 있다.

조직적으로 '사이좋은 방과 후'는 (사단법인) 공동육아와 공동체교육의 전국 연합체에 소속된 서수원 지역 방과 후 조합이다. 역사적으로 이 사단법인은 어린이의 바람직한 삶과 교육을 위하여 연구하고 실천하는 공동육아와 공동체교육을 가난한 지역 어린이들의 보호와 교육을 위하여 1978년 결성된 '해송어린이걱정모임'에서 시작되었다. 그 후 1992년 공동육아연구회를 결성하고, 공동육아연구원을 거쳐 사단법인 '공동육아와 공동체교육'을 설립하였다. 현재 이 사단법인은 공동육아 제도의 연구와 개발, 공동육아 교육 프로그램 개발 및 연구사업, 출판, 부모 교육, 공동육아어린이집의 교사 또는 조합원 교육 등 공동 육아를 위한 교육 이념의 확산과 정착에 노력해 오고 있다. 2012년 현재까지 공동육아어린이집 65곳, 공동육아 방과 후 15곳, 지역공동체학교(지역아동센터) 6곳, 대안초등학교 1곳, 국공립위탁어린이집 1곳, 민간어린이집 2곳, 직장어린이집 1곳이 운영되고 있다.

'사이좋은 방과 후'의 시작 배경

수원시 서쪽에 길게 누워 도시를 포근하게 감싸주고 있는 칠보산은 일곱 가지 보물인 산삼, 맷돌, 잣나무, 황계수탉, 절, 장사, 금이 많았다고 하여 붙여진 이름이다. 복잡한 도시에 있으나 이 산자락을 중심으로 드넓은 논밭이 펼쳐져 있어 대규모 아파트단지에서도 사람들이 자연과 함께 생활하는 것을 가능하게 하는 지역이다.

이 칠보산 자락에 1998년 11월 3,200세대의 대규모 아파트 단지가 들어서자 도심과의 교통 연결이 편리하면서도 전원 생활을 누리는 것이 가능한 조건에 자녀들을 교육시키고자 하는 많은 사람이 입주하기 시작하였다. 이들 중 맞벌이 가정 부모들은 아이들을 안심하고 맡길 수 있는 곳이 없어 고민이 많았다. 이런 부모들 중 공동 육아를 함께하기로 뜻을 같이하고 관심 있는 다른 가정들이 합류하면서 1999년 수원지역 공동육아 준비모임을 결성한 칠보산 공동체가 시작되었다. 주요 발판은 취학 전 자녀를 위한 공동 육아에 관심이 많고 참여를 원하는 10가정의 부모들이 모여서 공동육아 협동조합을 결성하면서부터이다. 그리고 아파트단지 내 33평 주택을 임대하여 '사이좋은 어린이 집'을 2001년 권선구 금곡동 LG빌리지 내에 문을 열었다. 1년 후 사이좋은 어린이집은 참여 가정이 24가구로 두 배 이상 증가하였고, 단독주택으로 옮겨 텃밭 가꾸기도 시작하며 교육자치 활동을 본격화하였다(수원일보, 2009. 10. 19).

하지만 어린이집에 다니던 몇 명의 아이들이 초등학교에 입학하게 되었고, 교사들은 학교에서 돌아온 이 아이들을 돌봐야 하는 문제에 직면하게 되었다. 이러한 문제를 해결하고자 방과 후 '모두모두방'을 개설하였으나 별도의 공간이 필요하다는 데 생각이 모아져서 2003년 8월 몇 가정이 분리 독립하여 추진위원회를 구성하게 된다. 그 해 12월 조합원을 중심으로 가구당 300만 원씩 출자금을 모아 협동조합을 구성한 후 2004년 2월 독립공간(칠보중학교 후문 앞 2층집)을 마련하고 공식적인 '사이좋은 방과 후'가 문을 열었다. 2012년 현재 총 30명 정도의 자녀들이 '사이좋은 방과 후'에서 생활하고 활동한다 (인터뷰 내용과 2005년 조합생활 안내 내부자료). 현재 칠보산 자락을 중심으로 한 칠보산 공동체는 칠보산 자유학교, 칠보산 어린이집, 사이좋은 어린이집, 사이좋은 방과 후, 두꺼비논, 칠보산 도토리교실, 칠보산마을신문, 한살림 등으로 각자의 자체적인 교육 활동과 운영을 하지만 전체 공동체가 연합하여 일 년에 절기세시 행사 및 축제, 운동회, 논에 모내기와 추수 활동 등을 함께 하고 있다.

'사이좋은 방과 후'의 교육철학 및 원리

'사이좋은 방과 후'는 공동 육아의 철학과 원칙을 바탕으로 삶과 교육이 분리되지 않고, 부모와 교사, 그리고 지역 주민이 함께 일상생활 속에서 공동체의 삶을 구현해 간다는 다음 네 가지의 철학과 원리를 근간으로 한다.

첫째, 자연과 관계 맺기이다. 인간의 삶이 자연의 일부라는 본질적인 원리와 관계를 인식하고 자연친화적, 그리고 자연과의 상생 관계로 생명과 순환의 섭리를 깨달을 수 있도록 한다. 아이들에게 매일매일의 일상생활에서 먹는 음식, 바람과 구름, 하늘과 햇볕 등 자연의 중요성을 알게 하고, 세심한 관찰을 통하여 그 변화와 섭리를 느낄 수 있는 기회를 제공한다.

둘째, 사람과 관계 맺기이다. 공동 육아는 사람과 사람이 행복한 관계를 맺음으로써 긍정적이고 열린 관계 맺음이 가능하고 사람에 대한 신뢰를 갖고 연대할 수 있기를 기대한다. 즉 아이, 부모, 교사가 함께 교육의 주체로 상호 평등한 관계를 맺고 열린 공동체적 관계를 경험하는 과정을 통하여 다른 사람들과 바람직한 관계 맺는 법을 배울 수 있는 기회를 제공한다.

셋째, 생활 중심 교육이다. 교육은 자연스러운 것이며, 실제의 삶 자체가 교육이라는 데에서 출발한다. 건강한 가정과 지역 주민 생활을 통하여 아이들의 발달 단계에 맞는 개성과 특성을 반영한 일상생활이 가능하게 한다. 그리고 아이가 스스로 자립적인 생활을 배우고 자존감과 자유 의지를 키우는 전체적이며 종합적인 자연스러운 삶을 배우고 삶의 주체로서 살아갈 수 있도록 하고자 한다.

넷째, 통합교육이다. 연령 통합, 성별 통합, 장애우 통합 등이 있다. 아이들을 연령별로, 성별로 또는 장애에 따라 구분하는 것이 아니고 생활 속에서 함께 생활할 수 있도록 한다. 즉 식사 시간, 자유놀이 시간, 모둠 활동, 나들이, 음악 · 미술 활동 등이 통합적으로 운영된다. 통합교육은 아이들이 서로 다르다는 것에 대한 편견과 차별을 배제하고 서로 다름을 인정하고 조화를 이루면서 돕고 배우는 과정을 가르치고자 한다.

'사이좋은 방과 후'의 교육적 특성

'사이좋은 방과 후'의 교육적 특성은 초등학교에 다니는 1~4학년 아이들을 중심으로 가정교육의 연장선에서 경쟁보다는 공동체적인 삶을 지향하도록 지도한다. 활동을 중심으로 잃어버린 아동의 문화를 부활하고 학업으로 인한 과도한 과제나 시험 등으로부터 벗어나 행복하고 건강한 여가를 즐길 수 있도록 창조적인 생활을 안내한다. 따라서 아이들은 스스로 자유롭게 활동을 선택할 수 있어 교과목 중심의 활동이 아니라 창의적 활동, 놀이문화, 생태적 공간에서의 교육이 이루어진다. 특히 '사이좋은 방과 후'에서는 아이들이 공부는 즐겁다는 것을 배운다. 느낌을 나누고 감성과 철학을 키우는 활동을 한다. 협동 활동을 통하여 개별 활동 이상의 힘을 발휘한다. 손끝 활동을 중시한다. 그러므로 '사이좋은 방과 후' 공간은 아이들이 생활을 통하여 교육받고 여가를 즐기며 쉴 수 있는 곳이다.

교사와 부모는 자유로운 의사소통을 통하여 아이들의 교육에 필요한 목표를 정하고 문제 해결을 할 수 있는 신뢰 관계를 구축하며 동반자적 관계를 유지한다. 아이들에게는 부모와 교사 모두 자율적인 의사결정을 할 수 있도록 안내한다. 교사들은 교사연합회를 통하여 필요한 정보를 지원받고 상호 자원과 기술 지원이 이루어지도록 한다. 또한 교사와 부모들은 지역사회와 학교에서 우리 아이들만을 위한 소집단 활동으로 전락하지 않도록 학교와 지역사회의 활동에 적극적으로 참여하며 올바른 교육 모델을 같이 만들어 가는 노력을 기울인다.

사이좋은 방과 후의 주요 특성을 살펴보면 첫째, 아이들이 세시와 절기를 배우고 직접 체험하며 전통문화를 익히는 곳이다. 둘째, 경쟁보다는 협력을 통하여 공동체적 삶의 가치를 일깨우는 곳이다. 셋째, 넘치는 사교육에서 잃어버린 아동문화를 되찾는 곳이다. 넷째, 나들이, 텃밭 활동 등 생태적 감수성을 키우는 곳이다. 다섯째, 지란지교의 이웃을 만날 수 있는 곳이다. 여섯째, 안전한 먹을거리로 건강하게 자라는 곳이다. 일곱째, 느낌을 나누고 감성과 철학을 키우는 곳이다. 아홉째, 학교 생활의 긴장을 푸는 곳이다. 사이좋은 방과 후는 이러한 교육적 특성에 기초해 모든 활동과 프로그램이 만들어지고 운영된다.

'사이좋은 방과 후'의 활동과 프로그램

사이좋은 방과 후의 모든 활동은 열기모둠-체험활동-닫기모둠으로 진행된다. 열기모둠에서는 활동의 동기와 목적을 공유하며 어떻게 활동의 진행될지에 대한 사전 토의를 하면서 다음 단계의 체험 활동을 계획한다. 체험 활동은 나들이, 견학, 창작 활동 등으로 자신들이 세운 계획을 실천하며 생각을 발현해 보는 단계이다. 체험 활동이 끝난 후에는 닫기모둠을 통하여 좋았던 점, 힘들었던 점, 아쉬웠던 점 등을 논의하며 자신들의 활동을 평가하고 후기를 쓴다. 그리고 개인의 글과 작품은 스스로 모두 정리한다.

주요 공동 활동으로는 어린이 전체회의, 텃밭 가꾸기, 요리 활동, 시장놀이, 절기와 세시, 놀이미당, 마을 청소, 들살이 등이 있다. 이러한 활동을 중심으로 한 연중계획을 보면 〈표 1〉과 같다.

표 1 **사이좋은 방과 후 연중 활동 및 행사**

구분	내용	비고
1월	겨울방학, 겨울 들살이	상반기 조합원 교육
2월	상반기 총회/ 대보름 행사	
3월	칠보산 소풍/ 냉이캐기/ 감자심기/ 고추장담그기	
4월	상반기 텃밭가꾸기/ 텃밭 모종심기/ 식물원 견학	
5월	어린이날 · 어버이날 행사/ 상촌초 운동회/ 두꺼비 논 모내기	
6월	단오행사/ 화성행궁/ 재래시장	
7월	두꺼비 논 피사리/ 갯벌 체험/ 감자캐기	
8월	하반기 총회/ 여름방학 / 여름 들살이	하반기 조합원 교육
9월	하반기 텃밭가꾸기/ 한가위 한마당/ 송편만들기/ 밤 따기, 도토리 줍기	
10월	두꺼비 논 가을 추수/단풍놀이	
11월	가을 산행/ 전통차만들기/ 새총만들기/ 홍보행사	
12월	김장/ 썰매타기/ 연날리기/ 해 보내기	

* 참조: 2009년 기준.

이 활동들 중 일부만이 아이들 자체로 이루어지며, 대부분은 교사, 학부모들과의 공동 참여와 활동으로 이루어진다.

사이좋은 방과 후의 하루 일과를 살펴보면 학기 중과 방학 중에 따라 다음과 같이 프로그램에 차이가 있다. 학기 중 시간표는 〈표 2〉와 같다.

학기 중 한 주 흐름을 살펴보면 요일마다 특징이 있고 차이가 발견된다. 학기 중 요일마다의 특징적인 활동은 다음과 같다.

표 2 학기 중 하루 일과(13:00 ~ 19:00까지)

시간	내용
13:00 ~	학교 숙제 및 자유놀이(1, 2학년 등원 시작/ 1학년은 3월 점심 식사)
14:00 ~	학교 숙제 및 자유놀이(3, 4 학년 등원 시작)
15:00 ~	교육 활동
16:30 ~	간식 먹기
17:00 ~	청소/ 전체 바깥놀이
18:00 ~	만다라, 책읽기 및 귀가

■ 월요일: 차모둠

아이들이 편안한 마음으로 한 주를 시작하며 차 마시기, 한 주 함께 계획하고 공유하기, 주말 지낸 이야기로 활동을 한다. 이와 함께 책(시) 읽기, 옛이야기 듣기, 가벼운 몸 동작, 놀이 활동 등을 한다.

■ 화, 수요일: 방별 주제 활동

방(학년)별로 주제를 정하여 연령에 알맞은 활동을 계획하고 진행한다. 방별 주제는 미술, 목공, 요리, 음악, 생태, 글쓰기 활동 등으로 프로젝트 활동으로 운영된다. 예를 들면 1학년은 오감 활동, 2학년은 책 만들기, 오카리나 불기, 3~4학년은 글쓰기, 연극놀이 등이다.

■ 목요일: 전체 활동

연령 통합 활동 시간이다. 어린이 전체회의, 전체 노래 배우기,

놀이마당, 마을 청소, 시장놀이, 요리 활동 등을 함께 한다. 요리 활동은 절기와 계절에 맞는 음식을 만들어 본다.

■ 금요일: 생태나들이

가까운 산이나 들로 나들이를 간다. 한 주를 끝내면서 생활평가 형식으로 터전(방과 후 장소) 생활을 돌아보는 시간을 갖는다.

방학 중에 사이좋은 방과 후는 〈표 3〉과 같이 운영된다.

표 3 방학 중 하루 일과(9:00~18:30까지)

시간	내용
09:00 ~	일찍 온 친구들 자유놀이
10:00 ~	도서관 나들이/생태 나들이/ 터전에서 지내기(책 읽기 등 조용한 활동)
12:00 ~	점심 먹기(교사 짧은 회의)/자유놀이
14:00 ~	전체 교육 활동
16:00 ~	간식 먹고 청소
17:00 ~	자유놀이 및 귀가
18:00 ~	하루 정리하기(책 읽기, 옛이야기 듣기, 만다라, 실내놀이)

사이좋은 방과 후는 주요 활동의 준비 단계에 학생과 교사, 그리고 학부모들이 많은 논의와 토론을 통하여 준비한다. 그 중 아이들이 교사와 함께 방학 중 떠나는 들살이를 위한 사전 준비로 논의한 사례를 살펴보면 〈표 4〉와 같다.

표 4 **사례: 들살이 사전 활동**

1차시	들살이 열기 – 전체 회의 형식으로 진행함 • 들살이를 왜 갈까? (들살이의 뜻과 가는 까닭을 생각해 봄) • 어디로 가지? – 답사 준비, 자료 수집 • 가서 뭘 할까?
2차시	들살이 준비 1 – 놀이 형식으로 진행 • 말 전달하기(회의에서 나온 의견을 추려서 들살이에 대한 내용을 정리) • 들살이 삼행시 짓기
3차시	들살이 준비 2 – 안전교육(동극 형식으로 교사가 풀어낸다) • 숙소에서 • 물놀이 때 • 풂피리 만들 때 • 그 외 장소에서 규칙은 아이들과 함께
4차시	들살이 준비 3 – 놀이 형식과 보고 형식으로 진행함 • 가방싸기(준비된 소품을 방별로 의논해서 한 가방에 싼다. 가지고 갈 것과 가지고 가지 말아야 할 것을 알아본다.) • 식단 발표 • 이것만을 꼭 지킨다(방별로 발표).
5차시	들살이 준비 4 – 방별 활동과 통합 활동 병행 • 장보기 • 들살이 선서
6차시	들살이 마무리 – 전체회의 형식으로 진행함 • 들살이 평가 • 방별 활동

'사이좋은 방과 후'의 주요 활동에 대한 용어 설명

공동 육아에서 사용하는 용어는 일반인들에게 익숙하지 않은 것이 많다. 사이좋은 방과 후에서 주로 사용하는 용어를 몇 가지 소개하면 다음과 같다.

- 터전: 공동 육아에서 아이들의 실내외 교육환경으로 활동 장소를 나눔을 실천하는 공간을 의미하며 터전이라 부른다. 터전은 아이와 교사, 부모들의 중심지이며 일상적인 삶이 실현되는 장소이다.

- 방: 교육 공간인 교실과 그 안에서 이루어지는 활동을 좀 더 적극적인 의미로 안방, 건넌방처럼 생활 공간을 자유롭게 넘나드는 점을 의미하여 '방'으로 명칭을 쓰며, 아이들이 통합적인 활동을 할 수 있도록 열린 자유로운 공간을 의미하여 사용한다.

- 나들이: 나들이란 말 그대로 바깥으로 나가서 하는 활동이다. 나들이를 통하여 생명을 소중히 여기는 교육, 개성과 공동체성을 함께 키우는 교육, 이성과 함께하는 감성 교육을 한다. 일상생활에서 자연과 인간과의 지속적인이고 직접적인 관계를 알 수 있게 한다.

- 들살이: 1년에 1~2회 정도 방과 후 교사와 아이들이 전체가 짧게는 1박 2일, 길게는 3박 4일의 일정으로 짜여진 특별한 나들이로 적극적인 체험 활동 프로그램이다. 이 활동을 통하여 가족이 아닌 다른 사람과 함께 살아가는 방법과 그 의미를 느끼며 공동체의 돈독한 관계 형성과 자연에서의 경험을 위한 것이다.

• 모둠: 아이들이 차를 마시며 하는 회의(생각 나누기)를 말한다. 주로 소모임 활동을 뜻하는 말로 쓰인다.

• 장기 활동: 한 가지 주제를 정하여 다양하고 심도있게 장기간 탐구해 보는 활동을 일컫는다. 장기 활동은 나들이를 통한 자연 탐구와 계절에 따른 변화, 전래놀이에 관한 활동, 텃밭 가꾸기(씨앗뿌리기, 물주기, 김매기, 수확해서 음식 만들어 먹기), 관찰일기 등으로, 기록을 남기며 발표하기도 한다.

• 먹고지: 아이들 방학 기간 동안 1년에 두 번에 걸쳐 공동체 조합원 전체가 함께 1박 2일의 여행을 떠나는 것을 말한다.

• 아마: 아마는 아빠와 엄마의 줄임말로 '아마' 활동은 부모들에 의하여 이루어지는 참여 활동을 말한다. 주요 활동은 나들이 가기, 설거지, 아이들 돌보기, 아이들과 놀기 등이며, 교육아마는 교사를 보조하거나 회의 때 아이들을 돌봐주며 교사를 대신하여 참여한다. 교육아마는 각자 부모들이 자신의 특기나 취미 활동을 이용하여 아이들과 함께 활동하는 것으로 학습 효과뿐만 아니라 아이들에게 부모에 대한 자긍심을, 부모들에게는 아이들과 교감하고 소통하는 법을 배우게 해 준다.

• 만다라: 아이들의 마음의 안정과 삶의 에너지 충전, 그리고 창의적인 활동을 지도하기 위하여 명상음악을 들려주며 만다라를 그리는 활동을 한다. 주로 교육적 차원으로 인성교육을 위하여 활용한다.

사례 영어 사교육 왜 못하나요?

한 학부모가 이의를 제기하였다. 아이를 사이좋은 방과 후에 넣고는 사교육을 시킬 수 없어서 아이의 영어 실력이 떨어졌다는 것이다. 예체능은 인정하면서 왜 영어학원은 안 되느냐가 주요 문제 제기였다. 이로 인하여 학부모와 교사, 그리고 이사회 전체가 6개월간의 긴 논쟁과 토의를 지속하였다.

한 아이가 매일 5시에는 터전을 떠나야 하는 것이다. 이 아이는 다른 아이들보다 한 시간 일찍 가는 것이다. 영어학원 버스가 기다리고 있어 서둘러 하던 놀이를 중단하고 뛰어나간다. 교사는 아이가 일찍 가는 것이 일주일에 몇 번이지만 방 전체 아이들의 분위기를 망치고 하던 일을 마무리하지 못한다고 문제를 제기하였다. 다른 학부모들도 알고 있었지만 쉬쉬하던 일이라서 어떻게 문제가 해결될지 모두 관심이 곤두서 있었다. 사이좋은 방과 후 대부분 학부모들이 아이들의 영어 공부를 유치원부터 시켜온 터라서 사이좋은 방과 후를 다니면서 영어 사교육을 못 시키는 것이 안타까웠다. 시간이 없어 집에서 부모들이 조금씩 도와주거나 주말을 이용해 교육하고 있었다. 이러한 상황에 모든 부모는 영어 사교육을 왜 못하냐가 큰 논쟁거리였다. 예체능에 대한 허락은 하면서 왜 영어학원 다니는 것은 안 되는냐가 의문덩어리였다. 처음 조합원 가입을 하고 들어올 때는 괜찮다고 생각하였으나 아이들의 학년이 높아지면서 점점 속에 담아놓았던 궁금증이 모든 학부모를 흔들리게 하고 있었다.

이사회가 소집되고 다시 한 번 예체능 교육이 특히 저학년들에게 중요한 이유가 설명되었다. 이미 사이좋은 방과 후 조합원 교육 때 설명을 한 내용을 다시 반복하였다. 예체능 교육은 저학년 때 배우지 않으면 고학년 때 배우기 힘들다는 것과 아이들의 정서에 좋은 영향을 미친다는 이유로 합의를 본 사항인 것이다. 그리고 방과 후 시간 동안 예체능은 교사들이 직접적인 도움을 줄 수 없으니 필요에 따라 외부에서 지원하는 것이 가능하다는 것이다. 하지만 영어 교육은 안 된다는 것이다. 같은 사교육인데 왜 안 되냐며 일부 학부모가 문제를 제기하고 이해할 수 없다며 입씨름과 논쟁, 그리고 이사회에 대한 비판이 몇 달간 계속되었다. 하지만 이사회는 예체능 외 다른 과목들의 사교육을 원하면 언제든지 사이좋은 방과 후를 떠나도 좋다는 결론에 도달하였다.

사이좋은 방과 후를 떠나려고 마음을 먹은 일부 학부모는 아쉬움이 남고 또 보내려는 학부모들과 이사진도 아쉬움이 많아 결정 후에도 종종 작은 모임을 통하여 상호 설득하고 대화를 나누는 계기가 여러 차례 있었다. 이렇게 함으로써 학부모들은 쌓아진 논의와 설득을 통하여 사이좋은 방과 후의 설립 취지를 다시 한 번 되새기는 계기가 되었고, 영어 사교육에 대한 6개월간의 긴 논쟁 끝에 떠나려고 마음먹었던 학부모들은 생각을 바꾸게 되었다. 이 문제는 모든 학부모가 다시 융합하는 계기가 되었고 만장일치로 영어 사교육 반대 결론에 도달하면서 아이들 교육에 원칙을 실천하기로 결심하게 되었다. 그리고 모두가 한 번씩은 이사진의 역할을 담당하여야 하므로 사교육에 대한 논쟁의 시간은 어렵고 힘들었지만 좋은 경험이었다고 의견을 모았다. 이렇게 긴 시간 동안 논쟁과 토의의 과정을 거쳐 문제를 해결함으로써 사이좋은 방과 후는 조합원들 모두 서로 이해하고 받아들이는 공동체 이웃으로 남을 수 있는 것 같다. 아이들은 초등학교의 저학년 시기 동안 같이 놀고 배우며 많은 것을 경험하고 학부모들은 터전의 일을 담당하면서 함께 커가는 것 같다.

사례 먹고지 떠나자!

사이좋은 방과 후는 일 년에 두 번 1박 2일의 먹고지를 떠난다. 모든 조합원과 교사 그리고 아이들이 함께 떠나는 공동체 여행이다. 초기에는 어디로 갈까 의견이 분분하다. 100여명의 사람들이 단체로 움직여야 하니 준비 단계부터 일이 많다. 장소 결정은 방모임(학년별)을 통하여 학부모들의 의견을 수렴하여 주로 이사회에서 결정된다. 그리고 이사진들이 사전 답사와 예산 계획을 세우고 방별로 조합원들 각각의 역할 분담도 분배한다.

아이들에게 먹고지 공동체 여행은 그동안 배운 실력을 뽐낼 시간이다. 방별로 먹고지를 떠나기 전 계획을 세우고 사전 연습에 들어간다. 아이들은 연극, 노래자랑, 악기 공연 등 다양한 준비로 한 달 간 단체 연습으로 바쁘다. 부모들은 방별 모임에서 결정된 장기자랑을 위하여 연습하는 시간을 갖는다. 노래 실력이 으뜸인 사람부터 음치인 사람까지 함께 합창을 해야 하니 매주 모여 연습을 하지만 실력이 많이 좋아지지 않는다. 특별히 악기를 연주할 수 있는 사람은 준비하며, 이러한 과정들이 즐거움이고 기쁨인 것이다.

음식 준비로 아줌마들은 바쁘다. 서로 어떤 음식을 준비할 수 있는지 상의하고 분배하며 조를 짜서 시장을 보고 음식을 만들고 떠나기 한 달 동안은 왠지 우리 명절 준비보다 더 설레이고 즐겁다. 100여명이 세 번 이상의 끼니를 해결하여야 하니 주식 말고도 간식과 캠프파이어 음식 등을 준비하느라 한 달간 주말마다 장을 보아 박스에 담아 놓는다.

당일 출발 시간에 맞추어 새벽 부시시 잠을 깨고 아이들 데리고 터전에 모인다. 담당자들마다 자신의 맡은 소임을 챙기고 음식, 놀이기구, 비상약품, 체육시설 준비물 등을 차에 싣는다. 시끌벅적 차에 올라타고 먹고지 행선지를 향하여 노래를 부르며 즐거운 마음으로 떠난다. 가족끼리 여행도 잘 못 가는 사람들이 사이좋은 방과후 먹고지는 빠지지 않고 간다고 한다. 먹고지는 사이좋은 방과 후 공동체 조합원 모두가 즐거움과 행복을 나누는 시간이다.

도착 후 준비한 점심을 나누어 먹고 오후 시간 프로그램이 시작된다. 넓은 운동장에 나가 축구, 야구, 뜀박질로 팀을 나누어 야외활동을 하고 저녁 식사 시간을 맞는다. 준비된 푸짐한 저녁 음식과 후식으로 배를 채우고 2부 본격적인 프로그램 시간이다. 아이들은 준비한 연극과 공연을 보여주며 흥을 돋운다. 방별 대항이 있다보니 한 달 간 모두 열심히 준비해서 재미있고 잘한다. 부모님과 선생님을 흉내내는 풍자적인 연극에서부터 요즘 아이들 세태까지 웃음을 자아내게 하는 익살을 보여준다. 부모들도 뒤질세라 노래자랑과 공연을 한다. 학창 시절 노래부터 트로트와 뽕짝까지 모두 나오며 음치도 명창도 함께 하는 합창은 재미있다. 그리고 9시 이후는 자유 시간이다. 이 시간은 여름밤을 또는 겨울밤을 즐기는 시간이다. 여름밤은 캠프파이어를 만들어 놓고 하늘에 별도 보고 삼삼오오 마당에 둘러앉아 감자, 고구마, 옥수수 등을 구워 먹으며 이야기꽃을 피운다. 부모는 부모들끼리 아이들은 아이들끼리 놀이를 즐긴다. 아이들이 모여 369게임과 술래잡기를 하고 넓은 운동장을 누빈다. 부모들은 한잔씩 주고받으며 그간 못다 한 공동체 이야기로 서로 공감대를 공고히 한다. 늦은 시간 일부는 다음날을 기약하며 숙소에서 곯아떨어진 사람들도 있다.

다음날은 기상 나팔로 7시 기상을 하고 담당자들은 식사를 준비한다. 오전 시간만 있기 때문에 일정이 바쁘다. 아침 식사를 9시 전에 끝내고 아이들은 남은 시간에 간단히 체육 활동을 하고 어른들은 짐을 정리한다. 돌아가는 길에 주변 경치와 관광지도 살펴보기 위함이다. 먹고지는 바쁘고 힘든 일상을 떠나 자연에서 아이들과 함께 뛰고 달리며 공동체 조합원들끼리 공동체 의식을 공고히 하는 보람된 시간이다. 또한 그동안 마음에 묻어둔 서운함과 나누지 못하였던 이야기를 털어놓고 함께 갈 수 있도록 함에 의미있는 나눔의 시간이다. 사이좋은 방과 후 공동체 모두는 일년에 두 번 떠나는 먹고지를 늘 기대한다.

공동체 구성 및 '사이좋은 방과 후'의 운영

2001년 서수원 공동육아 방과 후 협동조합은 공동육아 및 협동조합의 이념과 운영 방식에 동의하는 조합원들이 공동으로 출자·설립·운영하는 방식을 선택하여 시작되었다. 아이들이 자율적이며 개성적이고 도덕적인 사람으로 자라날 수 있도록 환경 및 교육내용을 제공하고 공동육아 협동조합 간의 연대 및 지역공동체 생활을 도모함으로써 공동 육아의 정신이 사회적으로 확산되도록 함을 목적으로 한다. 그리고 이를 위한 교육기관으로 '사이좋은 방과 후'를 위한 교육 터전을 마련하고 위 목적에 합당한 방과 후 교육과정과 프로그램을 구성하여 아이들과 부모, 그리고 지역 주민들이 함께 나누고 있다.

사이좋은 방과 후는 현재 독립 건물로 건평 30평, 마당 50평, 텃밭 50평 규모의 터전을 사용하며 30가구가 참여한 교육 공동체이다. 초기 조합원 출자금은 한 가구당 300만 원이며 학생 한 명당 방과 후 교육과 활동비는 약 30만 원 정도이다. 조합 출자금은 기본시설, 임대료 및 여유자본으로 이용되며 탈퇴 시에 돌려받는다. 조합 가입비는 가구당 20만 원으로 터전 내 설비 및 교육기자재 구입과 보수에 사용하며 가입 시 한 번만 납입하며 돌려받지 못한다. 조합 운영을 위한 운영비는 가구당 매달 1만 원씩 내고 있으며, 기타 실비는 상황에 따라 부담한다. 사이좋은 방과 후는 연간 1억 원 정도의 예산을 집행하는 소규모의 조직으로 사단법인인 '공동육아공동체교육'에 가입되어 있다. 사이좋은 방과 후에 자녀를 보내기 원하는 부모들은 조합에 가입을 원칙으로 하며 조합원 교육을 받고 회원이 될 수 있다. 새 조합원은 4~5시간의 조합원 교육을 받고 기존 조합원도 1년에 두 번 조합원 교육을 받는다.

사이좋은 방과 후는 이사장 1명과 운영, 교육, 재정, 시설, 홍보 영역별로 각각 1명씩 총 5명의 이사진을 두고 있으며, 임기는 1년으로 한다. 이사회는 한 달에 한 번씩 정식 이사회를 통하여 방과 후 운영 및 행사에 대한 책임을 지며 총괄한다. 이사회의 기능은 영역별로 업무를 담당하며, 주요 업무는 조합원 가입과 교사 채용, 조합원 교육, 연간교육 계획과 평가, 터전 및 시설에 대한 관리, 재정 운영 실

사이좋은 방과 후의 운영 특징

첫째, 부모들이 설립하였으며 영리를 추구하지 않는다.

둘째, 가정과 같은 편안함과 안전을 최우선으로 한다.

셋째, 자연과 함께하며 몸과 마음이 건강하다.

넷째, 모든 아이들을 세심하게 보살피는 친구 같은 선생님이 있다 (교사 1인당 10명 이내의 학생).

다섯째, 학교 활동과 관련된 견학, 관람, 실습 등 체험 학습을 중시한다.

여섯째, 생협을 통하여 안전한 먹거리를 제공한다.

일곱째, 교사와 부모가 함께 교육을 계획하고 평가한다(월 1회 방모임).

여덟째, 부모들은 다정한 이웃사촌이 된다.

무 담당, 홈페이지와 홍보물 발간, 대외 업무 등으로 크게 나뉜다.

모든 교사는 유급으로 채용되며 현재 4개의 방에 3인의 정교사와 2인의 조합원 교사, 1인의 영양교사가 있다. 방은 학년별로 구성되며 1학년, 2~4학년, 5~6학년까지 4개의 방이 있고, 1인의 담임교사와 10명 내외의 아이들이 있다.

방모임은 한 달에 한 번 같은 방 부모들과 교사와의 만남이며 아이들이 한 달간 지낸 이야기를 나누고 교육계획을 공유하며 교육 활동을 평가한다. 그 밖에 부모들은 방과 후 운영 및 교육 활동에 자발적인 봉사 활동을 하며 시설 공사, 차량 보조, 청소, 교육 활동 보조 등을 통하여 방과 후의 운영을 돕고 교육 활동을 지원한다. 기타 부모들의 지원 활동은 아마 활동이라 칭하며, 다음과 같은 의무 사항을 실천하길 요구받는다.

사이좋은 방과 후 공동체 아마의 의무 사항

- 일주일에 1회 이상 터전 방문하기
- 아이들의 이름과 다른 부모들의 얼굴을 알고 만날 때마다 정답게 인사하기(홈페이지에 간 단한 소개글과 가족 사진 올리기)
- 방과 후 홈 페이지에 1일 1회 이상 접속하기
- 터전에서 발생한 문제는 되도록 공식화된 언로를 통하여 해결하기
- 아이들 앞에서 교사와 방과 후 운영에 대한 이야기하지 않기
- 아이들의 개인적인 교육 활동은 '사이좋은 방과 후' 이후 시간을 활용하여 제공하기
- 아빠가 한 학기에 한 번 방모임에 참여하기
- 미 등원이나 조기 하원 시 교사에게 미리 이야기하기
- 하루에 한 번 이상 아이를 안아주기
- 아마 활동(회의, 청소, 교육 등)을 개인적인 일보다 우선하여 참여하기
- 문화 · 자연 체험 활동에 두 달에 한 번 아빠가 참여하기

(조합원 생활 안내 자료, 2005)

지역사회와의 관계

칠보산마을 교육공동체의 성장은 '아이들을 가정에서 키우는 것이 아닌 마을에서 키운다'라는 공동체 의식이 참여자들의 마음

속에 자리하기 때문일 것이다. 아이들을 잘 키우고자 하는 공감대를 가지고 형성된 모임은 초기 일부 부모들의 노력에서 시작되었으나 점차 그 공감대와 활동을 넓히고 지역 주민이 함께하는 활동으로 발전시켰다. 그 성장의 과정에 재능 기부자들의 등장으로 다양한 교육 프로그램과 활동이 가능해졌고, 기부자들은 스스로 각자의 소임을 성실히 맡아 줌으로써 칠보산공동체는 작은 공동체와 단체들이 모여 다양한 모습을 띠는 공동체로 성장한 것이다.

칠보산공동체는 공동 육아와 대안학교(자유학교)를 운영하면서 형성된 탄탄한 공동체 정신을 지역사회 안에 작은 공동체, 기존의 단체와 조직, 그리고 활동 중심의 새로운 공동체와 연계 협력하면서 그 활동 범위가 더욱 넓어졌다. 즉, 청소년 교육공동체 둠벙, 사이좋은 명예방, 도토리교실, 배움터 마당, 두꺼비 논 펀드 조성, 두레생협, 황구지천 살리기, 칠보농악 전수회, 신문 만들기, 어린이기자단 등을 통하여 지역사회 내 단단한 교육공동체로서뿐만이 아닌 지역사회 내 자연과 인간이 조화로운 삶을 추구하는 다양한 활동으로 발전하고 있다.

칠보산공동체는 공동 육아로 시작되었지만 아이들이 자라면서 마을공동체로 전환되었고, 아이와 함께 가족이 일상생활에 필요한 활동과 건강하고 안전한 먹을거리를 추구하는 활동 등을 연계하면서 지역사회 내 주민들이 함께하는 공동체로 더욱 발전한 사례이다. 하지만 아직까지도 일반 주민들의 참여는 부분적이다. 현재 추석 한가위, 설, 정월대보름 등을 지역 주민들과 함께하면서 마을축제와 행사로 발전시켰다. 칠보산공동체는 지난 2011년 9월 8일에 '서수원 한가위 강강술래 한마당'을 진행하였다. '사이좋은 방과 후' 학부모와 돈독한 관계를 유지하는 상촌초등학교 학교 운동장을 빌려서 공동체 조합원과 자녀들, 학교 학생과 선생님들, 그리고 주민 포함 700명 정도가 모여 한가위 한마당 행사를 함으로써 모든 지역 주민들의 참여를 유도하였다. 한가위 강강술래는 칠보산공동체가 11년간 지속해 온 행사이며 매년 그 규모가 커지고 있다. 최근 이 행사는 경기도문화재단으로부터 연간 300만 원의 지원을 받고 진행하게 되었다(수원일보, 2012. 4. 23).

하지만 칠보산공동체는 해결하여야 할 숙제가 많다. 공동 육아로 시작된 칠보산공동체가 본래의 기능과 역할을 충실히 수행하면서 공동체가 와해되지 않도록 공동체 간에 유기적인 협력을 어떻게 할 것이지, 그리고 조합원들의 적극적인 참여와 지원을 어떻게 끌어들일 것인가도 늘 고민하여야 한다. 현재 칠보산공동체는 외형적으로 그 형태를 갖추고 바람직한 마을공동체로 발전하고 있으나 내부적으로 그 속에 포함된 다양한 조합원과 소공동체들과의 협력 체계와 지역 주민들과의 긍정적인 관계 형성을 위해서는 어떻게 할 것인가에 대한 끊임없는 논의와 실천이 필요한 상황이다. 현재 한가위와 설 행사를 중심으로 하는 지역 주민과의 소통은 문제가 있다. 진정한 관계 형성을 위하여 일반 주민들이 조합원으로 공동체 활동에 참여할 수 있는 방안 마련이 중요하다. 자녀 양육만이 아닌 삶을 나누는 공동체 활동에 대한 필요성을 일반인들에게 주지시킬 필요가 있다.

'사이좋은 방과 후'의 문제점

서수원 지역을 중심으로 10년 정도를 이끌어 온 '사이좋은 방과 후'는 전국에서 가장 잘 운영되는 방과 후 공동체 활동으로 인정받고 있으며, 이곳의 교육 프로그램과 자료들이 전국 연합체 기관들에게 모범 사례로 활용되고 있다. 이렇게 좋은 성과를 이루며 아이들이 즐거워하는 방과 후 공동체를 만들기까지는 많은 조합원의 보이지 않는 노력과 투자 때문이었다. 학교장(이사장), 이사들, 교사들, 자원봉사자 학부모들 모두가 함께 할 수 있는 공동체 의식과 열정이 함께하였기 때문이라 평가한다. 하지만 현재까지 눈에 보이지는 않지만 늘 안고 가는 몇 가지 문제점이 있다. 즉 비용 문제, 새 조합원의 공동체 의식, 사교육에 대한 논쟁, 법인화, 교사의 지속성, 사이좋은 방과 후를 졸업한 학생과 부모들의 참여, 조합원 상호간 사소한 오해와 갈등 등이다.

조합원으로 가입하고 자녀를 '사이좋은 방과 후'에 보내는 경우 조합비는 매달 한 명의 자녀당 30만 원씩을 내야 하므로 일부 조합원에게는 부담이 되는 경우도 있다. 2~3명으로 되면 조금 할인되는 부분도 있지만 전체 운영을 위하여 안정적인 예산 집행은 늘 어렵다. 특히 교사들의 인건비와 집세를 지속적으로 부담하여야 하는 상황에 매달 조합비는 운영을 맡은 이사진에게는 힘들다고 한다. 특히 교사는 아이들과 조합원과 안정적인 관계를 유지하여야 하므로 인건비나 기타 비용 문제로 쉽게 바꿀 수가 없다. '사이좋은 방과 후'는 좋은 교사가 10년간 함께해 줄 수 있어서 문제가 없었다고 한다. 현재 3명의 교사가 함께하는데 이들에게 인건비와 4대 보험,

퇴직금 등이 모두 지급되고 있다.

사교육에 관한 논쟁은 초기 조합원들의 가장 큰 논쟁거리였다고 한다. 1~4학년만을 위한 프로그램이 있으므로 5~6학년은 '사이좋은 방과 후'를 졸업하고 학원이나 필요한 학습을 부모의 선택으로 할 수 있다. 하지만 초등 1~4학년 자녀들을 둔 조합원들의 갈등도 꽤 크다. 남들 다 하는 영어, 피아노, 태권도, 미술 등의 사교육을 보내지 않고 사이좋은 방과 후에 자녀를 맡기고 조합비를 내야 하니 갈등이 있을 수밖에 없다. 특히 새로운 조합원의 경우는 '사이좋은 방과 후'의 철학적 가치와 교육 원리들이 내재되지 못하여 스스로 갈등을 하다가 탈퇴하기도 한다. 탈퇴하는 경우는 10가구 중 한 가구에 해당하지만, '사이좋은 방과 후'의 공동체 가치관과 프로그램을 알고 참여하는 경우라도 스스로 체득하고 내재화하는 기간이 필요하다고 한다. 그동안 기존 조합원과 새 조합원 간의 정서적 · 심리적 관계 형성이 중요하며 신뢰감으로 문제를 해결할 수 있다고 한다. 이렇게 공동체를 이끌고 활성화시키기 위해서는 사실상 리더들, 즉 이사진들의 봉사와 희생이 중요한 것이다. 5명의 이사는 조합원들이 돌아가면서 하지만 학교장(이사장)은 추천에 의하여 임명된다고 한다. 그러므로 이사장과 이사진은 역할과 책임을 맡은 기간 동안 많은 시간적 · 물질적 노력을 투자하여야 한다. 하지만 이사진은 그 역할 수행을 통하여 스스로 공동체를 이끌었다는 자부심과 함께 리더십, 문제해결력, 소통과 교류를 위한 네트워크 기술을 향상시켰다는 평가를 한다.

자녀들이 성장하여 '사이좋은 방과 후'를 졸업한 경우도 비조합원들은 명예 조합원으로 함께 공동체 활동에 참여한다. 5~6학년 아이들은 가끔 터전을 방문하여 후배들과 자유 시간을 즐기고 부모들은 함께 마을 축제나 행사를 즐긴다. 같은 마을에 살면서 필요에 따라 조합원이 되었으나 '사이좋은 방과 후'를 통하여 맺어진 인간 관계는 지속적인 활동을 통하여 삶을 더 풍요롭게 한다는 것이다. 즉 5학년 이상의 자녀들은 원하면 다시 마을 청소년 공동체인 '둠벙'에서 활동을 하거나 마을신문을 만드는 일에 참여한다. 현재 기존 조합원과 명예 조합원들은 '사이좋은 방과 후'가 실질적으로 공동체로 조합을 이루고 활동을 하였으나 공식적인 협동조합으로 등록된 것이 아닌 상황이라서 협동조합 설립과 사단법인화를 추진하여 마을 주민들에게 필요한 더 많은 활동을 통하여 생활 속 자치와 나눔의 삶을 실천하고자 한다.

생활 속 교육자치의 성공 요인과 시사점

한국 사회에서 교육이란 무엇인가, 또 어떻게 하여야 하는가 질문을 한다면 일반 사람들에게는 무척이나 고민스러울 것이다. 모든 사람이 답변하기 힘든 그러나 그것을 어떻게 하여야 할 것이라는 머릿속으로 생각은 갖고 있는 사람들은 많다. 교육을 한다는 사람들에게도 마땅히 '이것이다'라고 말할 수 없는 교육은 오늘날 우리에게 큰 '화두'거리이다. 하지만 이러한 고민을 또 이러한 생각을 행동으로 옮기고 실천한 사람들의 모임이 있다. 아이들을 위한 교육에 부모들이 앞장서서 실제적인 노력을 기울인 것이다. 서수원 지역의 칠보산공동체 중 하나인 '사이좋은 방과 후'는 소공동체로서 칠보산공동체가 성장할 수 있게 한 밑거름이 되었고, 우리 사회가 생활자치를 통하여 아이들을 위한 교육은 무엇이고 어떻게 해야 하는지를 안내한 좋은 사례이다.

모든 아이가 학교에 갔다가 돌아온 방과 후는 아이들만의 시간이고 삶이어야 하지만 오늘날 우리 아이들은 시계추처럼 이곳저곳 학원으로 공간 이동을 하면서 자신의 존재를 잃어가고 있다. 이러한 아이들의 모습에 안타까워하고 자유를 주고 싶어한 부모들이 2004년 2월 시작한 '사이좋은 방과 후'는 아이들의 삶을 바꾸어놓았다. 이 '사이좋은 방과 후'가 그동안 지속적인 성장을 유지한 비결을 살펴보면 다음 몇 가지로 요약할 수 있을 것이다.

첫째, 문제 의식을 느낀 부모들이 있었고, 이들이 함께 문제 해결을 위하여 적극적인 실천 방법을 모색하였다.

아이들을 잘 키우고자 하는 부모들의 바람과 열정이 '사이좋은 방과 후'를 시작하게 하였으며 지속하게 하는 비결일 것이다. 아이들의 교육에 대한 문제를 함께 노력하면 해결할 수 있다는 믿음으로 초기 '사이좋은 방과 후' 조합을 설립한 부모들의 단호한 결정과 적극적인 참여가 생활 속에서 자치를 실천하는 지름길이라 생각된다.

둘째, 참여한 부모들이 조합원으로서 주인 의식, 신의, 그리고 책임을 이행한 것이다.

조합원으로서 부모의 역할과 책임을 명확히 하고 운영에 필요한 역할을 분담하여 스스로 자체 활동을 이끈 것이 성공의 비결이다. 방과 후 활동에 참여하는 아이를 학원에 보내지 않기, 방과 후 체험활동에 보조교사로 활동하기, 차량 지원하기, 정기적으로 운영회에 참여하기, 건강한 먹거리 제공하기 등에 대한 약속을 바쁜 일상생활을 통하여 이행한 것이다. 이는 서로서로 보이지 않는 신의와 약속을 지킨 것으로 매우 중요한 요소이다.

셋째, 소공동체가 연합공동체와 조화를 이룬 운영 체계이다.

소공동체의 운영지침에 대한 연합공동체(공동육아와 공동체교육)의 가이드라인과 교육철학 등을 반영한 것이 소공동체 활동과 운영상의 문제점을 줄일 수 있었다고 생각된다. 또한 다양한 소공동체 간의 네트워크를 통하여 정보와 자료 교환, 교육 지원과 활동을 연합함으로써 소공동체 활동의 한계점을 극복하고 더욱 발전시킨 형태이다. 연합공동체에서 조합원과 교사의 재교육, 그리고 교육에 필요한 자료 개발을 주관함으로써 소공동체가 일관성 있는 교육을 아이들에게 제공할 수 있는 것도 성공의 중요한 비결이다.

넷째, 교육은 자연환경과 인간 삶의 소통이라는 교육철학을 철저히 반영한 것이다.

자연과 인간의 삶 그리고 배움을 동떨어져 배치하지 않고 인간이 살고 있는 마을을 토대로 자연과 하나되어 살아갈 수 있는 환경을 마련하였다. 또한 주변 사람과의 관계, 그리고 자연을 통하여 사람과의 경쟁보다는 조화와 균형을 이루는 교육을 하여 아이들이 가르침을 받도록 하였다. 이러한 교육철학과 원리를 바탕으로 교육과정을 개발하고 운영함으로써 아이들의 삶과 교육이, 그리고 공동체 참여자 모두의 삶을 더욱 풍성하게 성장할 수 있도록 안내하였음을 알 수 있다.

다섯째, 프로그램과 활동에 대한 부모, 아이, 교사의 주체적인 참여이다.

교육과정에 대한 의사결정을 교사, 부모, 학생의 요구와 의견을 바탕으로 구성함으로써 모두에게 역할을 부여하고 참여를 유도함이 성공의 비결이다. 아이들이 자신의 활동을 회의를 통하여 결정하고 필요 시 교사와 부모의 지원을 통하여 운영함으로써 아이들의 자율성과 자발성, 그리고 책임감을 높이며 교육에 즐거움을 준 결과를 가져왔다. 그리고 초등학교 저학년 시절 아이들의 밝고 순수함을 지키며, 창의성과 자존감 향상을 통하여 아이들의 미래 삶을 위한 충분한 준비를 부모들이 마련해 준 것이다. 부모는 교사와 자유로운 의사소통을 통하여 동반자적 관계를 갖고 상호 지원함으로써 '사이좋은 방과 후' 교육을 통하여 부모, 교사, 자녀들 모두가 주체자로 바람직한 삼자 관계가 성립된 것이다.

여섯째, 조합원의 재능 기부이다.

부모가 자신의 재능을 아이들을 위한 활동에 활용함으로써 스스로 주체적인 참여를 하며 교육자치 공동체 활동을 더욱 풍요롭게 하는 데 기여하였다. 바쁜 일상에서 직장과 가정을 오가면 또 '사이좋은 방과 후' 교육과 공동체 활동에 열정을 쏟으며 스스로의 삶을 가꾸고 공동체에 참여한 조합원뿐만 아니라 지역 주민들에게도 함께할 수 있는 시간과 공간을 마련한 것이다

일곱째, 친목과 공감대 형성을 위한 정기적인 모임과 활동이다.

조합원 간에 상호 인정과 협동을 통하여 사이좋은 이웃으로 도시에서 마을공동체가 가능함을 보여준 것이 성공의 주요 요인이다. 정기적인 단체 모임, 활동, 체험, 발표회, 그리고 여행 등의 기회를 가지며 조합원들이 함께 시간을 나누고 연대감을 증대하는 것은 중요하다. 이를 통하여 상호간에 마음의 장벽을 허물고 이해

심을 높이며 서로의 편리를 도모하는 것이 공동체를 이끄는 가장 중요한 요소라 할 수 있다.

여덟째, 소공동체 활동이 지역의 공동체 발전에 기여하며 생활문화, 가치관, 삶의 양식을 바꾸어놓은 것이다.

'사이좋은 방과 후'와 같은 소공동체가 지역사회에서 함께 연합하면서 만들어 낸 행사와 축제가 지역 주민들에게 영향을 미친 것이다. 논에 모내기, 추수하기, 벼베기, 한가위축제, 세시절기 행사 등으로 우리가 잊고 살았던 전통 공동체문화를 재창조함으로써 지역사회에 활력을 불어넣었고, 지역 주민과의 긍정적인 상호 관계를 형성한 것이 이 공동체의 성공 비결이다.

아홉째, 아이들 교육이 아버지를 포함한 가족 전체의 참여로 이루어짐이 성공의 비결이다.

그동안 전통적으로 아버지의 자녀 교육 참여는 매우 미흡하였으며 어머니의 참여가 주로 행해졌던 것이 사실이다. 하지만 이 공동체 활동에 아버지들의 참여는 재능 기부와 주체적 실천으로 이어져 공동체를 더욱 활성화시키는 계기가 되었고, 아버지가 스스로 변화하는 모습에 가족의 삶도 바뀌는 결과를 가져왔다. 운영회의 참여, 아마 활동, 터전 방문, 하루 한 번 홈페이지 접속 등으로 아버지가 공동체의 상황을 자주 접하고 역할을 부여받음으로써 소극적 참여에서 적극적인 참여로 전환함이 성공의 주요 요인이다.

열째, 아이들 교육을 담당하는 유급교사를 채용함이다.

'사이좋은 방과 후' 공동체 활동이 부모의 적극적인 참여를 전제로 하지만 아이들의 교육을 담당하는 유급 교사를 둠으로써 전문적인 교사 역할의 중요성을 인정한 것이다. 또 교육받은 교사의 역할은 아이들 교육뿐만 아니라 전체 공동체와의 의사소통을 가능하게 하며, 정보와 자료 지원을 통하여 '사이좋은 방과 후' 공동체의 소기 목적을 충실히 이행할 수 있도록 지원하므로 큰 의미가 있다.

이와같이 '사이좋은 방과 후' 공동체의 몇 가지 성공 비결을 살펴본 결과 일반인들이 생활 속에 교육자치를 실현하기 위하여 고려하여야 할 몇 가지 시사점이 발견된다.

첫째, 소그룹으로 문제 의식을 가진 개인들의 정기적이며 적극적인 모임이 필요하다.

같은 문제 의식을 갖고 있는 개인들이 모여 문제에 대한 해결 방법과 전략을 함께 논의함으로써 문제 해결을 위한 인적·물적 자원뿐만 아니라 제도적인 지원도 이끌어 낼 수 있다는 것이다.

둘째, 같은 문제로 고민해 온 다른 그룹이 있는가를 알아보고 그 그룹을 찾아 벤치마킹하면서 활동을 연계하는 것이다.

'사이좋은 방과 후' 공동체처럼 공동 육아에 대하여 전국적으로 같은 문제를 고민해 온 사람들이 모여서 함께 활동하고 협력하는 단체가 있었고 그 문제에 대하여 조언을 받을 수 있는 연구와 교육을 관장하는 조직이 있다면 이를 적극적으로 활용할 필요가 있다. 작은 개인들의 모임이 다른 공동체와 연계하여 그 활동을 지원받음은 처음 공동체를 시작하는 과정에 문제점을 줄이고 바람직한 방향으로 운영할 수 있는 기반이 된다.

셋째, 함께하는 개인들 간의 공동체 활동을 위한 뚜렷한 목표와 비전을 갖는 것이 필요하다. 그리고 모든 참여자가 주체로서 같은 목표를 가지고 활동할 수 있도록 역할과 책임을 부여하는 것이다.

넷째, 소그룹으로 모인 개인들의 리더십이 중요하다.

대표자의 리더십뿐만 아니라 다른 멤버(follower)들의 리더십도 중요하다. 상호 신뢰와 존중을 통하여 공동체를 이끌어야 하므로 대표의 헌신과 책임, 그리고 멤버들의 적절한 역할 수행이 한 공동체의 성공 열쇠이다.

다섯째, 공동체 활동은 참여자 개인에게 의미있는 정신적 · 물질적 가치를 제공할 수 있어야 하며, 동시에 공동체 전체와 사회에 의미있는 일과 연계되어야 한다.

공동체에 실제 참여하는 모든 사람에게 개인적으로나 사회적으로 뚜렷한 명분과 실리를 줄 수 있어야 한다. 즉, 개인의 자아 실현이 공동체의 목표 실현과 함께 해야 개인 참여자들의 실천 의지를 높이고 구성원 간에 정신적인 지지와 물질적인 나눔도 가능해진다.

여섯째, 지역사회와의 교류와 소통이다.

공동체에 소속된 개인 조합원들과 지역사회 주민들과의 협력과 조화는 중요하다. 각 개인은 조합원인 동시에 지역사회의 구성원이므로 일상생활에 관련된 모든 활동을 위하여 비조합원과도 조화로운 삶을 영위할 필요가 있다. 조합원들끼리만의 네트워크는 궁극적으로 공동체가 스스로 매몰되는 결과를 가져올 것이다. 지역사회 내 공동체 활동을 위하여 필요한 많은 인적 · 물적 자원을 공유하고 활용하기 위하여 지역의 일반 주민, 단체, 조직과 교류하는 것은 앞으로 더 많은 공동체 활동을 위하여 꼭 필요하다.

서수원 지역 칠보산의 '사이좋은 방과 후'는 각 개인들이 모여 스스로 문제를 해결하고자 공동체를 형성 · 운영하고 지역의 다른 공동체와의 소통을 통하여 자신들의 문제를 해결함과 동시에 지역사회에 기여한 좋은 사례이다. 이 공동체의 성공 요인은 참여자의 문제 의식, 자발적 · 주체적 참여, 책임감, 지역사회와 소통, 공감대 형성, 리더십 등으로 요약된다.

앞으로 '사이좋은 방과 후'는 지역 연합체의 활동을 강화하고 마을의 전통문화를 전수하며 로컬 먹거리 운동을 통하여 교육뿐만 아니라 사회 · 경제적 공동체로 주민들의 삶 전체를 포괄하는 공동체로 성장하고자 한다. '사이좋은 방과 후' 사례처럼 우리의 생활 속 교육자치는 앞으로 다양한 모습으로 나타날 것으로 보인다. 현재 지역사회에서 문제 의식을 가진 각각의 개인들은 다양한 공동체를 만들고 실천적인 활동을 전개하며 개인과 지역의 문제를 주체적으로 해결하며 함께 성숙 · 발전할 수 있는 길을 모색하고 있다. 이는 한국 사회에 주민자치가 정착하는 시기에 바람직한 현상이다. 앞으로 이러한 움직임이 지속되어 한 지역을 중심으로 한 공동체가 다른 지역으로 다른 공동체로 긍정적인 시너지 효과를 가져옴으로써 한국 사회의 지역사회 내 주민자치가 한 단계 더 성숙 · 발전할 수 있기를 기대한다.

다문화사회와 생활자치

조석주 (한국지방행정연구원 연구위원)

다문화사회와 지역공동체 활동

내가 살고 있는 곳은 경기도 군포시의 산본이다. 이곳은 나에게 안식과 휴식을 제공하는 가정과 사랑하는 가족이 살고 있고, 일상생활 중 또 다른 나의 삶의 일부분을 담당하는 친구들과 함께 지역사회 활동을 하는 공간이기도 하다. 이곳에는 '아시아의 창'이라는 외국인 주민을 위한 시민단체가 활동하고 있으며, 나도 이 단체 회원으로 있으면서 이들을 위한 조그만 역할을 하고 있다.

한편 내가 근무하는 연구원에서 다문화사회에 대한 연구를 지속적으로 수행하면서 중앙 및 지방자치단체의 담당 공무원과 외국인 주민 또는 북한이탈 주민과의 면담을 통하여 이들이 현재 처해 있는 현황과 문제점도 알게 됨으로써 이들에 대한 관심과 연민의 정도 더욱 깊어지게 되었다.

내가 살고 있는 산본에서 4호선 지하철을 타고 근무처인 서울 서초동으로 오기 위해서는 사당 전철역에서 하차하여 다시 2호선 전철을 갈아타고 서초역에서 내려 약 5분간 걸어오면 나의 공간에 도착한다. 저녁 6시가 넘어 퇴근 때가 되어 집에 가기 위해서는 출근 때와 반대 코스로 지하철을 탄다.

이런 시계추와 같은 일상적인 생활 속에서, 어느 때부터인가 새로운 분위기가 형성되고 있는 것을 문득 깨닫게 되었다. 정확한 시점은 기억나지 않지만 우리와 피부색이 다른 사람들이 1~2명 또는 5~6명씩 무리지어 4호선 전철 속에 나타나기 시작한 것이다. 특히 일요일인 경우 인근 지역, 특히 안산 지역에 근무하는 외국인 근로자들이 휴일을 맞이하여 동료들과 무리지어 서울 나들이를 하러 가거나 또는 나들이를 끝내고 되돌아가는 모습을 자주 보게 된다. 일요일의 경우 전철 각 칸마다 이들이 동료들과 재미있게 웃으며 떠드는 모습이 이제는 전혀 낯설지가 않다. 그렇다. 우리가 무관심한 사이에 그들은 어느새 이웃으로 자리 잡고 우리 사회의 구성원으로 우리 옆에 와 있는 것이다.

어느 누구나 마찬가지지만 고향을 떠나 낯선 곳에 정착할 경우, 초기에는 주변 환경과 새로운 생활에 적응하기 위하여 정신없이 살다 보면 이웃과의 대화나 어울림이 없이 혼자 생활하게 된다. 그러나 어느 정도 시간이 지나 주위 환경에 익숙해지고 삶에 여유가 생기게 되면 주위 사람과 어울리면서 친해지게 되고, 함께 공동생활을 하게 되면서 그 사회의 일원으로 자리 잡게 된다.

우리나라에 온 이주민들 역시 한국에서의 거주 기간이 길어지고 일상생활에 익숙해지면서 자신들끼리의 삶을 영유하기 위한 자조

모임을 형성하는 것은 물론 지역사회에 도움을 주기 위한 봉사모임을 구성하여 활동하는 모임이 점차 증가하고 있다. 즉, 우리가 미처 인식하지 못하는 사이에 우리의 일상생활 속에서 사회 구성원으로 자리 잡아 가고 있으며, 더 이상 주변인이나 이방인이 아닌 주체로 성장해 가고 있는 것이다.

우리 국민도 19세기 말 또는 20세기 초에 미국, 일본, 중국 만주벌판, 중남미 등지에 처음 정착하면서 말할 수 없는 고생을 하였다. 그 후 1970년대 독일에 광부와 간호사로 진출하면서 정착 초기에는 고충도 많았지만 이제는 정치적 · 사회적 · 경제적으로 자리를 잡고 한국인 교포로서 목소리를 내고 있다. 이와같이 현재 우리나라에 거주하는 이주민들도 비록 지금은 정착 초기 단계의 힘든 첫 걸음마를 내딛고 있는 처지이지만 우리의 삶 속에 점차 뿌리를 내리면서 사회공동체의 구성원으로 자리 잡아 가고 있다. 최근에는 그들끼리의 모임을 만들어 이웃의 어려운 사람들에게 도움을 주면서 그들만의 정체성을 확립하고 있다. 많은 시간이 지난 후 이들도 해외의 우리 교포들처럼 우리 사회의 주체로서 자리를 확고히 할 것이다. 따라서 우리 국민들도 더 이상 편견을 가지고 다른 시각으로 이들을 바라보지 말아야 할 것이다. 국제화 · 글로벌화의 지구촌 시대에 살면서 우리 국민 모두 순혈주의에 집착하는 민족 이데올로기에서 벗어나 더 넓은 시각으로 세계를 보면서 다양한 인종, 다양한 문화를 인정하고 받아들여야 한다.

이럴 경우 우리 주변에 살고 있는 이주민이 결코 낯선 이방인이 아닌 진정한 이웃으로 보일 것이고, 그들의 문화도 이해하게 될 것이다. 그러기 위해서는 우선 다수인 우리 국민이 소수인 이주민에 대하여 포용력 있는 마음가짐과 행동을 보여야 할 것이고, 이럴 경우 이주민도 마음을 열고 우리의 진정한 이웃으로 다가올 것이다.

다문화사회란?

다문화사회에 대하여 법률·제도적으로 정의된 개념은 없으며, 다만 학문적으로 학자에 따라 다양하게 정의하여 사용하고 있다. 다문화사회란 한 국가 내에 다양한 인종과 민족 출신이 함께 어우러져 상호간에 다른 인종과 민족 때문에 받는 사회적 차별 없이 시민 또는 국민으로서 기본적으로 갖게 되는 권리를 향유하는 사회라고 할 수 있다. 즉, 구성원 상호간에 인종이나 민족의 다양성을 인정하고 그들이 속해 있는 국가의 이익이나 시민으로서의 권리와 책임을 다하는 사회구조가 다문화사회라고 할 수 있고, 이를 다민족사회 또는 다인종사회 등으로 부르기도 한다.

한편 여러 단일 문화가 공존하며 서로 영향을 주면서 그 나름의 문화를 유지·발전하고 있는 사회, '다인종사회'라는 의미와 '서로 다른 가치와 문화를 존중하는 다양성의 사회'라는 복합적 의미로 정의되고 있으며, 다문화사회 정책이 '다양한 문화를 가진 다인종에 대한 지원과 배려'라는 차원에서 후자의 개념이 적합하다고 판단될 수도 있다.

다문화와 생활자치 사례

수원시 '고등동 외국인자율방범대'

■ 설립 배경은 무엇인가?

수원시 고등동에 외국인자율방범대가 활동하기 시작한 것은 2012년 1월 12일이다. 그러나 이미 2011년 10월 초에 준비를 시작하였으며, 고등동 자율방범대가 출범하게 된 것은 현재 총무를 맡고 있는 박홍화 씨(여)의 견인차 역할이 컸다. 그녀는 당시 고등동에서 외국인 출입국 비자 업무를 담당하는 행정사무소를 운영하고 있었다. 고등동은 외국인 근로자, 결혼 이민자 등이 거주하고 있는 외국인 밀집지역으로서 박총무는 이들을 위한 비자 업무를 수행하면서 고등파출소장의 권유로 2011년 8월 서부경찰서에서 시민경찰 교육을 받을 수 있는 기회가 생겼고, 그 결과 시민경찰증도 받게 되었다.

그 후 2011년 10월 그녀는 고등동파출소장을 찾아가 외국인자율방범대를 조직하는게 좋겠다는 의견을 제시하였다. 파출소장의 허락을 얻어 외국인 주민의 신청을 받아 남자 5명, 여자 9명 모두 14명으로 처음 출발하였으며, 구성원 모두 중국 국적 출신의 조선족 교

> 2012년 8월 31일 현재 수원시 고등동의 등록 외국인 수는 2,458명으로 전체 주민등록 수 12,577명 중 19.5%의 비율을 차지하고 있다. 이들을 국가별로 살펴보면 중국 2,410명, 베트남 21명, 타이완 10명, 필리핀 4명, 기타(몽골 등) 13명 등이다.

포이다.

방범 순찰은 매주 화요일과 목요일 저녁에 실시되었다. 처음 한 달까지는 그런대로 보람도 느꼈으나 활동 후 세 달째 되면서 괜히 방범 활동을 시작하였다는 후회가 들었다. 왜냐하면 순찰을 하다 보니 춥고 비를 맞으며 방범 활동을 하는 등 고생이 이만저만이 아니었다. 더구나 해병전우회 등은 순찰차를 타고 방범을 도는 데 반하여 상대적으로 정부의 아무런 지원 없이 하다보니 힘이 많이 들었다. 그러나 그동안 이 모임의 취지와 활동 내용이 알려지면서 지역 신문에도 보도가 되는 등 이미 언론에 소개되어 체면상 활동을 그만둘 수도 없는 처지가 되었다.

그래서 좀 더 효율적이고 고생도 덜하면서 방범 활동을 할 수 있는 아이디어를 낸 것이 해병전우회와 공동으로 순찰을 도는 것이 좋겠다는 것이었다. 그 이유는 해병전우회에는 순찰 차량이 있었기 때문이다. 해병전우회를 찾아가 함께 야간 순찰을 돌 것을 제의하였으나 해병전우회 내에서도 의견이 분분하여 결정이 쉽게 나지 않았다. 결국 해병전우회에서 외국인자율방범단과 함께 순찰을 도는 것으로 결정을 해 주었으며, 현재는 이들과 함께 월요일, 수요일, 금요일에 차량 또는 도보로 순찰을 돌고 있다.

한편 박홍화 씨가 외국인자율방범대 활동을 시작하게 된 또 다른 이유는 그 당시 수원에서 중국 교포 오원춘 성범죄 살인사건이 발생하여 외국인 주민, 특히 중국 교포인 조선족에 대한 선입관이 악화되어 이미지 개선을 할 필요가 있다고 생각되었기 때문이다. 즉, 지역사회에 참여하여 지역 주민과 지역 발전을 위하여 무엇인가를 하게 하면 중국 교포인 조선족에 대한 인식도 개선될 수 있겠다는 생각을 하게 되었다. 또한 이제는 다문화가정이 정부 및 이웃 주민으로부터 항상 받는 수혜자의 입장에서 받은 것을 되돌려 주어야 된다는 소명 의식도 함께 작용하였다.

이와같이 고등동외국인자율방범대는 작게는 한 여성의 적극적인 참여 의식과 발상의 전환에서 시작되었으나, 더 큰 의미에서 볼 때 고등동에 거주하는 중국인을 중심으로 한 외국인들이 다문화 시대를 맞아 외국인 커뮤니티 형성을 통한 지역사회 방범 활동으로 범죄 유발 요인 제거 및 외국인에 대한 인식 전환의 계기를 마련하고자 조직되었다고 볼 수 있다.

■ 주요 활동 내용은?

매주 월요일, 수요일, 금요일 8시 50분, 수원시 고등동파출소에는 외국인 주민들이 하나둘씩 모여들기 시작한다. 어느 정도의 수가 모이면 그들은 근무일지를 쓰고 나서 방범 조끼를 각자 입은 후 걸어서 순찰을 돌기 시작한다. 이들의 순찰 코스는 새마을금고 거리, 고등동 중심상가, 외국인 이용 주요 밀집 상가, 구터미널, 고등동 5거리, 도청 정문, 수원여고 뒤편, 고등동 경로당, 고등동 소공원을 거쳐 다시 파출소로 돌아오는 코스이다. 한 바퀴 방범을 돌고 나면 1시간이 소요된다.

야간순찰은 외국인 자율방범대 1~2명과 해병전우회 3~4명이 한 조가 되어 합동으로 순찰 활동을 실시하며, 방범 조끼 및 모자 등을 착용하고 해병전우회 차량으로 방범순찰을 하고 때로는 전 거리를 도보순찰한다. 순찰지역은 외국인 밀집지역 및 방범 취약 지역을 주 대상으로 하며 외국인 범죄 발생 시 통역 등 봉사 활동도 한다.

이들은 순찰을 돌면서 공원에서 배회하는 불량 청소년이나 술취한 사람, 특히 이들 중에 외국인 주민이 있으면 특별히 신경써서 귀가를 종용한다. 이 밖에도 길거리에 지저분하게 쓰레기가 널려 있으면 주워 쓰레기통에 버려 거리 청소도 함께 하곤 한다. 이와 같은 이들의 행동을 보면서 지나가던 사람들이 미소를 지으며 수고한다고 한마디 거들고 간다. 이와 같은 말을 듣게 되면 자신들도 한국 지역사회의 발전을 위하여 기여하고 있다는 자부심과 함께 무언가 모를 뿌듯함이 가슴속을 채워 온다.

한편 고등동외국인자율방범대는 경찰 수사에도 적극 협조하여 여러 가지 사건을 해결하는 데 결정적인 역할을 하기도 한다. 예를 들어 2011년에 중국인 교포 부부를 중국인 교포가 납치해서 도망간 사건이 발생한 적이 있다. 경기경찰청에서는 이들의 행방 및 신원을 잘 모르고 있었다. 경찰에서 외국인 방범대에 와서 납치된 부부의 사진과 납치범의 사진을 보여주면서 혹시 아는 사람이냐고 묻기에 방범대에서 정확하게 이들의 신원을 알려줌은 물론 평소에 납치범의 휴대폰 번호를 알고 있었기 때문에 즉시 범인과 통화하여 범인이 현재 숨어 있는 장소를 추적하여 범인 검거에 기여하였다. 또한 도망친 외국인 부인을 납치되었다고 경찰에 신고하여 경찰이 추적에 나섰으나 찾지를 못하게 되자 방범대에 와서 도움을 요청하여 가출 여자의 생사를 확인해 준 적도 있다.

이와같이 고등동외국인자율방범대는 야간순찰 등 고등동 내의 자체적인 자율방범 활동도 하지만 그 밖의 외국인이 관련된 범죄에 대하여 경찰에 협조하여 많은 기여를 하고 있다.

한편 이들의 활동에 대하여 지역의 고등파출소에서는 방범 조끼와 모자를 지원하고 있으며, 팔달구 행정지원과에서는 사업자 등록 등 일정 요건 구비 시 수원시방범기동순찰대 지원 조례에 의거, 지원을 검토하고 있다

최근 고등동외국인자율방범대는 인원이 증가하여 처음 출범할 때의 14명에서 28명(남10명, 여 18명)으로 증가하여 활력을 더하고 있다.

방범대원 중에는 수원에서 거주하다가 다른 자치단체로 이사를 가더라도 방범 활동에는 꼭 참여하는 경우가 대부분이다. 한 대원은 거제도로 이사를 갔음에도 불구하고 고등동에서 한 시간 동안의 방범 활동을 하려고 열차 타고 올라오고 있고, 울산으로 이사 간 한 대원도 순찰 활동 시간이 되면 수원으로 올라와 함께 활동을 하고 있다. 또한 아내가 방범대에서 활동하는 경우 남편이 아내를 파출소에 와서 기다리다 아예 부부가 함께 방범대원이 되어 부부 방범대원이 된 두 쌍의 부부가 있으며, 엄마가 몸이 아파 방범순찰에 참여하지 못할 경우 아들이 대신 나와 순찰을 도는 경우도 있다. 어떤 대원은 한국에서의 근로 비자 기간인 5년이 만료되어 오후 5시 비행기로 중국으로 돌아가야 하는데 오전에 함께 일하고 점심식사 후 짐을 꾸려 출발한 경우도 있다.

이와같이 이들 고등동외국인자율방범대원들은 그들이 방범 활동에 대하여 커다란 자긍심을 가지고 있으며, 봉사와 참여를 통한 기쁨을 함께 나누고 있다.

한편 이들의 봉사 활동이 외부에 알려지면서 시흥이나 울산의 외국인들이 이 활동에 대한 벤치마킹을 위하여 자료의 수집과 운영 현황을 파악해 가기도 한다.

그러나 이들의 이와 같은 봉사 활동에 대하여 현재 경기도 및 수원시의 재정적인 지원은 전혀 없으며, 이 모임의 주축인 박홍화 씨의 개인적인 지원으로 운영되어 왔다. 모임 장소가 별도로 없어 식당에서 회의를 하고 있으며, 방범 활동 후 식사비도 박홍화 씨가 지출하거나 각 개인이 갹출하여 충당한다.

"방범 활동을 처음 시작할 때는 사업도 잘 되어 운영하기가 그런대로 괜찮았는데 지금은 사업도 잘 안 되어 운영이 어렵다. 처음에는 활동운영비에 들어가는 돈에 대하여 중국 친정에 송금한다고 거짓말을 하였으나 나중에는 방범 활동 운영비로 들어간다"고 솔직히 털어놓았다고 박홍화 총무가 이야기한다. 나중에 개인적으로 지금까지 들어간 비용이 어느 정도 되느냐고 물었더니 약 1,000만 원 정도 된다고 한다. 그러면서 "봉사 활동이라는 게 남이 알아주기를 바라면서 하는 것은 아니지만 지나가는 사람들이 '수고한다'라고 해 주는 말 한마디에 많은 힘을 얻는다." "우리가 이 일을 하는 것은 같은 지역민으로서 지역 발전과 주민의 안전을 위하여 도움을 줄 수 있다는 자긍심 때문에 한다"라는 말을 마지막으로 건네면서 총총히 일자리로 발걸음을 옮긴다.

외국인들의 방범 활동을 통하여 외국인 밀집지역에서 방범 활동 및 범죄 유발 요인을 제거하고 지역 주민에게 외국인에 대한 인식 전환의 계기를 마련함은 물론 사회 통합 분위기를 조성하고 있다. 또한 외국인들이 급격하게 증가하면서 이들도 우리 사회의 한 구성원으로 인정하고 함께 어울려 살 수 있게 함은 물론, 지역사회에서의 활동을 통하여 지금까지와 같이 받기만 하는 것이 아니고 줄 수 있다는 자신감을 심어줌으로써 정체성을 확보할 수 있다.

광명시 '새터민향우회'

■ 설립 배경은 무엇인가?

새터민향우회는 광명시 하안동과 소하동에 살고 있는 북한이탈 주민들로 구성되었으며, 단체의 설립 목적은 한국 사회에 안정적인 정착을 하고, 어려운 사람들을 서로 돕기 위하여 2009년 조직되었다.

초기에는 북한이탈 주민들끼리 서로 돕자는 취지에서 단체 이름도 짓지 않고 뜻있는 몇 명이 모여 발품을 팔았다. 그러나 한국 사회에 대한 정보와 이해가 부족한 상황에서 북한이탈 주민만의 힘으로 자신들의 문제를 해결하기에는 한계가 있었다. 시와 동, 지역복지관의 도움이 필요하다고 판단하여 이들 단체에 적극적으로 지원을 요청하였고, 이들의 협조에 힘입어 마침내 2011년 6월 새터민향우회라는 이름으로 새롭게 출발하였다.

이 모임이 처음 출범할 무렵엔 회원들 간에 조금씩 갈등도 있었고 외부에서도 유사한 단체가 생기는 따위의 문제가 있었지만 모든 과정을 슬기롭게 극복하며 모두가 새 마음 새 각오로 활동을 시작할 수 있었다. 산통을 겪고 새 출발을 한 뒤여서인지 회원들은 무엇보다 특히 화합에 많은 노력을 기울이고 있다.

임원진은 회장, 부회장, 총무로 구성되어 있으며, 전체 회원은 60명 정도이다. 새터민향우회는 공식적으로는 2011년 6월에 조직되었으며, 비공식적으로는 2009년부터 자원봉사 활동과 후원 활동을 시작하였다.

광명시에 살고 있는 북한이탈 주민은 현재 약 300여명 정도이다. 그 중 60여 명이 새터민향우회 회원이다. '북한이탈 주민 정착 도우미'를 자처하는 새터민향우회의 가장 큰 활동 목적은 역시 북한이탈 주민의 초기 정착을 지원하는 것이다. 최근 남한 사회에 편입되어 모든 것이 낯선 데다가 때로는 곱지 않은 남한 사람들의 편견과 냉대도 감당하여야 하는 초기 정착민들의 생활은 매우 어려운 형편이다. 특히 북한이탈 주민이 기초생활 수급자로 확정되기까지 소요되는 처음 한 달 동안에는 아무런 정부 지원도 받을 수가 없어 어려움이 더욱 클 수밖에 없다. 이렇듯 곤란한 처지에서 새로운 북한이탈 주민들을 돌보는 새터민향우회의 역할이 클 수밖에 없다.

■ 주요 활동 내용은?

이 단체의 주요 사업 내용은 다음과 같다.

첫째, 북한이탈 주민을 위한 봉사 활동이다. 설립 초기에는 한국 생활 적응에 어려움을 겪고 있는 북한이탈 주민을 도와주는 일을 주로 하였다. 그 이유는 북한이탈 주민들은 하나원을 수료하고 한국 사회에 첫발을 딛는 순간부터 주위에 이들을 도와줄 사람이 없어 두려움과 불안감으로 대한민국에서의 생활을 시작하기 때문이다.

사회주의 체제에서 살아온 북한이탈 주민들로서는 한국 사회의 모든 것이 생소하고 낯선 환경이다. 특히 새로 나온 사람들은 입주하여 수급자 혜택을 받기까지 적어도 보름 이상 시간이 지체된다. 이 기간 동안의 북한이탈 주민들을 위하여 새터민향우회는 부식물, 쌀, 기름, 옷 등을 무상으로 지원하고 있다. 아이 엄마들과 노약자들은 보호자가 없이 생활하므로 주위에서 도와주지 않으면 병원도 혼자서 갈 수 없는 상태이다. 새터민향우회에서는 환자들을 병원에도 데려다주고 아이도 돌봐주며 병간호도 해주면서 외로운 마음을 서로 의지하면서 살도록 도와주는 활동을 하고 있다.

활동하면서 제일 어려웠던 점은 후원을 해주는 곳이 없어서 더 도울 수 있는 것도 도와주지 못하는 것이었다. 따라서 이를 극복하기 위하여 복지관을 찾아가서 도움을 요청하였으며, 시장과의 간담회를 통하여 많은 북한이탈 주민들이 정착하는 데 겪는 어려움을 이야기하였고, 이에 따라 지금은 시에서도 많은 관심을 가지고 도와주고 있다.

시장과의 간담회를 계기로 이 단체가 있어야 할 필요성을 느끼게 되었으며, 활동을 활성화하기 위하여 공식적으로 단체를 조직하게 되었다. 그 결과 북한이탈 주민들을 위한 다양한 행사가 많이 개최되었으며 많은 사람이 참가하여 좋은 정보를 제공하여 정착하는 데 많은 도움이 되고 있다. 향후 지속적인 자원봉사 활동을 통하여 한국 사회에서 북한이탈 주민에 대한 좋은 이미지를 가질 수 있도록 노력하고 있다.

새터민향우회가 북한이탈 주민을 위하여 하는 활동은 다양하다. 앞에서 말한 바와 같이 초기 정착하는 북한이탈 주민들을 위하여 휴대폰 예금 납부, 예방접종과 같은 실생활에 필요한 도움을 주는 것은 물론 옷, 음식, 가전 제품, 육아용품 따위의 물품 지원, 일하는 엄마들을 위한 보육 지원, 그 밖에도 복지 서비스와 연계한 다양한 실생활 지원을 하고 있다. 물질적인 지원뿐만 아니라 외롭게 생활하는 북한이탈 주민들이 지역주민센터나 복지관 같은 단체의 행사에 참여하도록 도움으로써 스트레스, 우울증 따위의 심리적인 불안감을 해소하는 데에도 큰 몫을 담당한다.

최근 하나원 퇴소 후 광명시에 입주하는 북한이탈 주민 중 긴급 지원이 필요한 주민을 복지관에 의뢰하여 서비스를 제공받을 수 있도록 중개자의 역할도 수행하고 있다.

새터민향우회 이경희 부회장의 말을 통하여 광명시 새터민향우회의 활동 상황을 살펴보도록 하자.

"광명시 북한이탈 주민의 경우에는 특히 애엄마가 많아요. 그들에게 많은 관심을 갖고 도움을 주려고 합니다. 육아에 필요한 물건들을 돌려쓰거나, 회원들이 조금씩 돈을 모아 돕기도 해요. 육아 때문에 힘든 엄마들을 위하여 아이들을 대신 돌봐주기도 하고 애가 아플 땐 함께 병원에 데려가 주죠. 초기에 정착하는 사람들은 병원을 이용하는 방법도 잘 모르는 경우가 많거든요. 직접 개인병원 같은 데서 후원을 얻어내 돕기도 합니다. 또 얼마 전에는 광명시와 하안종합사회복지관의 도움으로 '하안디딤돌센터'를 열었어요. 탈북 아동과 청소년을 위한 방과 후 공부방입니다."

둘째, 지역사회의 참여를 통한 봉사 활동이다. 지역사회에서 수혜받은 서비스를 남한의 어려운 이웃들에게 자원봉사 활동을 통하여 환원하고 싶다는 의견을 지속적으로 제기하였고, 이에 따라 2011년 6월 지역사회 환경개선 캠페인에 자원봉사 활동을 하였으며, 지역사회의 소외계층을 위한 폭넓은 봉사 활동도 추진하고 있다.

또한 독거노인이나 장애인들에게 직접 도시락 배달하는 일을 시작하였으며, 물품 후원을 통하여 아파트단지 내 저소득 청소년에게 간식을 지원하고 있다. 지역에서 어렵게 생활하는 사람들에게 음식을 전하며 따뜻한 정을 나누고 대화 상대가 되어주고자 시작한 일이다.

"아직도 북한이탈 주민에 대하여 안 좋은 인식이나 편견을 가지고 있는 분이 많아요. 이런 기회를 빌려 남한 사람과 북한 사람의 관계가 더 좋아질 것이라고 생각해요. 내년에는 노인복지관을 찾아 북한 음식도 나눠 먹고, 어르신들께 노래와 춤도 가르쳐드리고 목욕 봉사도 하는 쪽으로 활동을 더 넓혀가고 싶습니다. 회원들도 봉사 활동의 중요성을 더 많이 알아가고 있어요."

새터민향우회는 경제적으로 어렵고 심리적인 불안감을 가지고 있는 북한이탈 주민들의 유일한 지원 통로이다. 긴급하게 지원이 필요한 북한이탈 주민의 경우 회원 간 개인 사비를 모아 물품을 지원하고 개인용품을 절약하여 양도하는 등 북한이탈 주민이 좀 더 안정적인 삶을 누릴 수 있도록 기여하고 있다.

새터민향우회 사람들은 남한 사회의 편견을 불식시키는 일뿐만 아니라 같은 북한이탈 주민들끼리 '우리도 할 수 있다'는 용기를 얻고 서로 격려할 수 있다는 것을 가장 큰 보람이라고 말한다. 최근 북한이탈 주민지원재단에서 우수자원봉사단 수상을 계기로 더 큰 동기를 부여받고 힘을 얻었다는 이들은 앞으로는 자신들이 한국 사회에서 받은 도움을 꾸준히 환원하고자 노력할 것이다. 그들이 바라는 것은 성실하고 신뢰받는 봉사 활동을 통하여 '광명시의 꽃'이 되는 것이기 때문이다.

화성시 '북한이탈 주민 아우름봉사단'

■ 설립 배경은 무엇인가?

화성시 북한이탈 주민 '아우름봉사단'은 2011년 8월 5일 병점 2동 주민센터 상담실에서 창립되었다. 참석자는 박영란, 순옥, 남현지, 진영숙, 임지연, 이춘옥, 김옥순 등 7명으로 현재 인원은 40명이다. 창립 목적은 첫째, 나눔을 통한 봉사를 통하여 지역 주민들과의 공감대 형성, 둘째, 소통을 넓히기 위한 네트워크 형성, 셋째, 정보 교류를 통한 자립적인 사회 정착 도모 등이다.

이날 모임에서의 주요 회의 안건은 자원봉사단의 설립 취지, 목적, 사업 설명, 활동 및 역할, 단체명 '아우름봉사단' 명명 등이다. 아우름은 서로 어울려 하나가 되어 사랑을 나눈다는 뜻이다. 로고는 평화를 상징하는 의미로서 남북한의 평화 통일을 바라는 마음에서 비둘기로 정하였다.

조끼 뒷면 조끼 앞면

[그림 1] 화성시 아우름봉사단 로고

■ 주요 활동은?

아우름봉사단은 농촌일손돕기, 연탄 배달, 김장 담그기 체험사업 등 지역사회와의 교류와 참여를 통하여 다양한 활동을 하고 있으며, 이를 구체적으로 살펴보면 다음과 같다.

첫째, 농촌일손돕기 활동이다. 화성시 자원봉사센터와 연계하여 폭염으로 피해 입은 농촌일손돕기를 실시하였다.

이 활동을 통하여 얻은 긍정적인 것은 봉사단이 만들어져 처음으로 한 활동이지만 이로 인하여 고향에 대한 향수를 조금이나마 위로받을 수 있었다는 점이다. 또한 대한민국에서 항상 받으면서 살아오는 데 습관된 마음의 벽을 허물고 땀과 노력으로 도움을 주었다는 것에 대한 만족이다. 부족한 점은 작업환경에 맞게 일을 효율적으로 하지 못하였으며 향후 많이 참여할 수 있도록 활성화할 필요성을 느꼈다는 점이다.

둘째, 연탄 배달이다. 화성시 북한이탈 주민 25명이 참여하여 화성시 자원봉사센터와 연계하여 연탄 배달 활동을 하였다.

연탄 배달 봉사 활동을 통하여 느낀 긍정적인 점은 단원들이 봉사 활동에 적극적으로 참여하였고, 서부경찰서 보안협력위원인 김기철 선생이 함께 동참하여 점심 식사를 제공하였으며, 북한이탈주민들보다 어려운 이웃들이 있다는 것을 알아가는 계기가 되었다는 점이다. 부족한 점은 배달 예정된 주택들이 거리가 있다 보니 계획된 가구에 배달하지 못해 아쉬움이 큰 것이다. 향후 봉사지역 지리를 잘 파악함은 물론 봉사 활동에 대하여 긴밀하게 계획하고 조직하는 것이 필요함을 느꼈다.

셋째, 다문화가정 자녀들과 함께하는 김장 담그기 체험 도우미이다. 이 활동은 화성시자원봉사센터에서 시행되었으며, 북한이탈주민 12명이 참여하였다. 이 행사를 통하여 느낀 긍정적인 것은 다문화 자녀들, 지역 주민들과 어울려 하는 봉사라 의미가 있었으나, 북한이탈 주민 자녀들을 이런 프로그램에 참여시키지 못한 것이 아쉬웠다. 향후 봉사 활동을 좀 더 포괄적으로 할 필요가 있으며, '아우름봉사단'을 홍보하는 현수막도 만들어 더욱 적극적으로 봉사 활동을 할 필요가 있다는 것을 깨달았다.

북한의 통제된 체제 속에서의 삶과 한국으로 온 후 국가 또는 지역사회로부터 받기만 하던 입장에서 자원봉사 활동을 통하여 남을 위하여 무엇인가를 할 수 있다는 자긍심을 느낄 수 있다는 것은 비록 현재의 삶이 어렵더라도 새로운 삶의 희망을 불어넣어 줄 수 있다.

또한 이와 같은 지역사회 활동을 통하여 나보다 더 어렵게 살아가는 사람이 있다는 것을 안다는 것 역시 남한 정부에 대한 불만을 약화시킬 수 있는 요소가 되어 한국에서의 삶을 긍정적으로 살아갈 수 있는 계기가 될 수 있다.

수원시 '다문화 피플퍼즐 자원봉사단'

■ 설립 배경은 무엇인가?

수원시에는 2012년 말 현재 약 1,450여명의 외국인이 거주하고 있으며, 이들의 출신 국가별로 12개국 13팀의 '재수원외국인교민회'가 활동하고 있다. 이들 외국인의 출신 국가별 모임을 보면 중국, 필리핀, 몽골, 러시아, 베트남, 태국, 캄보디아, 방글라데시, 일본, 인도네시아, 중국(귀화 동포), 네팔, 인도 등이다. 이 모임에 대한 지원은 '수원시외국인복지센터'에서 하고 있으며, 주요 사업 내용은 환경정화 활동, 각 나라별 고유명절 행사, 다문화 인식 개선 캠페인, 정기모임(간담회) 등이며, 소요 예산은 전액 시에서 지원하고 있다.

수원시 '다문화 피플퍼즐 자원봉사단'은 2010년 4월 수원시외국인복지센터에서 10개국 45명이 참석하여 창단하였다. '재수원외국인교민회'의 중국 모임에서 활동하던 결혼 이민자 이화성 씨가 지역에서의 자원봉사 활동을 위한 조직 결성을 역설하였고, 원하는 사람의 신청을 받았다. 이때 신청한 외국인 주민은 45명으로 이들을 중심으로 2010년 4월 25일 창단하였으며, 처음에는 보육원을 중심으로 활동하였다. 2013년 1월 현재 회원이 60명으로 증가하였으며 한번 봉사 활동할 때 약 15~20명 정도 참석하여 18개의 지역사회 활동을 펼치고 있다. 이들이 봉사 활동을 하게 된 동기는 외국인 주민이 직접 지역사회에 봉사함으로써 사회적 정체성을 확립하고 불우한 이에게 사랑의 나눔 봉사 활동을 전개하여 성숙한 다문화사회를 조성하는 것이다.

■ 주요 활동은?

2011년 피플퍼즐 봉사단은 매산동 독거노인 4가정을 방문하여 한 가정당 300장의 연탄을 배달하였으며 이때 아직도 연탄을 때는 집이 있다는 것과 독거노인의 어려운 삶을 보고 자신들보다 경제적으로 못한 사람들이 있다는 것을 알게 되었다. 또한 연탄 배달이

끝난 후 돌아오면서 노인들이 따뜻한 겨울을 날 것을 생각하니 가슴이 뿌듯해 옴을 느꼈다.

또한 전쟁기념관을 방문하였을 때 6·25전쟁 당시의 참상과 피해 상황을 보면서 전사자에 대한 애도와 한국에 대한 애국심을 느끼게 되고 점차 한국인이 되어 가고 있음을 알게 되었다. 한 노인요양원을 방문하여 급식 봉사를 할 때는 고향에 계신 부모님 생각에 더욱 일을 열심히 하기도 하였다.

결혼 이민자 등 피플퍼즐 봉사단 회원들은 지역사회에 봉사 활동을 하면서 스스로 자기 만족과 자긍심을 크게 느낄 수 있었고 한국인으로서의 정체성도 확립할 수 있었다. 또한 한국에 와서 받기만 하다가 남에게 무엇인가를 줄 수 있다는 데에 커다란 기쁨을 얻을 수 있는 것도 커다란 수확이었다.

한편 봉사 활동을 하면서 가장 어려웠던 것은 배추 거두기, 포도 따기 등의 농촌일손돕기 등의 육체 노동을 하다 보니 평소에 하던 일이 아니었기 때문에 허리가 아프고 쑤시는 등 몸이 너무 힘들다는 것이다.

수원시 피플퍼즐 자원봉사단은 위에서 언급한 봉사 활동 외에도 묘목 심기, 장애인복지관 봉사 활동 등 다양한 활동을 하고 있으며, 이를 더욱 구체적으로 살펴보면 다음과 같다.

아동양육시설 식목일 기념 봉사 활동으로 4개국 15명의 외국인 주민이 참여하여 아동양육 시설인 수원 동광원에서 묘목 심기와 아이돌보기 활동을 하였다. 또한 어버이날 기념 봉사 활동으로 5개국 25명의 외국인 주민이 참여하여 어버이날 체육 행사의 보조 역할을 하였다. 아울러 호국보훈의 달 기념 봉사 활동으로 5개국 20명이 참여하여 묘목 심기와 어르신 말벗 등의 봉사활동을 실시했다.

장애인과 비장애인 통합 프로그램 봉사 활동을 하였다. 4개국 15명이 참여하였으며, 찰흙 모형만들기 보조 역할을 하였다. 특히 추석을 맞이하여 6개국 25명의 외국인이 참여하여 수원 장애인종합복지관에서 경로식당 배식 보조와 송편 대접 등의 활동을 하였다.

이웃에 대한 봉사 활동을 통하여 이웃과 다 함께 살아가는 다문화 공동체를 형성하고 외국인 주민의 사회적 소속감 및 만남과 소통을 통한 행복한 사회의 구현을 기대할 수 있다. 또한 이와 같은 봉사활동을 통하여 한국을 좀 더 이해할 수 있게 되었고, 반대로 지역 주민들의 다문화 가정과 외국인 주민에 대한 이해도 향상되었다.

시사점

결혼 이민자, 외국인 근로자, 북한이탈 주민 등 이주민들은 한국에 처음 입국하여 아는 사람도 거의 없고 주위의 새로운 분위기에도 적응하지 못하여 정서적으로 불안할 수밖에 없다. 이와 같은 상황에서 같은 처지에 있는 사람끼리 조직을 결성하여 지역사회 활동에 참여함으로써 정서적으로 안정감을 찾을 수 있다. 또한 봉사활동을 통하여 나도 남을 도울 수 있다는 자부심과 함께 나보다 못한 사람이 있다는 위로감도 받을 수 있음은 물론 이와 같은 과정에서 지역 주민과의 교류를 통하여 더 이상 이방인이 아닌 지역 주민의 일원으로 자리 잡고 있다는 공동체성을 느낄 수 있다. 즉, 지역에서의 참여 활동과 봉사 활동을 통하여 받는 사람의 입장에서 주는 사람의 입장이 되고, 자연스럽게 지역 주민과의 화합이 이루어져 지역공동체 생활에 익숙해져 지역 주민으로서의 자부심과 한국민의 정체성을 확립하게 된다.

최근 많은 지방자치단체 및 시민사회단체에서 이주민의 복지 향상을 위하여 노력하고 있다. 그러나 아무리 지방자치단체가 이주민을 위한 정책을 수립하고 행정 서비스를 강화하며 시민사회단체가 헌신적인 봉사를 통하여 이주민의 사회생활에 도움을 준다 하더라도 지역 주민이 이들을 이웃으로 받아들이지 않는다면 큰 의미가 없다. 따라서 이주민들과 가장 가까운 위치에 있는 지역의 이웃 주민이, 한국 문화 및 지역사회에 적응할 수 있도록 이주민을 이끌어주고 도와주는 것이 필요하다.

한편 우리 사회 내부에는 이주민에 대한 편견이 존재하며, 이로 인해 대다수의 이주민이 마음의 상처를 받은 경험이 있다. 따라서 지방자치단체에서 이들에 대한 지역 주민들의 편견을 없애고 이해하는 분위기를 조성할 필요가 있다.

이를 위하여 다문화가족과 지역 주민이 함께하는 문화 · 생활체육 프로그램을 활성화하여 다문화에 대한 인식을 전환하고, 다문화사회에 대한 공감대를 확산시킨다. 즉, 지역의 관련 NGO, 대학교 등과 공동 주관하에 다문화 관련 포럼, 세미나, 워크숍을 개최하여 지역의 학술적 분위기도 고취하고 다문화에 대한 홍보 효과도 달성하도록 한다. 또한 이주민들과 함께 문화 체험 실시, 생활체육대회, 전시회, 어울림 축제 등을 개최하여 이주민과의 공동체적 일체감을 확보하도록 하되 일회성 · 전시성 행사는 지양하도록 한다. 이와 같은 행사는 유관 기관과 협력하여 추진하되 유사 사업과 중복되지 않도록 추진계획을 세워 운영하도록 하며, 이민자 가족 등의 참여가 선행되어야 한다.

이와 병행하여 이주민이 지역사회에서의 정착 성공 및 봉사 활동 사례, 지원 필요성 등을 다양하게 홍보하여 이주민이 지역공동체의 일원이라는 인식을 주민에게 확산시킨다.

또한 이주민 지도자 교육, 친정 부모 초청 행사, 체험 수기 공모 등을 통하여 주민은 외국 문화, 이주민은 우리 문화를 상호 이해하는 계기를 마련하도록 한다.

이주민들이 한국 사회에 잘 적응해 살도록 주변의 따뜻한 배려가 필요하다. 일부 언론의 이주민에 대한 부정적인 기사 보도로 국내에서 살고 있는 외국인들에 대하여 부정적인 시각을 가질 수 있다. 비록 지금은 언어 등의 문제로 한국 사회에 적응하기 힘들고 어려움을 겪고 있지만 대분의 이주민은 한국의 전통문화를 이해하려고 노력하면서 대한민국 국민으로서 열심히 살고 있다.

우리의 이웃으로 정착하고 있기 때문에 이주민들이 마음의 상처를 입지 않고 우리 국민으로 편안하게 살아갈 수 있도록 따뜻한 시선으로 이들을 바라보고 배려해 주는 자세가 필요하다.

마을 단위의 새마을지도자, 부녀회장 등이 중심이 되어 이주민의 가정 문제, 예를 들어 결혼 이민자의 경우 남편과의 문제, 시부모와의 갈등, 자녀 양육 및 교육 문제의 상담을 통하여 자연스럽게 지역사회에서 이주민 멘토로서 역할을 수행하도록 한다.

최근 많은 지방자치단체 및 시민사회단체에서 이민자의 복지 향상을 위하여 노력하고 있다. 그러나 아무리 지방자치단체가 이민자를 위한 정책을 수립하고 행정 서비스를 강화하며 시민사회단체가 헌신적인 봉사를 통하여 이민자의 사회생활에 도움을 준다 하더라도 지역 주민이 이들을 이웃으로 받아들이지 않는다면 큰 의미가 없다. 따라서 이민자들과 가장 가까운 위치에 있는 지역의 이웃 주민이 이민자가 한국 문화 및 지역사회에 적응할 수 있도록 이끌어주고 도와주는 것이 필요하다. 그러기 위해서는 이민자들이 지역모임 및 지역사회 활동에 적극 참여할 수 있도록 환경을 조성하고 유도할 필요가 있다. 이를 위하여 도시지역에서는 반상회, 시민사회단체 모임, 아파트 주부모임, 주민자치회, 학교학부모 등의 모임에, 농촌 지역에서는 농사일, 지역축제, 운동회, 동네행사 등의 모임에 적극 참여하도록 권유한다.

이와 같은 장을 통하여 지역 주민들과 자연스럽게 어울릴 수 있는 기회를 마련하고, 자연스러운 교류와 대화를 통하여 서로의 입장과 문화를 이해하도록 하며, 특히 결혼 이민자의 한국어 습득에 도움이 되도록 한다.

한편, 지역사회로의 화합이 이루어지게 하기 위해서는 지역사회의 이웃 주민과 이민자 간에 함께 어우러질 수 있는 구체적인 프로그램 마련이 필요하다. 대규모의 지역문화 축제보다는 지역이 오랜 기간 동안 고수하고 진행시켜 오고 있는 작은 규모의 문화축제 및 민족행사 등에 결혼 이민자들을 포함시켜 문화축제의 일원이 될 수 있는 기회를 제공하여야 한다.

이주민의 지역 정착 시, 지역민과 화합을 위한 사회 동화 프로그램 개발 운영이 필요하다. 특히, 이주민들이 지역에서 겪는 경험과 문제들은 철저한 수요 조사를 통하여 밀착 맞춤형 서비스를 제공할 수 있는 프로그램의 개발이 필요하다. 왜냐하면, 이주민 대부분이 정착하는 지역에 대한 정보가 거의 없기 때문에 외부의 적극적 도움 없이는 적절한 일자리를 찾는 것이 불가능하다. 따라서 이들에게 밀착형 서비스 제공을 위한 프로그램을 개발하되 밀착형 서비스는 지역민과 화합을 할 수 있는 다양한 방안이 포함되게 함으로써 이들이 사회 동화에 이를 수 있도록 할 필요가 있다.

[참고 1] 최근 우리나라에서 다문화사회의 등장 배경은 무엇인가?

최근 우리나라 사회에서 '다문화사회', '국제결혼', '결혼 이민자', '외국인 근로자'라는 용어는 일반화되어 있다. 이는 그만큼 우리 사회가 국제화, 글로벌화되어 가고 있음을 의미하며, 우리 주위에 외국인 주민들이 그만큼 많이 거주하고 있음을 뜻한다.

그런데 최근 갑자기 우리나라에서 이와 같은 다문화사회가 도래하게 된 배경은 무엇일까? 2012년 6월 현재 국내에 거주하고 있는 외국인 주민은 1,409,576명으로 주민등록 인구의 2.6%를 차지하고 있으며, 그 중심에는 외국인 근로자와 결혼 이민자가 있다.

외국인 근로자가 국내에 입국하게 된 것은 업종 간 노동 조건과 임금 격차가 심화되어 자연스럽게 국내 근로자가 3D업종을 기피하게 되자 국내의 노동시장에서는 필요한 인력을 외국인 근로자로의 대체정책을 추진하게 된 것이 큰 이유이다. 1993년부터 공식적으로 외국인 근로자의 국내 유입이 시작되었으며, 이들이 안산을 중심으로 한 수도권의 공단지역에 거주하게 되면서 다문화사회가 형성되었다.

한편 결혼 이민자는 주로 저임금, 거주환경 등으로 한국의 젊은 여성들이 배우자로서 기피하는 도시의 저임금 근로자, 농·어업 종사자들의 배우자로 한국에 들어오게 되면서 2000년대 초부터 외국인 근로자와는 또 다른 다문화사회를 형성하게 되었다.

우리나라에 다문화사회가 도래한 직접적인 배경에는 근로 조건과 결혼 조건이 작용하고 있지만 근본적으로 우리나라 사회구조의 문제인 저출산·고령화로 인한 근로 인력의 부족과 성비 불균형의 문제가 내포되어 있어 이로 인한 다문화사회의 진화는 당분간 계속될 것으로 보인다. 한편 최근 북한이탈 주민의 지속적인 한국 사회 유입으로 다문화사회는 한층 복잡한 구조를 띠고 있다. 비록 북한이탈 주민은 우리와 피를 나눈 같은 민족이지만 60년 이상 문화와 체제가 다른 사회에서 살아왔기 때문에 다문화사회의 구성원으로 분류될 수도 있기 때문이다.

[참고 2] 우리나라의 다문화사회 현황과 특징은 무엇인가?

1. 다문화사회 구성 현황

국내 거주 외국인 주민은 2012년 1월 현재 1,409,577명으로 주민등록 인구의 2.6%를 차지하고 있으며, 2011년 1,265,006명보다 11% 증가하였다. 이 중 외국인 근로자 588,944명(41.8%), 결혼 이민자는 144,214명(10.2%), 외국인 자녀 168,583명(12.0%) 등이 주 구성원을 이루고 있으며, 이외에 유학생이 87,221명(6.2%), 재외동

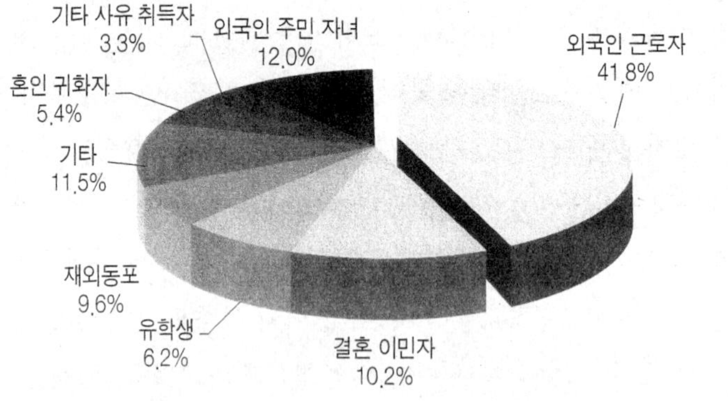

[그림 2] 우리나라의 외국인 주민 구성 현황

자료 : 행정안전부(2012.1), 지방자치단체 외국인 주민 현황 참조.

포 외국 국적 동포 135,020명(9.6%), 혼인 귀화자 76,473명(5.4%), 기업 투자자 등 기타 외국인 162,082명(11.5%) 등이 있다. 이 중 한국 국적 취득자는 전체 외국인 주민의 8.7%인 123,513명으로 2011년도에 비하여 15.2% 증가하였다

한편 외국인 근로자는 남성이 69.4%, 결혼 이민자(혼인 귀화자 포함)는 여성이 89.2%로 대다수를 차지하고 있다.

2. 다문화사회의 특징

(1) 외국인 주민의 빠른 증가

우리나라의 외국인 주민은 1990년 약 5만 명에 불과하였으나 2011년 현재 6월 현재 126만 명으로 증가하였다. 특히 2008, 2011년 기간 중 연평균 14% 증가하였으며, OECD 평균인 5.9%를 크게 상회하는 것이다. 이들은 서울 · 경기 · 인천 등 수도권에 전체 외국인의 64.5%인 약 81만 명이 거주하고 있다.

표 1 주요 지자체 외국인 주민 수(2011.6)

구분	자치단체 및 외국인 주민 수(명)			
시 · 도	경기도	서울시	경남도	인천시
	380,606	366,279	74,517	69,350
시 · 군 · 구	안산시	영등포구	구로구	수원시
	50,864	50,531	37,359	35,657

자료 : 행정안전부(2012.1), 지방자치단체 외국인주민 현황 참조.

(2) 외국인 근로자의 집단 거주 형성

2004년 8월 고용허가제 시행 이후 외국인 근로자가 급증하였다. 즉, 2004년에는 7천 여명에 불과하였으나 2012년 1월에는 약 58만 8천 명으로 증가하였으며, 이들은 산업단지를 중심으로 교통이 편리하며 주거비가 적게 드는 지역인 안산시 원곡동과 영등포구 대림2동 등에 집단 거주하고 있다. 이와같이 단순 기능 인력 중심의 외국인 유입과 집단 거주는 인종과 종교, 경제적 계층화로 사회 갈등 요인으로 작용할 우려가 있다. 한편 외국인 근로자의 출신지역별 현황을 보면, 중국(54.8%), 동남아시아(26.7%), 남부아시아(7.1%), 중앙아시아(3.5%) 순이다.

(3) 국제결혼의 증가로 다문화가족 보편화

지난 1990년대 농촌 총각 장가보내기 등으로 증가된 국제결혼으로 결혼 이민자는 혼인 귀화자 약 7만 7천 여명을 포함하여 약 22만 명에 달한다. 국제결혼 비율은 2005년을 정점으로 감소하고 있으나 연평균 10% 수준을 유지하고 있으며, 농어촌 지역은 아직까지 30%를 초과하고 있다. 또한 다문화가족 출산, 재혼자 국제결혼

(연 12천 여건), 중도 입국 자녀 등으로 외국인 주민 자녀도 약 16만 8천 명으로 빠른 속도로 증가하고 있다.

결혼 이민자의 출신 국적별 비율을 보면, 중국(57.3%), 동남아시아(29.5%), 일본(5.1%), 미국(1.1%), 러시아(0.7%) 순이다.

(4) 다문화 인식 차이로 인한 사회 갈등 잠재

다문화가족의 취약한 생활 여건 등이 자녀의 교육 및 취업 기회 제한으로 연결되어 경제적 빈곤이 대물림될 우려가 있으며, 다문화가족 자녀의 고등학교 취학률은 69.2%로 우리나라 일반 가정의 취학률 99.6%의 3분의 2 수준에 불과하다.

외국인 주민의 경제적 어려움이 방치되면서 사회 불안으로 가시화되어 국내 거주 외국인의 범죄가 증가할 수 있으며, 언어 · 문화 · 종교 차이는 기존 사회 질서와 생활 규범을 위협하는 요인으로 인식하는 반(反)다문화주의 국민 의식으로 확산될 가능성이 높다.

일상 속에서의 생활안전

한중근 (중앙대학교 사회기반시스템공학부 교수)

생활자치에서의 안전

사례 구미 불산 누출사고와 생활안전

생활 주변 속에서 평상시 안전생활에 부주의에 따른 안전사고가 자주 발생하지만 통상적으로 쉽게 잊혀지고 쉽게 또 발생하는 악순환의 고리를 지니고 있다.

2012년 9월 발생된 구미에서의 불산 누출사고는 주민들에게 많은 피해를 발생시켜 공황 상태에 빠지게 했을 뿐 아니라 주변 지역에서의 자연적 피해는 상상을 초월하고 있다. 이러한 사태를 겪은 주민의 염려스러워 하는 말을 들어보면 "안녕하세요. 구미 4단지에 거주하고 있는데요. 며칠 전 발생한 불산 누출사건이 일어나고서 탄 냄새를 느꼈는데…… 그러고서 며칠 후에 어지럼증을 느꼈었습니다. 이것과 전혀 관련된 일인지 몰랐는데 상황이 상황인 만큼 그 증상에 대하여 예민하고 겁이 나네요. 불산 기체를 맡아 이런 증상을 일으킨 걸까요?" (네이버 ○○○게시판)

구미에서 발생된 불산가스 누출사고는 주민 신고에 의하여 접수된 후 경찰과 소방서가 출동하였으나 초동 대응이 미진하였다. 또한 적절한 소방 진압 장비의 부재로 인한 추가적인 인명 손상이 발생하였으며, 체계적이고 전문적이지 못한 대응으로 마을 주민, 가축 및 농업 전반(피해 면적, 372ha, 기업체 77개사, 2012년 10월 8일 현재)에 걸쳐 심각한 피해가 발생되었다. 결국 중앙재난안전대책본부를 통하여 특별재난지역으로 선포되었다.

불산가스 누출에 의한 농작물 피해
(http://shoahvkd.tistory.com/493)

불산가스 누출사고 현장
(http://shoahvkd.tistory.com/493)

이러한 사례는 주민들의 생활공간 속에서 다루어지는 생활안전 측면에서 즉각적인 신고에도 불구하고 다음과 같은 문제점이 내포되어 있다.

첫째, 신고 대상 지역 및 대상 공장에 대한 사전 정보지식이 없었다.

둘째, 유독가스공장이 민가나 의식주 생활과 근접하여 위치하는 등 행정 체계상의 대책이 미흡하였다.

셋째, 사고 발생 후 종합 대책을 마련하거나 지시, 통제하는 즉각적이고 통합적인 처리대책위원회의 부재에 따른 재난 대비 통합관리 체계가 부족하였다.

이러한 재난에 대한 통합관리는 주민 생활의 안전에 가장 큰 기초가 되며, 이에 대비한 생활안전자치 시스템의 보완이 필수적이다. 주민으로부터 소방서 · 해당 관청의 환경위생 · 해당 상급관청의 물, 토양, 지하수관리 등으로 확대되지만, 조사 · 조치 · 대응과 관련한 상설기구의 운영 시스템 부재가 명확해졌다고 볼 수 있으며, 이로 인하여 주민에 대한 2차 피해가 야기되는 조직구조를 가지고 있음이 나타났다. 즉, 이와 같은 시스템의 부재는 일반적으로 대응 부실에 의한 주민 참여 의지가 격렬해지면서 주민자치협의체가 구성되는 수순으로 나타나게 된다.

우리가 살고 있는 사회는 나, 가족, 우리, 단체 그리고 사회라는 크고 작은 공동체가 유기적으로 이어져 있을 뿐 아니라 서로 복잡하게 엮여져 있어, 함께 공유하고 함께 살아가는 삶의 테두리가 만들어져 있다. 생활이라는 범위는 그 속에서 시간의 연장선상에 놓여 있어 "스스로 살아가는 공동체의 살아 있는 삶"이 바로 '생활'이라 할 수 있다. 생활자치는 이와같이 서로 꿈틀거리며 실타래처럼 서로 엉켜붙어서 상호간의 신뢰와 신의 속에서 우리 스스로 서로 관리하고 지켜주는 활동이라 할 수 있다. 그러면, 생활안전이란 어떻게 설명할 수 있을까?

생활자치를 좀 더 가까운 우리 주변의 사회 범주로 표현하면, 사회생활 속에서 주민 스스로의 자치 활동을 생활자치로 간단히 정의할 수 있으므로, 생활안전은 우리들의 삶이 행복한 삶을 지속적으로 영위할 수 있도록 영향을 주는 안전문화, 안전 의식, 안전 활동과 같은 생활자치 활동에 기반한 안전 활동을 말하는 것이 아닐까 한다.

생활 속에서의 재해, 재난, 방재 및 안전

생활안전은 각종 사고로부터 우리들, 특히 사회적 약자로 분류되는 어린이, 노인, 장애인, 여성들을 위한 안전하고 따뜻한 생활을 영위함으로써 우리들이 안전하고 행복하게 생활을 누릴 수 있도록 하는 활동들(예: 사단법인 한국생활안전연합)이 생활안전의 범주로 주로 구분되고 있다.

그러나, 생활안전의 범위는 너무나 방대하다. 국가안전관리기본계획에 따르면, 생활안전, 교통안전, 화재안전, 산업안전, 범죄안전, 보건 · 식품안전 및 사이버, 해외파견이나 방문(해외관광 안전, 해외 건설현장 안전, 북한 방문 안전) 등과 같은 기타 안전 분야로 구분할 수 있다. 또한, 재난 및 안전관리에 따른 관련 법령도 이러한 기준에 따라 시행 관리되고 있고, 안전관리의 주체는 국가, 지자체 및 관리기관이 되며 대상은 일반 국민으로 분류된다.

우리나라에서 시행되고 있는 재난 및 안전관리 법령 : 총 128건

- 안전행정부/소방방재청 25건, 보건복지부 4건, 산업통상자원부 23건, 기획재정부 2건, 환경부 8건, 교육과학기술부 8건, 농림축산식품부 12건, 문화체육관광부/방송통신위원회 5건, 노동부 3건 , 국토교통부 38건

재해, 재난이란 자연 이상 현상에 의해서나 인위적인 사고에 의하여 발생하는 사회적 · 경제적 피해가 일정한 규모 이상이 되는 경우를 말한다. 과거의 재해는 기상이상 현상에 의하여 발생하는 경우가 대부분이었으나, 산업이 발달하면서 최근에는 공장, 산업단지 등에서 발생하는 자연적 · 인위적 사고 등이 많이 늘어나고 있다. 물론 전쟁 등에 의한 피해사고도 포함된다. 생활 속 재해로는 기상이상에 의하여 발생하는 자연재해뿐 아니라 자동차 사고, 여행 중 사고, 근무지(농업 및 각종 산업) 사고 등이 일컬어질 수 있고, 생태학적 사고도 포함될 수 있다. 재난은 재해를 포함하여 자연적이든 인위적이든 집중적으로 일정한 시간 및 공간에 발생되는 재산, 인명 및 건강에 피해를 주는 사건을 가리킨다. 따라서, 재난은 발생되는 사건 피해를 총칭하여 말하는 것이라 할 수 있다.

방재와 안전은 재해의 발생을 방지하고 피해를 경감시키고자 하는 일련의 활동을 말한다. 대부분의 방재 활동은 국가나 단체를 중심으로 행하여지고 있고, 특히 국가 차원에서는 재해 예방 활동을 국민 의식 함양을 위하여 효율적으로 어떻게 운영하고 훈련하는가에 따라 체계적으로 이루어지고 있다. 따라서 전쟁, 산업단지, 도시

에서 발생하는 인위적 재해, 풍수해, 설빙해와 같은 자연재해에 대하여 다루어지는 것을 알 수 있다. 사실 생활 속 방재는 대규모적인 재난재해에 대하여 이루어지는 것이 아니라, 주변 생활 속에서 사건사고에 대하여 안전하게 생활을 유지할 수 있는 활동들을 생활 속 방재라 할 수 있고, 이를 위해서는 사람들 개인, 혹은 사람들 간의 자연적 집합체인 자치 활동 속에서 계몽, 계도하는 활동을 말한다. 안전은 위험이나 사고가 발생할 염려가 없는 상태를 말하는데, 이러한 원인이 전혀 없거나, 위험 원인이 있더라도 위해를 받는 일이 없도록 대책이 있거나 사전에 세워져 있는 상태를 말한다. 생활안전은 자치 활동 속에서 방재 활동에 의한 안전 상태를 유지하는, 유지하려는 일련의 과정을 포함하는 것이라 할 수 있다.

생활안전 활동과 시스템

안전관리의 정의는 재난 및 안전관리 기본법 제3조에 따르면, "시설 및 물질 등으로부터 사람의 생명, 신체 및 재산의 안전을 확보하기 위하여 행하는 모든 활동"이라고 정의하고, 재해 예방, 사고 방지, 그리고 위험 통제의 순으로 관리하고 있다. 그러나 안전관리에서 무엇보다도 중요한 것은 안전관리 대상인 국민들, 즉 사회를 구성하는 구성원에 대한 사전 예방 차원에 대한 활동일 것이므로 국가안전관리 기본계획에 따른 안전관리의 모든 활동이 생활안전 활동이라고 볼 수 있다. 세계보건기구(WHO)에서 전개하고 있는 지역공동체 주민들의 자발적 참여를 강조하는 '안전 증진(Community Safety Promotion) 활동'이 바로 생활안전 활동이 아닐까 한다.

사회 속에서 우리들이 행하고 있는 사전 재해 및 사고 예방 활동은 각자 혹은 개인이 속한 어느 집단의 안전 활동에 기인한 생활안전 활동이 될 것이다. 그러므로 발생된 사건, 사고에서도 주민들의 자치활동에 의한 생활 속 안전 체계, 즉 생활안전 시스템이 크고 작은 안전사고의 예방 및 방재 체계를 이미 구축하고 있음에도 불구하고 구조적 시스템의 문제에 의하여 엄청난 재해가 발생하기도 한다.

대표적인 생활안전과 관련된 시스템별 추구 방향을 살펴보기로 하자.

안전사회를 위한 국가재난관리는 예방, 과학, 통합, 자율의 재난관리 패러다임 전환구조를 위하여 3S, 3F, 3O(system, field, organization)와 3new power(신사고, 신조직, 신정책)를 추진전략으로 하며, 발전 방향의 연속성을 위하여 정책의 총괄, 조정 통합 기능을 강화하고, 예방 차원의 투자 확대를 통하여 근원적 방재 대책을 마련하며, 환경 변화에 대비하는 R&D 및 현장 대응 역량 강화와 민관 협력에 의한 안전문화 확산을 토대로 하고 있다. 즉, 안전사회 구현은 국민생활의 안전과 안전한 경제 활동의 초석이 되므로 국가재난관리 시스템이 생활안전 활동과 연계하여 지자체 재난관리 역량이 주민들의 자치 활동에 의한 자립적 생활안전 활동으로 연계되는 시스템의 안정으로 발전하는 것이 가능하다.

안전취약 계층에 대한 생활안전은 상대적으로 사회적 취약계층에 대한 생활안전 프로그램의 보완, 강화가 필요하다. 즉, 취약계층의 각 대상에 대한 안전 실태를 파악하고 문제점을 통하여 사고를 사전에 예방하는 생활안전 프로그램의 시스템이 필요한 것이다. 이를 위해서는 인프라(지적 기반: 통계관리, 사고역학 조사 체계 구축, 성과지표, 모니터링, 피드백, 산업적 기반: 안전기술을 위한 기술 개발, 안전산업 육성, 수행 역량 강화: 유형별 네트워크 구축, 관련자 정책 네트워크 및 모니터링)가 구축되어야 하고, 취약계층의 생활안전을 위한 환경 개선과 같은 하드웨어의 구축이 전제되어야 한다. 또한, 이들 방법은 맞춤형이 기본이 되어야 함은 두말 할 필요가 없다.

생활자치 사례

풍수해에 따른 재난 복구: 지역 주민의 생활 속 복구 모리터링

재난은 풍수해, 지진, 산불, 대형 사고(교통, 환경, 유해물질 누출, 라이프 라인[life line: 상하수도, 가스관과 같이 우리 생활에 반드시 필요로 하는 파이프 라인과 같이 설치된 생명줄을 일컬음] 사고, 화재, 전염병, 가축 질병 등)의 발생에 대하여 정의되고 있으며, 전통적인 국가안보나 국가기반시설(사이버, 전력, 원유, 금융, 원전, 교통물류, 보건의료 등)과 동시에 위기 체제 하에서 관리되고 있어 위기관리 매뉴얼에 따르며, 비군사 분야의 체계에 따른다.

2011년 7월 집중호우로 인하여 발생된 우면산 산사태는 많은 인명 피해와 막대한 피해를 발생시켰고, 자발적인 민관군경 합동에 의한 피해 복구 시스템이 가동되었으며, 복구 과정은 '서초한가족

걷기대회' 명명 아래 주민 스스로 재난 복구 과정을 검토·검증하는 단계를 거치게 되어 다음 우기철이 되기 전 복구가 완료되었다. 이러한 시스템은 과거 '민방위'에서 운영하던 재난 복구 시스템의 통합적·활용적 측면이랄 수 있다.

이 지역은 2010년 수해 피해를 입은 지역으로 복구 공사를 위하여 수행되는 과정 속에서 미처 복구 대책이 마련되지 못하였거나 경제적 문제 등을 빌미로 산지에 많은 공사 중인 현상이 잔존하면서 금번의 폭우 시 벌목되어 방치된 많은 수목 등에 의하여 댐의 붕괴와 같은 큰 피해가 발생되기도 하였다. 그러나 이미 많은 기간 동안 주민이나 등산객들의 잦은 염려와 민원에 대한 미온적 대응이 하나의 원인이 되기도 한 것으로 보고되고 있다.

결국 자연재해에 의한 재난은 최소한 그 피해를 줄일 수 있는 방법으로 체계가 갖추어져야 함에도 불구하고 행정 체계는 불합리성을 알고 있음에도 쉽게 고쳐치거나 수정하려는 노력이 미진한 상

민관군경 합동 우면산 산사태 재해복구 봉사 http://www.daum.net/

우면산 산사태 발생 인근 주택 피해

복구 현장 주민 참여(서초한가족걷기대회)
cafe.daum.net/dongnae11/8k9b/103

태일 뿐 아니라 노력조차 하지 않아 대규모 재해로 연결되는 일이 허다한 실정이다. 행정관리면에서 예를 들면, 특히 산지에 접하고 있는 도로 주변은 대부분이 산지와 도로가 인접해 있어서 문제가 발생하는 요소가 많다. 도로변 옹벽은 도로과에서 관리하고, 옹벽 배면의 경사면은 산림과 혹은 공원녹지과에서 관리함으로써 재해에 대한 원인 분석 및 대책을 마련할 때 서로 이익적 관점에서만 다루어지는 경우가 많고, 부서 간의 상호 불통에 의한 체계가 불합리해서 재해 발생에 대한 원인 분석과 대책 등에 적절하게 대응하지 못하는 원인이 되고 있어 매년 크고 작은 재해가 반복되는 결과를 낳는 큰 이유가 되고 있다.

공공안전: 어린이지킴이와 식품안전지킴이

우리나라에서 발생하는 교통사고는 최근 줄어드는 추세이긴 하지만 2008년 현재 21만 5천 여건에 이르고 사망자 수도 5천 8백 여명에 이른다. 이 중에서 어린이 교통사고 점유율은 8.7%로 연간

1만 8천 4백 여건에 달하고, 안전운전 불이행에 따른 사고는 55.4%로 가장 높은 상태이다. 또한, 인구 10만 명당 교통사고 발생 건수는 3.1명으로 OECD 회원국의 평균 교통사고 사망자 수(1.8명)보다 높고 선진국 평균 1.2명보다는 약 2.5배 정도 높은 상태이다. 특히, 어린이 보호구역 내 교통사고율은 57.6%로 가장 많이 기록되는 수준의 상태임이 현실이다.

어린이를 보호하기 위한 노력의 일환인 어린이보호구역은 최근 5년간 약 80% 증가하였으나 어린이들에 대한 교통사고 및 사상자는 약 110~120% 증가하고 있을 뿐 아니라 어린이들에 대한 성폭행 사례도 급속하게 사회에 확산되고 있어, 심지어는 방치되고 있는 정도로 생각될 만큼 심각한 상태라 할 수 있다. 여기서, 과연 우리나라는 미래를 위한 진정한 가치와 투자의 대상인 어린이에 대하여 무엇을 하고 있는지 자문해 볼 필요가 있다.

우리나라뿐 아니라 세계의 모든 나라에서 미래의 꿈과 희망인 어린이에 대한 보호와 안전생활을 보장하기 위하여 많은 노력이 이루어지고 있으며, 특히 어린이에 대한 범죄행위는 엄격하고도 단호하게 통제, 제재하고 있다. 이러한 사후 활동에 비하여 조금이라도 심각한 결과를 줄일 수 있는 방법은 사전에 어린이들을 보호하는 시스템을 갖추고 혹은 스스로 생활 속에서 안전을 유지할 수 있도록 관심을 갖고 도와주는 방법이 최선일 것이다. 이러한 관점에서, 국내에서 시행되고 있는 다양한 '어린이지킴이' 활동은 추천할 만한 사례로 평가될 수 있다. 그 중 몇 가지 사례를 살펴보자.

■ 어린이지킴이 제도(대구)

첨단 IT 기술을 활용한 '어린이지킴이' 제도가 국내 최초로 시범 운영된 사례로 교육청과 경찰청, 모바일 단말상용화센터, KTF 및 개발업체가 민관 공동 네트워크 구축을 통하여 어린이의 위치 추적, 즉 어린이의 실시간 위치 확인(안전존 기능) 및 긴급호출 기능(SOS 기능)을 통하여 어린이의 안전을 지키는 시스템 활용 제도이다. 이러한 시스템은 최근 횡행하고 있는 어린이들에 대한 각종 강력범죄에 대한 범죄 사전 예방 조치로 받아들여진다.

■ 우리동네지킴이 순찰대(광주)

광주시에서는 10월 18일 '우리동네지킴이 순찰대'를 활동력 있고 지역 사정에 밝은 행정동을 중심으로 10명 이내의 동네순찰대

어린이 교통안전 캠페인 모습(매경닷컴MK)

를 조직하고, 휴대전화에 112를 '핫라인'으로 결정하여 늦은 시간대에 범죄 취약지를 대상으로 어린이 대상 범죄 발생을 감시하고 맞벌이 가정이나 소외계층의 안전을 돌볼 수 있도록 하였다. 이러한 활동의 확산을 위하여 인센티브(봉사 실적 등록, 각종 놀이공원 입장료 할인 등)제를 도입하기도 하였다.

■ 어린이 식품안전지킴이

식품안전기본법(법률 제9121호, 제10999호)에서는 모든 음식에 관한 각각의 법률을 가지고 있으며, 식품 등의 안전에 관한 각종 위원회에 소비자를 참여시키도록 노력하도록 규정하고 있고, 「어린이 식생활안전관리 특별법」을 통하여 2009년 3월 이후 시행하도록 하고 있다. 또한, 식품안전지킴이와 같은 블로그 활동을 통하여 모니터링 결과를 공유하거나 새로운 소식들을 전하고 있다. 한편, 스페인 식품안전영양청(AESAN)에서는 행동수칙을 동반한 '식품안전은 당신의 손에' 캠페인을 실시하면서 식품안전은 소비자의 책임감 있는 구매를 통하여 이루어질 수 있도록 유도하기도 한다.

어린이 식품안전지킴이는 어린이들이 믿고 먹을 수 있는 안전식품 기준을 준수하고 건강하고 튼튼한 어린이의 안전생활을 위하여 노원구에서 운영하고 있는 카페로 어린이 생활환경 주변을 감시, 모니터링하여 신고하고, 어린이들의 건강 증진을 위하여 식품안전 현장 체험교실을 운영하며, 건강걷기대회 등을 통하여 심신이 건강한 어린이로 자랄 수 있도록 체험, 교육 등을 자율적으로 운영해 오고 있다.

서울시뿐 아니라 대부분의 지자체에서는 지자체, 학부모, 학생

식품안전지킴이(노원구)

들이 직접 참여하는 식품안전지킴이를 발족하여 학교 주변에서 발생하는 식품 안전에 대한 스스로의 생활안전 활동을 해오고 있다. 예를 들면, 강동구와 서대문구에서도 방과 후 우리 아이들 먹거리의 안전 생활을 위하여 학부모 식품안전지킴이, 어린이 식품안전지킴이 카페를 운영하면서, 식품 관련 업소 견학, 지도계몽 등의 활동을 펴고 있다.

또한, 식품안전지킴이 활동의 실질적 운영과 참여를 위하여 지킴이 회원 모두가 직접 식품안전에 대한 교육을 받아 실천할 수 있는 기초를 마련하기도 하는데, 성북구 어린이 식품안전지킴이에서는 발대식과 함께 보건소에서 교육하는 "고열량 저영양 식품구별법"을 직접 교육받고 학교 및 생활환경 주변에서 부정불량 식품을 판매하는 여부를 직접 신고할 수 있도록 하여 어린이들이 올바른 식생활을 학습하여 자신과 친구들의 건강을 도모할 수 있도록 돕기도 한다.

생활자율방재: 순창군의 지역자율방재단

지자체에서 운영하고 있는 모범적 사례로 전라북도 순창군의 자율방재단을 들 수 있다.

2008년 5월 15일 순창군 지방의회에서는 「지역자율방재단 구성 운영에 의한 조례」를 통하여 지역에서 발생하는 각종 사전재해 예방, 안전사고 예방 활동 및 민관 협력 체제 구축을 통한 행정 사각지대의 재해 예방 활동을 자율적으로 운영하고, 정기적인 실적보고회를 통하여 정보를 교류하며, 방재단 활동에 대한 노고를 격려하고, 방재단 간의 화합을 도모하기 위하여 방재단 가족체육대회를 실시하는 등 여러 가지 협력 활동을 수행하고 있다. 또한, 관에서는 방재단의 자율성 증진과 경쟁력 확보를 위하여 방재단의 출동수당을 정례화하여 지원함으로써 방재단의 출동에 따른 부담감을 최소화하는 노력을 하는 등 민관이 서로 협력 · 보완하여 방재 활동을 수행하는 재해 예방, 안전방재 활동이 수반되는 생활안전의 좋은 예라 할 수 있다.

■ 지역자율방재단의 구성과 운영

자율방재단은 총 610여명의 방재단원과 11개 읍, 면별 각각의 지원반장과 그리고 이를 구성하는 단장으로 구성되어 있고, 운영간사, 총괄본부, 기동대응, 자원봉사, 전문복구 및 기술지원팀으로 세분하여 운영되고 있다. 또한, 연간 1억 6천 5백여만 원의 예산 편성을 통하여 주민들의 자치활동에 따른 활성화를 지원하고 있고, 매년 방재단원에 대한 포상 제도를 운영하여 생활자치 활동에 대한

호우 피해 농가 수해 복구(전)

호우 피해 농가 수해 복구(후)

자긍심 함양에 도움을 주고 있는 시스템을 운영하고 있다.

한편, 자율방재단에서 실시하고 있는 주요 활동으로는 재난 취약 가구 및 특별관리시설물 안전 점검 및 시설 정비, 여름철 물놀이 안전관리, 인명 피해 우려지역 지정관리 및 안전점검 캠페인 등이 있다.

생활안전과 사회 체계의 연관성과 시사점

무의식적인 생활 속에서 생활안전에 대한 불감증

일상생활 속에서 우리 개개인과 사회는 평상시 안전에 대하여 불감 상태에 있다. 최근에는 폭력과 강도, 특히 성(性)과 관련된 취약계층에 대한 사고·사례가 급증하고 있을 뿐 아니라 우리가 속해 있지 않은 상황인 경우, 사고에 대한 기억이 급상실되는 순간 망각 현상의 안전불감증 현상은 더욱 문제화되고 있다. 사이버 확산에 따른 가상공간에서의 폭력과 성에 대한 잠재 의식 속 행동의 대리 만족 현상은 현실과의 구분이 모호해져 스스로의 제어 능력 상실이라는 문제점을 점점 확산시키는 결과로 나타나면서, 생활안전은 혼란과 평온, 그리고 불안과 안전의 순환고리가 되어 사회 문제로 활성화되고 있다 하겠다.

대부분의 생활안전 측면에서의 안전사고는 다음과 같은 순환을 반복한다.

- 대부분 문제가 발생하고 나서야 대책을 마련한다.
- 마련된 대책과 방안에 대하여 국가나 공공 관련 기관의 프로그램은 작성되어 있으나 대부분 관 주도하에 있기 때문에 실행은 되나 실현성이 적고, 생활 속에 깊이 관여치 못하여 이내 소멸되거나 미미한 상태로 남는다.
- 민 · 관이 상호 협동하여 스스로 이루어진 자발적 협력 체계가 부재한 상태이다. 즉, 시스템과 관리 및 실행에 따른 활동이 이질적으로 수행된다.
- 사회구성원 대부분을 아우르는 종합적 시스템이기는 하지만 구성원 하부 조직에 전달, 전파되지 않은 상태로 공중에 들떠 있는 상태이다.

재난에 대응하는 방법과 대책에 대한 제도적 시스템의 부조화

우리나라에서 발생하고 있는 많은 재해 중 풍수해가 아주 많은 부분을 차지하고 있음은 이미 알고 있다. 특히, 집중호우에 기인한 산사태(토석류 포함)는 일시에 많은 생명을 앗아가는 참사를 가져오기도 한다. 최근 이러한 경향이 도심지에 빈번하게 발생하면서 참상의 정도는 앞서 언급된 풍수해 사례에서와 같이 더욱 커졌고, 따라서 이를 바라보는 사회의 시선이 더욱 집중적임을 최근의 사례를 통하여 알고 있다.

그러나, 많은 연구 결과나 사례에서도 이미 제시되고 있지만, 우리나라에서의 집중호우는 태풍이나 장마 기간에 발생하게 되는데, 실제 자연재해는 대부분 인공적인 구조물에 의하여 더욱 큰 사건으로 확대되고 또는 인위적 활동에 따른 자연훼손과 방치(위의 사진) 등에 따른 사고의 대형화에 그 원인을 제공하고 있다. 그뿐만 아니라 이미 발생된 재해에 대하여 대책 공법을 적용하는 경우에서도 마찬가지이다.

사고 발생 원인을 확실히

방치된 벌개 제근된 나무들
(실제 벌개 제근된 나무들의 길이가 2m 이상 크게 남아 있는 경우 대형사고의 원인이 될 수 있다.)

과거 사면 유실 사례가 없었고 사면의 높이 및 길이가 50여m 되고, 강우 시 상부로부터 유입될 수 있는 유량의 영향이 별로 크지 않는 상태의 보강

규명하지 않은 채 산사태가 발생한 지역의 주변 보강 대책과 유사한 상태로 하여도 된다는 인식에 따라 실시되는 대책관리 시스템의 부조화(아래 사진 : 아주 작은 동산 혹은 공원에 대단위의 사방댐 건설 모습이며, 이 경우 도로 상부 사면과 하부 도로는 관리담당 부서가 서로 달라 배수시설의 확충이 없는 상태에서는 일시적 대안이 될 수밖에 없는 상태이고, 기존 환경을 많이 훼손한 복구로 폭우 시 급격히 강우가 몰려 내려오게 되어 배수 체계가 좋지 않은 경우 또 다른 재해의 원인이 될 수 있음)와 관리부서의 상호 보완적 대책이 협의되지 않는 상태의 재해 대책은 대안이 무용지물이 되어 이후에 또 다른 재해 발생을 일으킬 수 있는 미봉책에 지나지 않는 결과를 낳게 된다.

관리 시스템의 부조화

이미 설명된 바와 같이, 일반적으로 산지에 접하여 도로가 설치된 경우, 위 사진과 같은 사면의 한 예로서 관리부서 간의 이질적 부조화 및 비협조적 관계는 최근에 발생하고 있는 산사태에 의한 재해 발생의 커다란 모습을 작게나마 예로서 표현한 것이다. 즉, 산지를 관통하여 도로가 설치되는 경우 도로의 상 · 하부는 필연적으로 사면과 옹벽 시스템이 갖추어지게 된다. 이때 관리 주체면에서 보면 옹벽 아랫부분은 도로과에서 관리하고 옹벽 위 사면 부분은 공원녹지과에서 관리하게 된다.

진단 측면에서 보면, 대부분의 재해 발생에 대한 점검의 경우, 옹벽의 안전 점검이 이루어지면서 옹벽 위 사면에 대해서도 진단은 되나 대책은 사고 전에는 이루어지지 않는 경우가 많다. 특히 도로과 관리 부분의 경우, 배면에서 흘러내려오는 우수(빗물)는 집중 호우 시 엄청난 양이 발생하지만 하수관으로 유입되는 배수구와 도로 하부의 배수관은 도심지에서는 700mm~500mm 안팎의 지름을 가지고 있어 집중호우를 대비하기에는 턱없이 모자란 크기이다. 즉, 옹벽 배면의 집수 시스템이 도로 부분에서의 배수 체계를 만족하기에는 이미 수년 혹은 수십 년 전에 만들어진 체계에 따라 시설된 것이기에 최근에 발생하는 기상이변에 따른 호우에 의한 배출수를 만족하기에는 부족한 상태임이 분명할 것이다.

따라서, 대책은 배수 체계를 개선하여야 하는데, 이를 개선하기 위해서는 두 관리 주체의 상호 연계가 없이는 불가능하다. 즉, 사면 측에서는 일시적으로 집수할 수 있는 대규모 시설이 필요하게 되며, 도로 측에서는 현재 시점에 대하여 추후 개설되는 시설이나 배수 시스템을 좀 더 현실적으로 개선해야만 할 것이다. 이와같이 실제적으로 관리 주체나 대책을 마련하고 시공하는 유지 관리 및 시공 관리 주체는 유기적 관계가 이루어져야 함에도 불구하고 이질적으로 존재하는 경우가 대부분이어서 집중호우 시에는 대부분 상부의 물은 흙탕물과 함께 도로로 넘어 흘러넘치게 된다. 따라서, 이와같이 집중호우 시 도로상에서 발생되는 문제점만을 고려하여도 두 관리 주체의 협의가 대단히 중요함을 알 수 있다.

이와 같은 문제는 도로 사면에서 발생되는 사면 재해에 국한한 것이 아니라, 최근 발생되는 각종 산업재해에서도 마찬가지로 관리·감독의 주체를 서로 떠넘기는 세태와도 일맥상통한다고 하겠다.

생활안전을 위한 민관 협력 방재 시스템의 조화

국외에서 실시되는 자율적 생활안전 사례를 들어보면 다음과 같다.

우리의 생활 속에서의 한 예로, 평상시 10여mm 정도의 눈이 내리게 되면 새벽 출근길은 아수라장이 될 것이 뻔하다. 그러나, 미국 미시간주 북부 슈피리어호(Superior Lake)에 반도로 살짝 들어가 있는 작은 지역도시인 휴스턴(Hougston)에서는 겨울에 내리는 눈의 양이 약 4m에 이르며 일상적으로 한번에 대략 20~40cm의 눈이 내린다. 물론 건조한 날씨 탓에 부피는 이내 줄어들기는 하지만 내리는 눈의 양은 너무 많고 잦아서 시에서 운영하는 대체 방법(고작해야 제설기, 토사 및 염분을 뿌리는 차량이 몇 대에 지나지 않음)으로는 시 전체를 원활하게 하기 어렵다. 그러나, 이 도시에서는 가가호호 소유하고 있는 트럭에 겨우내내 불도저의 제설용 받이를 부착하고 다니면서 시에서 담당하지 못하는 구석구석까지 제설을 하고 시당국에 그 결과를 제시하여 일량에 따라 보수를 받아 겨우내 제한된 일자리를 대신하는 자율적 방재 체계를 운영하고 있다. 이러한 시스템이 생활안전 시스템 활동의 일부가 아닐까? (물론 상호신뢰를 바탕으로 해야 하겠지만).

국내에서도 앞에서 소개한 바와 같이 자율방재단의 운영을 주민들이 조직하고 지역별 책임자와 실행 방법을 구분하여 실행하고 그 결과에 따라 조례에서 정한 범위 내에서 방재 활동에 대한 지원금을 지자체에서 방재단에게 지원하고 포상함으로써 안전 활동의 의욕을 앙양하는 시스템화되어 있는 전반적 활동도 자율적 생활안전 활동의 좋은 예라 할 수 있다.

안전도시

2008년 통계청, 사회통계조사 결과에 따르면, 한국에서 발생하는 안전사고 사망자 수는 10만 명당 60.6명으로 OECD 국가 중 2번째이며, 일반 국민이 느끼고 있는 안전 상태도 지난 10년 전에 비하여 위험해졌고, 앞으로 10년 후에는 더 위험해질 것이다라는 인식이 팽배해지고 있다고 한다.

세계보건기구(WHO)에서 공인하는 국제안전도시는 네트워크 및 공동체의 역할을 강조하고 지역사회 구성원의 자발적이고 체계적 참여를 통하여 사고 및 손상으로부터 안전해지길 노력하는 도시를 세계보건기구 안전도시협력센터를 통하여 평가받아 조건을 충족시키는 경우 안전도시로 공인받게 된다. 2009년 현재 153개 지역사회가 공인되어 있고, 아시아에서는 44개 지역, 한국에서는 2002년 수원시가 공인받은 바 있다. 최근(2013년)까지 천안시와 원주시, 제주도 및 송파구, 강북구, 과천시가 가입되어 있으며, 부산시 · 창원시 등이 국제안전도시 공인을 추진 중이다.

안전도시를 판단하는 인증 지표를 제시하고 공인 절차에 따라 수행되도록 하고 있다. 이를 위하여 미국, 캐나다 등 각국에서는 안전도시 추진위원회를 각각 두고 추진을 진행하고 있으며, 국가, 지역환경 및 조건의 차이에 따른 동일한 조건을 만족시키지 못한다는 한계에도 불구하고 안전도시 인증의 필요성이 국제적으로 인식을 공유하고 있어 국가별 자체적인 안전도시화 정책을 추진하고 있다.

안전도시는 사회의 산업화 및 대형화 등에 따른 재난, 재해, 안전사고에 대한 예방, 대비, 대응 및 복구에 따른 사회적 경제적 욕구에 따라 강조되어 왔지만, 지방자치단체의 수준별 활동에 따라 안전도시의 등급은 달라진다. 특히, 안전도시의 맥락은 사건, 사고에 따른 주민들의 생명에 대한 안전과 직결되는 부분에 중점적으로 다루어지고 있다. 그러나, 안전도시는 지역공동체의 생활안전에 대한 인식으로 시작되어 시민의 자발적 참여와 민관 협력 관계에 따라 제고되기도 한다.

최근의 안전도시를 위한 추진 방법은 재난관리, 식생활과 관련된 먹거리, 안전한 일터, 교통 및 취약계층에 대한 안전을 국가안전관리 기본계획에 따라 국가 및 지방자치단체의 안전 및 관리로 나누어 수행되어야 하는 것으로 설명되고 있다. 그러나, 이러한 모두의 관리는 안전도시의 확보를 위하여 민관의 합동 연계 과정에 의하여 유기적 조합을 이루고 있다. 그럼에도 불구하고 많은 문제가 발생하는 것은 상호 조합적 관계가 유기적으로 움직이지 못한다는 데 기인하지만 무엇보다도 중요한 것은 각 위치에서의 역할이 제대로 이루어지지 못하고 있음과 조직의 부조화에서 나타나게 된다는 것이다.

우리나라에서는 안전도시와 유사한 유형으로 지방자치단체에서는 '살기 좋은 지역 만들기', '살고 싶은 도시 만들기' 시범사업이 추진되고 있다.

생활자치와 사이버 공동체

임정빈 (성결대학교 행정학과 교수)

사이버 공동체 내에서 생활자치가 가능한가?

사례

눈이 내린 지난 28일 서울 중구 신당동 남산타운 아파트 사이버 커뮤니티 사이트의 한 코너에는 몰래카메라 사진 한 장이 올랐다.

이날 아침 7시 아파트 입구에 쌓인 눈을 치우는 한 이웃의 모습을 커뮤니티 운영자가 찍어서 올린 것이다. 이 사진의 효과는 금세 나타났다. 너도나도 아파트 입구로 나와 눈을 치우기 시작하였다.

남산타운 21 운영자인 공모씨는 "사이버 커뮤니티는 시간과 장소에 구애받지 않아 주민들 호응이 높다"며 "얼굴도 몰랐던 이웃들이 서로 친해지고 필요한 물건을 서로 바꿔 쓰는 장이 되고 있다"고 자랑하였다. (한국일보, 2001. 1. 30.)

민주화와 지방자치의 부활로 생활공간에서의 시민 참여가 활발하게 이루어지고 있으며, 지역 주민의 공동 문제 해결을 위한 주민 간의 네트워크는 강화되고 있는 실정이다. 특히, 정보통신기술(ICTs)이 주민들의 이해를 집약하고 표출시키는 잠재력을 보여주면서 주거나 관심사와 같은 생활 속 문제를 함께 공유하는 사람들의 의사소통과 참여 의식이 높아지고 있다.

산업화 이전 전통적인 사회에서의 커뮤니케이션은 물리적 공간의 제약을 전제로 하였으나 물리적 공간의 제약으로부터 자유로운 사이버 공간의 등장은 네트워크의 유용성이 강화되어 정보의 흐름뿐만 아니라 국가 및 기업 활동, 그리고 개인의 일상 및 문화생활에 이르기까지 많은 변화를 가져왔다. 새로운 환경으로서 사이버 공간은 지금까지 우리가 경험하였던 현실 공간과는 물리적 · 심리적으로 많은 차이가 있음에도 불구하고 우리의 일상생활 속에서 자연스러운 삶의 영역이 되고 있다.

사이버 공동체는 전통적인 공동체에서 사람들이 강한 결속력을 갖고 인간적인 유대 관계를 유지하는 것과 마찬가지로 사이버 공간에서 컴퓨터를 매개로 하여 사람들 간의 상호 작용 관계를 형성하고 있다는 측면에서 현대 사회의 중요한 공동체로서의 의미를 갖는다.

산업화 과정을 겪으면서 공동체의 해체로 인하여 지역 내부의 신뢰와 규범 등의 사회적 자본이 급격히 위축된 현재 상황에서 주민들의 자율적 모임과 지역 공동체의 활성화를 높여주고 있다는 점에서 수지시민연대나 남산타운 21과 같은 인터넷 기반의 사이버 생활자치공동체의 활동은 그 의의가 매우 크다고 할 수 있다. 사이버 생활자치공동체의 활동은 현재의 지방자치 체계 내에서 소화하지 못하였던 다양한 시민의 요구를 수렴하면서 생활자치의 기능을 강화시킴에 따라 공동체의 민주주의뿐만 아니라 민관 협력의 틀을 새롭게 만드는 거버넌스 기구로서의 역할까지 수행할 수 있는 가능성을 보여주고 있다.

한국 사회는 지방자치제 실시 이후 그동안 공급자 중심의 행정에서 시민 중심의 행정 서비스 공급 체계로 전환되기 시작하였다. 그러나 이러한 현상은 공무원들의 자발적인 의지나 노력에 힘입어 이루어지기보다는 주민들에 의하여 선출된 자치단체장들의 강력한 요구에 따라 변화된 측면이 강하다. 그러나 이제는 이러한 시민 중심의 서비스 공급은 점차 시민과 함께 하거나 또는 시민 주도에 의한 서비스 공급으로 전환되어야 한다. 단순히 시민은 공공 서비스를 공급받는 대상이 아니라 서비스를 받는 동시에 서비스를 공급하는 주체적인 역할을 수행하여야 한다. 이러한 측면에서 사이버 공동체 방식의 새로운 생활자치공동체 활동은 앞으로 지방자치 내용의 질과 양을 좀 더 풍부하게 해준다는 점에서 그 의미가 매우 크다고 할 수 있다. 특히, 정보통신기술의 활용을 통하여 운영 비용을 낮추고 일상생활과 관련된 공공 서비스의 결정 과정 및 생산 활동에 주민이 자발적으로 참여할 수 있는 폭을 넓힌다는 점에서 시민 참여의 질적인 개선과 새로운 참여 방식을 통한 지역정책 결정 과정에 지역 주민의 실질적 영향력을 높여준다는 점에서 그 의의가 크다. 주민 중심 인터넷 기반의 사이버 생활자치공동체는 주민의 참여를 얼마나 활성화시키고 그 과정에서 주민의 요구를 얼마나 수용할 수 있을 것인가가 제일 중요하다. 그러한 맥락에서 본다면 사이버 생활자치공동체의 활동은 주민들의 생활자치를 실질적으로 향상시킬 수 있다는 점에서 우리가 지속적으로 관심을 갖고 지켜봐야 할 공동체이다.

사이버 공동체의 생활자치 사례

수지시민연대

수지시민연대(http://www.sujicity.net)는 경기도 용인시 수지구 지역 주민들이 중심이 되어 인터넷 시민 참여를 통하여 지역 문제를 논의하고자 만들어진 커뮤니티이다. 2001년 3월 15일 수지시민 모임 클럽을 인터넷에 개설한 것을 모태로, 이후 2001년 5월 14일 수지시민연대 사이트를 개설(개설자: 김종택)하여, 인터넷상에서 수지 지역의 난개발 반대와 교통난 해소, 광교산 환경오염 방지, 녹지 보존 및 교육환경 개선 등을 위하여 인터넷에서 형성된 생활자치 공동체이다. 2002년 9월 용인시 수지 지역 주민 1,925명이 회원으로 등록하여 '수지시민연대'를 정식 · 발족하여 현재까지 활발하게 활동하고 있다.

수지시민연대는 발족 후 수지 지역의 시급한 현안을 해소하고자 수지 지역 주민들의 서명을 받아 집단민원을 용인시, 경기도, 건교부, 기획예산처, 청와대 등 관계 기관에 제기하였을 뿐만 아니라 회원들이 직접 수지 지역의 교통 및 환경 개선을 위하여 수많은 사이버 민원을 제기하였다. 그 결과 '신분당선 수지 연장 확정', '국 ·

지도 23호선 8차선으로 확장', '동백지구아파트 사업 연기', '수서-오리 간 고속화도로 연장 계획 발표', '버스 증차', '머내고가차도 건설' 계획 발표 등의 성과를 거두었다. 또한 TV, 신문 등의 미디어를 활용한 적극적인 홍보를 바탕으로 여론을 조성하여 건교부, 경기도 등으로 하여금 수지 지역의 교통난 개선을 위한 대책을 발표하게끔 유도하기도 하였다.

수지시민연대는 2005년 5월 12일 제정된 수지시민연대 규약을 바탕으로 용인시 수지 지역에 거주하는 주민은 모두 회원이 될 수 있도록 하였다. 규약에 따라 공동대표와 운영위원, 명예위원, 운영을 위한 고문과 자문위원을 두고 있으며, 회비의 적절한 관리와 운영을 위하여 총무와 감사를 선출하고 있다. 이 밖에도 수지시민연대의 실질적 운영을 위하여 사무국과 사무국장을 두고 있다. 운영진 대부분은 직장 생활을 하면서 틈틈이 시간을 내어 활동하고 있으며, 운영 경비는 회원들의 자발적인 회비와, 홈페이지 배너 광고 유치비를 재원으로 운영하고 있다. 2012년 11월 현재 정회원 536명과 일반회원 8,865명(총 9,401명)으로 구성된 수지시민연대는 용인 수지 지역의 명실상부한 대표적인 생활자치공동체로 자리매김하고 있으며, 신분당선 수지 구간 조속 개통, 광교산 도립공원화 운동, 영덕~양재 간 고속도로의 친환경적 건설 및 조기 개통, 아파트 및 상가 등의 난개발 방지, 도시경관 조례 제정, 녹지보존운동, 하천 살리기운동, 대중교통 활성화, 자전거 도로 확충 등 다양한 지역 현안의 해결을 위한 생활자치 활동을 전개하고 있다.

수지시민연대는 자발적인 시민 참여를 통하여 운영되고 있는데, 홈페이지는 지역 교통 문제에 대한 꾸준한 문제 제기와 집단 의견

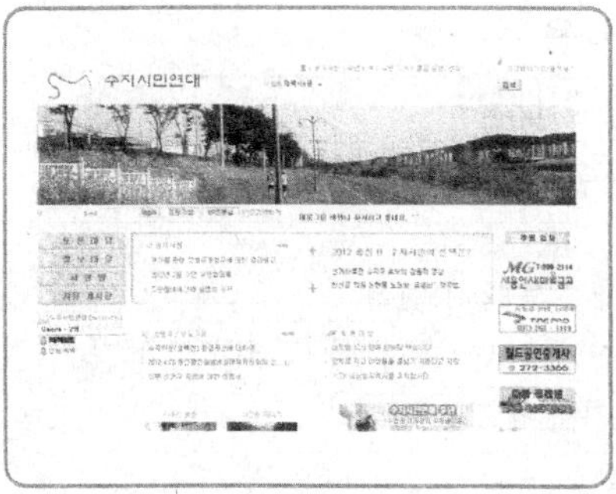

[그림 1] 수지시민연대 홈페이지 화면

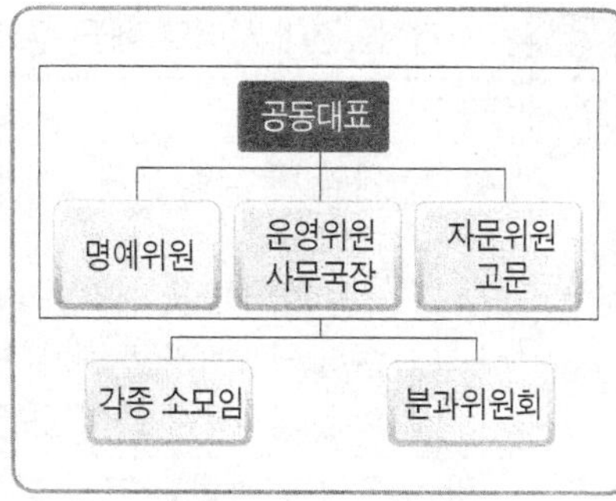

[그림 2] 조직구성도

을 표출하고 있으며, 인터넷 토론장 사이트의 회원 방문과 의견 게시가 많은 것이 특징이다. 방문자 수는 하루 평균 1,100여명(2011년 기준) 정도로 소규모 공동체의 문턱을 넘고 있다고 평가된다.

수지시민연대 홈페이지의 주요 메뉴로는 토론마당과 정보마당, 사랑방, 자유게시판 등이 있다. 지역 현안이 집중적으로 다루어지는 토론마당은 2012년 대선 관련 토론장, 신분당선과 KTX/GTX, 교통 관련 토론장, 환경녹지 분야 토론장, 교육 분야 토론장, 토론 채팅방 등으로 세분화되었으며, 각 게시판에 게시된 글은 조회 수가 수백에서 수천에 이른다. 특히 가장 문제가 되고 있는 교통 문제의 경우 약 6,300개의 글이 게시되어 있으며, 환경과 신분당선 연장선 문제 또한 각 3,500 여개의 글이 게시되어 있다(www.sujicity.net 검색일, 2012/10/09).

수지시민연대는 지역 현안의 토론뿐만 아니라 층간 소음 문제나 출퇴근 교통 문제 등 일상에서의 고민을 토로하고, 부동산 매물, 중고 물품과 일터 소개, 육아 · 교육 등 회원들 간 정보를 공유하고 있다.

표 1 수지시민연대 사이트 제공 주요 내용

주요 서비스	주요 내용
토론마당	- 지역 내 각종 문제들이 주요 의제로 형성되어 토론과 반론을 제기 - 주요 의제별로 게시판이 세분화되어 있음 - 수지구에 가장 문제가 되고 있는 교통과 환경 분야 토론장이 많은 게시글과 조회 수를 기록하고 있음
정보마당	- 용인과 관련된 보도 기사와 자료, 사진 등을 회원들 간 공유 · 게시 - 운영위원의 회의록은 비공개 게시하고 있음
사랑방	- 층간소음, 출퇴근 교통 문제와 같은 회원들의 일상 고민과 중고 장터, 부동산 매물, 일터 소개 등을 공유하는 공간
자유게시판	- 자유로운 글을 올리는 게시판

수지시민연대 회원들끼리 수지 지역의 교통난 등 난개발에 따른 여러 불편 사항 등 시급한 현안을 해소하고자 수지 주민들의 서명을 받아 지방자치단체, 중앙정부 등 지역 문제 관련 공공기관에 집단 민원을 제기하면서 활동을 시작하였다. 또한 인터넷상에서 수지 지역의 환경 개선을 위하여 사이버 민원을 제기하기도 하였으며, 우편으로 관련 기관에 민원을 제기하는 활동도 하였다. 수지시민연대의 주요 활동으로는 교통난 해소를 위한 신분당선 수지 연장, 국지도 23호선 차선 확장 및 머내고가차도 설치, 서용인IC 설치, 환경 보존과 난개발 개선을 위한 광교산 주택단지 건설 반대운동 등의 활동이 있으며, 2012년 중점 과제로 선거에서의 수지 시민의 이해와 요구 반영, 주민참여예산제 참여, 경전철 문제 해결, 신분당 연장선 조기 개통 등을 선정하여 활동하였다.

특히, 경전철 문제의 경우 수지시민연대는 부실 공사로 인한 안전 문제, 불공정 협약으로부터 재정적 손실과 운영에서의 적자, 소음 등의 공해 문제 제기를 바탕으로 2011년 4월 6일 용인경전철 범시민 비상대책위원회(수지시민연대, 용인환경운동연합, 용인아파트연합회, 용인여성단체협의회, 용인미래포럼)를 발족하는 등 경전철 문제 해결을 위하여 많은 활동을 하고 있다.

용인경전철은 부실 공사로 인한 안전 문제, 과다한 최소 운영 수입 보장에 따른 불공정 협약으로 인한 재정적 손실, 경비와 시간 면에서 경쟁력 상실로 인한 운영의 적자, 인구 밀집 도시 중심 교통난 해소를 위한 건설 통례를 벗어난 에버랜드 교통 체증 해소 목적의 건설 등으로 많은 비난을 받고 있다.

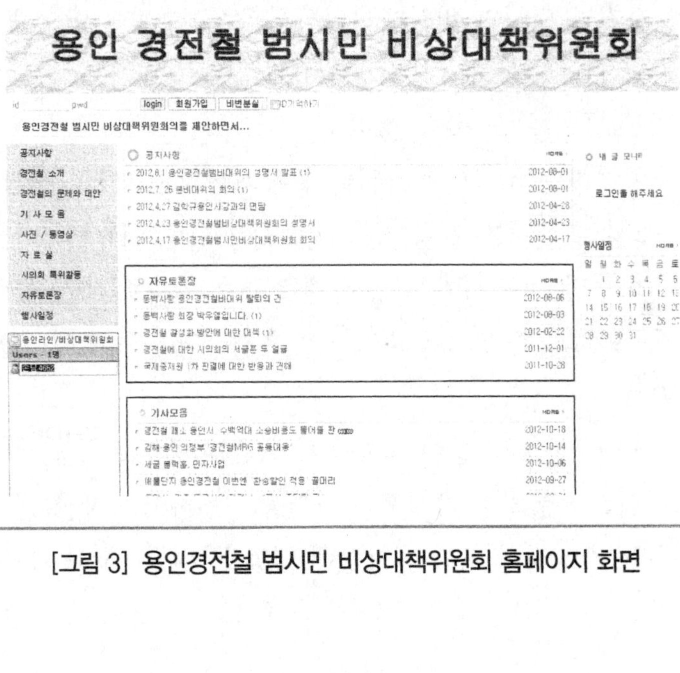

[그림 3] 용인경전철 범시민 비상대책위원회 홈페이지 화면

번호	제목	글쓴이	등록일	조회	추천
13	동백사랑 용인경전철비대위 탈퇴의 건	동백사랑	2012/08/06	111	0
12	동백사랑 회장 박우열입니다.(1)	동백사랑	2012/08/03	101	0
11	경전철 활성화 방안에 대한 대책(1)	청지	2012/02/22	382	0
10	경전철에 대한 시의회의 서글픈 두 얼굴	봄나물	2011/12/01	318	0
9	국재중재원 1차 판결에 대한 반응과 견해	봄나물	2011/10/28	260	0
8	용인경전철에 대한 용인시의 고시를 보며...	봄나물	2011/08/02	388	0
7	용인경전철 문제 전국으로 확산되어야 한다.	수도권신화	2011/07/23	189	0
6	경전철 문제와 시민대책회의	봄나물	2011/06/07	176	0
5	용인경전철의 진짜 문제(2)	봄나물	2011/05/31	570	0
4	경전철 조기개통 방해마라!!(2)	동부지역	2011/04/26	521	0
3	수지시민연대의 용인경전철 성명서	봄나물	2011/04/08	266	0
2	용인아파트연합회 성명서	봄나물	2011/04/08	191	0
1	용인경전철에 대한 사회적 시민적 관점에서의 제안	봄나물	2011/04/06	222	0

[그림 4] 비상대책위원회 자유토론장 이용 및 갈등

수지시민연대는 용인경전철 문제의 해결을 위하여 2011년 4월 6일 용인경전철 범시민 비상대책위원회(수지시민연대, 용인환경운동연합, 용인아파트연합회, 용인여성단체협의회, 용인미래포럼)를 발족하고 활발한 활동을 전개하고 있다.

수지시민연대는 비상대책위원회의 홈페이지를 따로 개설하여 수지시민연대 홈페이지에 링크를 하였고, 2011년 4월부터 시장 · 시의회와의 면담, 성명서와 진정서 제출(검찰, 기획재정부) 등 비상대책위원회의 활발한 활동을 바탕으로 용인경전철 문제 해결을 위하여 많은 노력을 하고 있다.

수지시민연대는 시민들이 생활자치 이슈를 중심으로 인터넷이라는 네트워크를 통하여 자신들의 의견을 결집하고 의제 설정에서 집단행동을 거쳐 정책 채택과 형성에 영향을 미치고 있다. 시민들이 네트워크를 통하여 유연하게 조직을 확장하고 시간과 비용, 지리적인 제약 없이 중요 이슈에 대하여 토론하면서 집단을 형성하였고, 지방정부나 중앙정부의 정책 형성과 결정에 중요한 영향력을 행사하고 있다.

신분당선의 수지 연장과 조기 착공 청원의 경우, 신도시 개발로 형성된 수지 지역 아파트 단지는 난개발로 환경은 파괴되고 교통과 관련한 사회간접시설이 절대적으로 부족한 지역으로서, 2003년 시민연대는 지역 내 교통 문제 해결을 위하여 신분당선 연장을 위한 이슈를 논의하고 의제로 설정하였다. 이를 정책에 반영하기 위하여 시민들은 인터넷을 통하여 정부에 민원을 제기하는 운동을 전개하였다. 그 결과 타당성 평가기관인 KDI에 640건(2002년 12월 5일~2003년 6월 23일), 기획예산처에 137건(2003년 1월 1일~2003년 6월 30일), 청와대 신문고에 118건(2003년 5월 7일~2003년 6월 20일)의 민원을 인터넷으로 제기하였다. 이에 2003년 9월 15일 기획예산처는 신분당선 수지 연장 예비 타당성조사에서 신분당선 연장이 타당성이 있는 것으로 발표하였는데 여기에는 시민들의 사이버 생활자치 활동이 직·간접적인 영향력을 행사한 것으로 평가된다. 온라인상의 생활자치 활동은 오프라인에서의 운동을 결합하는 방식으로 확산되었다. 2004년 5월 신분당선의 연장을 조기 착공하기 위한 사이버상의 서명운동을 오프라인으로 확산하여 수지 이마트와 수지 지역 아파트에서의 서명운동으로 확대되었다. 그 결과 주민 22,120명의 서명을 받아 건설교통부와 기획예산처, 경기도, 용인시에 2004년 5월 31일 제출하는 성과를 거두었다.

이러한 인터넷 네트워크상의 생활자치 활동의 활성화는 관할 지방정부인 용인시의 정책 결정 과정의 변화를 유도하였다. 지방자치단체에서는 초기 시민연대의 활동을 지역이기주의적 집단행동으로 인식하였으나, 장기적으로 시민 참여의 긍정적인 효과가 나타나면서 점차 우호적인 관계로 전환되었다. 수지시민연대는 이전의 오프라인적인 정책 결정 과정에서는 발견하기 힘든 네트워크적인 의제 설정 방식과 행정 과정, 그리고 정책결정권자에게 직·간접적인 영향력 증대를 계기로 정책을 개선하는 성과를 거두었다. 이처럼 시민연대의 활동이 활발해지면서 공무원들도 시민연대의 인터넷 홈페이지에 관심을 가지게 되었고, 인터넷을 활용한 생활자치 활동의 긍정성을 인정하고 있으며, 지방자치단체도 시민연대와 같은 시민들의 참여를 보장하는 시스템으로 정책 결정 과정을 개선하고 있다.

이렇게 활발한 생활자치 활동을 전개해 온 수지시민연대는 최근 큰 어려움을 겪고 있다. 2011년 2월 수지시민연대의 홈페이지가 실명제로 전환되며 번거로운 회원 가입과 로그인 절차로 인하여 방문자와 회원들의 활동이 크게 줄었기 때문이다. 이에 대하여 수지시민연대의 많은 회원이 토론의 자유를 위하여 토론방의 비실명제를 주장하였지만 운영진은 이를 받아들이지 않고 있다. 그 결과 신분당선과 교통, 환경 등 주요 이슈에 대해서는 하루에만 수십 건의 글이 올라왔던 것이 2012년 1월부터 2012년 10월까지 12개의 글(신분당선 토론 게시판)만이 게시되고 있는 실정이다(www.sujicity.net 검색일 2012/10/09). 이러한 내부 운영의 문제는 수지시민연대가 개선하여야 할 과제이다.

남산타운 21

남산타운 21(http://www.namsantown21.com)은 서울시 중구 약수동 남산타운 아파트의 42개동 5,150세대를 대상으로 하는 공개형 사이버 공동체로 출발하였다. 그리고 주민들의 적극적인 참여가 지속되고 입주자 대표회의 등의 투명성과 성과가 제고되면서 상시적인 커뮤니티로 정착되었다. 남산타운 21은 개인 운영자가 2000년 12월 남산타운 아파트 단지를 대상으로 하는 사이버 공동체(cyber community)를 만들면서 출발하였다. 운영자는 입주자들이 자발적으로 참여하는 주민공동체를 만들어 생활환경을 개선하고 각종 사안에 대하여 감시 기능을 함으로써 효율적으로 아파트를 관리하자는 취지로 남산타운 21이라는 생활공동체를 만들었다(문화일보, 2004.10.11). 주민의 관심이 확산되고 있던 2000년 12월 남산타운 21 사이트의 한 코너에 게시된 디지털 사진의 회람을 계기로 남산타운 21 활동은 본궤도에 접어들기 시작하였다. 당시 폭설이 내린 새벽부터 눈을 치우는 한 주민의 사진이 운영자에 의하여 게시되자 많은 주민들이 아파트 입구에 모여 눈을 치우는 변화를 만들어 내기 시작하였던 것이다(한국일보, 2001. 1. 31).

이런 경험들이 쌓이고 온라인을 통하여 전파되면서 남산타운 21은 주민들이 자발적으로 참여하는 생활자치 사이버 공동체로 발전하기 시작하였고, 다수의 주민의 호응과 참여로 지역 내 유력한 커뮤니티로 성장하였다. 특히 주민들 간 의견 제시와 교환이 활발해지자 남산타운 21은 지역 내 중요 의제(critical agenda)들이 논의되는 제도화된 공간으로 자리 잡았다. 또한 남산타운 21을 중심으로

[그림 5] 남산타운 21 메인 화면

[그림 6] 입주자 대표회의 화면

입주자 대표회의가 활성화되면서 단순한 의견 수렴을 넘어 준(準) 의사결정기구로까지 역할을 확대하게 되었다.

남산타운 21은 운영자가 개인적으로 운영하는 사이트이지만 지역 내 의견과 여론을 수렴하는 다양한 메뉴가 구축되어 있다. 예컨대, 자유 의견을 게시하는 신문고, 동대표회의, 관리사무소 건의 사항, 벼룩시장 등의 하위 메뉴가 운용되고 있다. 또 자유게시판과 상업게시판을 구분하여 상업적인 성격의 콘텐츠를 별도로 관리함으로써, 커뮤니티의 변질 가능성을 차단하고 있으며. 온라인상에서의 주민들 간 의사소통이 풍부하게 이루어지고 있는 특징을 보인다. 특히 지역 내 현안들에 대하여 신속하게 의제를 형성하고 의사를 집약 · 전달함으로써, 정당이나 여타 시민사회단체들의 이익매개 기능을 실질적으로 대체하고 있었다.

남산타운 21은 시민들이 자발적으로 조직한 전형적인 온라인 기반의 생활자치 공동체이다. 남산타운 21의 주요 메뉴로는 신문고와 동대표 회의, 관리사무소 등으로, 방문자 수는 하루 평균 500여 명 정도로 소규모 공동체의 임계 문턱을 넘고 있다고 평가되었다.

그리고 사안과 시기에 따라 상이하지만 게시판별 게시글 수도 평균 100건 내외에 달하고 있는데, 특히 지역 현안이 집중적으로 다루어지는 신문고 게시판의 경우 조회 수가 수백에서 수천 건에 이르렀다. 그뿐만 아니라 남산타운 21은 단순히 생활자치의 정보 제공 역할에 머물지 않고, 지방자치단체의 대표적인 온라인 카운터파트로서 주민 공론장 역할을 하고 있었다. 특히 관리사무소나 동대표가 상권이나 관리업체 선정 등의 이권을 놓고 부정을 저지르지 못하도록 하는 감시 활동을 하며 투명한 아파트 관리 · 운영에 기여하는 등 일종의 생활자치기구로서의 기능 수행을 특징으로 하고 있었다.

남산타운이 입지한 약수동은 재개발지역인 탓에 서울시에서도 아파트 관련 민원이 유달리 많은 지역 중 하나이다. 이 때문에 남산타운 21의 자유게시판과 신문고, 동대표회의는 시민들의 적극적인 의제 형성과 오프라인의 집단행동으로 지역 문제 관련 정책 결정 과정에 영향력을 행사하는 통로로 활용되고 있다. 즉, 사이버공간에서 의제를 형성하거나 주민들의 의견을 결집하고 때에 따라서는 청원과 같은 집단행동으로 발전해 나가는 행태가 정착되어 있었다. 남산타운 21에서 가장 주목할 만한 메뉴는 신문고로서 말 그대로 지역 현안과 제반 문제점을 주민들과 공유하는 것이 개설 취지이다. 게시글의 내용은 단지 내외의 불법주차 관리 문제에서부터 교육 및 근린시설 유치에 이르기까지 지역 현안 전반의 관심사들이 망라되어 있었다. 또한 간헐적으로 정치적 · 경제적 현안에 대한 논쟁도 표출되고 있다. 이러한 탓에 신문고 게시판은 참여가 저조한 오프라인 공동체보다 중요한 '사이버 타운홀' 역할을 하였

표 2 남산타운 21 사이트 제공 주요 내용

주요 서비스	주요 내용
신문고	- 남산타운 21 내에서 자유로운 의견을 제시하고 토론을 하고 있는 공간 - 지역 내 생활 문제들이 주요 의제로 형성되어 토론과 반론을 제기하며 많은 조회 수를 기록하고 있음
동대표회의	- 동대표회의의 과정과 결과가 투명하게 공개되어 있음 - 일반적으로 동대표회의의 경우 관리사무소에서 운영하게 되어 있지만 남산타운의 경우 사이트의 참여자가 많기 때문에 남산타운 21 사이트를 주요 정보 공급지로 활용하는 형태 - 주민들의 접속도도 높아 500~2,000건의 접속 수를 기록하고 있음
관리사무소	- 제1관리사무소와 제2관리사무소로 구분되어 운영 - 관리사무소의 민원과 불만 사항과 관련된 내용이 주류를 이루고 있음
쌈지공원	- 주변 경치 좋은 곳이나 생활담을 공지하는 곳으로 자유로운 게시판 형태로 운영되고 있음 - 최근에는 디지털 사진이 활용되어 다양한 주변 사진 게시
벼룩시장	- 아파트 주민끼리 공유하고자 하는 물건이나 일거리를 서로 공유하는 공간 - 몰랐던 주민들이 필요한 물건을 서로 인터넷에 교환하여 바꾸기도 하고 정보를 같이 나누는 공간(인터넷 아나바다 운동 전개)
자유게시판	- 자유로운 글을 올리는 게시판
상업게시판 및 상가안내	- 상업용 글을 게시하는 공간과 주변 상가 안내도를 운영 - 특히 상가 안내는 주민들의 생활과 밀접한 주변 상가정보와 전화번호가 제공되고 있어 활용도가 높음

* 출처 : 남산타운 21 (http://www.namsantown21.com/)

으며, 주민들에게 동대표회의에 가장 실질적이고도 강한 압력을 행사하는 진원지로 인식되고 있었다.

남산타운 21은 정책 의견 수렴 단계에까지 의사 결정 단계에까지 도달하고 있었다. 이 같은 역할은 지방정부로부터 기획되고 운영되고 있는 사이버 커뮤니티(사이버 반상회 등)가 기획된 의도와 동원된 참여를 통하여 단순히 지방정부의 의견 수렴 단계에 머물러 있는 것과는 대조적이었다. 지역 주민들의 자발적 참여 수준에 따른 사이버 생활자치공동체로서의 남산타운 21은 다른 기획된 사이버 공동체들보다 의제 설정-의견 집약-여론 확산의 메커니즘이 가장 체계화되어 있었다. 그리고 남산타운 21은 집단적 결사와 행동의 잠재력이 가장 강하게 나타나고 있었는데, 이는 단순히 여론 형성 차원을 넘어 지방정부에 대한 압력단체의 역할도 수행할 수 있는 조직의 성격을 드러냈던 것이었다.

남산타운 21은 사이버 커뮤니티가 생활자치 활동에 어떻게 이용 가능한지 잘 보여주고 있다. 또한 시민이 지방정부의 정책 결정에 수동적인 존재가 아니라 생활자치에 적극적인 개입과 참여를 보장하는 장을 마련하는 데 기여하고 있음을 알 수 있게 하였다. 그러나 개인 운영자의 운영이라는 한계를 벗어나지 못하였다. 남산타운 21의 경우에는 개인 운영자가 지역을 떠남으로 해서 사이트가 폐쇄되고 아파트 관리사무소가 운영하는 사이트로 통합되면서 그동안 활발하게 운영되던 생활자치 사이버 공동체로서의 남산타운 21은 역사 속으로 사라지게 되었다.

최근의 노력과 전망

정보통신기술과 인터넷 기술의 발달에 따라 온라인에서 자발적으로 형성된 공동체가 다양하게 나타나고 있으며, 그 활동 또한 사회 전반적인 영역에서 활발하게 나타나고 있다. 이러한 공동체는 시민들의 공동 의사를 자유롭게 전달하고 때로는 지방정부의 정책 방향을 변화할 의도를 가지고 형성되기도 한다. 온라인 네트워크를 활용한 자발적 시민 참여를 가능하게 하고 시민 참여의 새로운 방식으로 자리매김함에 따라 생활자치의 변화뿐만 아니라 정부의 정책 변화를 가능하게 하는 중요한 공동체이다. 사이버 공동체는 인터넷을 매개로 한다는 점을 제외하면 실제의 공동체와 똑같은 특징을 지니고 있다. 또한 사이버 공동체는 다수의 시민 사이에서 공동체로서의 느낌과 인간적 관계망을 형성하는 수준에 머무르지 않고 일정한 주제에 대한 지속적인 토론 및 활동을 통하여 다양한 방식으로 생활자치를 실현해 나가고 있다.

수지시민연대와 남산타운 21과 같은 사이버 생활자치공동체는 지역공동체의 생활자치기구로서의 성격을 가지고 있다. 수지시민연대와 남산타운 21 사례는 사이버 생활자치공동체로서 그 원형을 미국의 '전자타운홀 미팅(electronic town-hall meeting)'에서 찾을 수 있다. 전자타운홀 미팅은 정부의 효율적 통치보다는 풀뿌리 참여와 자치를 목표로 운영되었다는 점에서 수지시민연대나 남산타운 21과 같은 인터넷 중심의 시민 주도 생활자치공동체의 전형이 될 수 있다. 그러나 사이버 생활자치공동체는 개인 운영자의 의하여 주도적 · 독단적으로 운영되는 경우 활발하게 주민 참여와 생활자치 활동이 이루어졌음에도 불구하고 운영 주체의 부재와 이탈로 인하여 사이트가 폐쇄되고 활동이 중단될 수 있음을 보여준다.

남산타운 21의 사례처럼 운영 주체가 1인이나 소수로 구성될 경우 운영 주체의 부재나 이탈로 인하여 그동안의 활동이 단절되거나 절연되는 상황을 맞이하게 될 수 있음을 알 수 있다. 남산타운 21의 경우 기존 활동의 재조직화나 발전적 공동체 형성의 모색 없이 기존의 일방적인 정보 제공 형태의 아파트관리사무소의 홈페이지로 통합되는 결과를 가져옴으로써 사이버 생활자치공동체의 지속성과 운영에 대한 문제점 및 개선에 대한 논의를 불러일으키고 있다.

이러한 논의의 모범적인 사례가 사이버 생활자치공동체로서의 수지시민연대 활동이다. 사이버 생활자치공동체가 지속적으로 활동하기 위해서는 수지시민연대와 같이 규약의 제정을 통한 운영진의 구성과 실질적 활동을 지원해 주는 사무국의 설치 등을 통한 회비의 적절한 관리와 운영, 그리고 생활자치 활동의 지원을 위한 사무국의 설치와 사무국장의 임명이나 선출 등이 중요함을 역설적으로 보여주고 있다. 운영진의 경우에도 지역 주민들로서 참여 회원들과 마찬가지로 직장 생활을 하면서 틈틈이 시간을 내어 활동하고 있는 사람들이다. 그러나 수지시민연대의 경우에도 몇 가지 개선하여야 할 과제를 안고 있다. 토론의 자유를 위한 토론방의 실명제 문제, 회원 수의 증가에 따른 참여의 문제, 이슈 중심의 논의 구조에 따른 주민들의 관심과 참여의 비중 문제 등은 해결하여야 할 과제이다.

그러나 이러한 많은 논란에도 불구하고 사이버 생활자치공동체는 시민 참여를 바탕으로 한 좀 더 적극적인 생활자치공동체로 발전할 잠재력이 다른 생활자치공동체보다도 상대적으로 크다고 할 수 있다. 이것은 오프라인상에서 많은 활동을 수행하기에는 시간적·물리적으로 불가능한 활동이 정보통신기술을 통하여 자발적인 생활자치를 실현하고 있기 때문이다. 즉, 인터넷을 이용한 생활자치공동체로서 수지시민연대와 남산타운 21은 명실상부한 대표적인 온라인 생활자치의 전형으로 자리매김하고 있는 것이다. 이 사례들은 인터넷을 통하여 자발적으로 형성된 공동체가 생활환경의 변화와 지역 발전, 그리고 정책 결정에 얼마든지 영향을 미칠 수 있음을 나타내고 있다.

한편, 사이버 생활자치공동체가 생활자치의 새로운 유형으로서의 유용성이 많음에도 불구하고 좀 더 명실상부한 생활자치공동체로서 발전하기 위해서는 고려하여야 할 내용이 있다.

첫째, 온라인을 기반으로 하는 생활자치공동체가 기술이나 제도적인 구축으로만 만들어지는 것이 아니고 생활 현장에서 주민들의 반응 속에서 형성되며 식견을 가진 시민의 참여를 통하여 생활자치 활동이 활성화된다는 것이다.

둘째, 사이버 기능의 활용 수준에 따라 생활자치와 관련된 자발적인 의견 개진과 공론을 선순환시키기도 하고 혹은 지방정부 행정을 보조하는 커뮤니케이션 도구의 역할까지도 한다.

셋째, 사이버 생활자치공동체로서의 운영과 작동에서의 주민의 역할, 정보 격차와 주민 참여의 질적인 문제를 보완하는 노력과 제도적인 장치의 마련도 필요하다.

요컨대, 사이버 공동체로서 생활자치공동체는 정보통신기술(ICTs)의 적용만으로 구현이 저절로 되지는 않는다. 생활 속에서 참여하는 주민의 능동적인 역할이 무엇보다 중요하다. 물론 정보통신기술의 도입에 따른 기대 효과와 미래상에 대한 체계적인 설계가 맞물렸을 때 그 성과는 배가될 수도 있을 것이다. 그리고 현재의 사이버 생활자치공동체는 완결적인 구조의 문제가 아니라 생활자치를 더욱 풍부하게 하고 생활자치의 내용을 채우는 행위자들의 역할과 비중의 문제가 더욱 중요하다. 특히 생활 속에서 자발적인 주민들의 참여와 역할은 사이버 생활자치공동체 활성화의 성패를 좌우하는 중요한 요소일 것이다.

여러 성과와 한계에도 불구하고 온라인을 매개로 한 생활자치공동체는 시민 참여와 민관 협력을 통한 거버넌스의 주체로서 앞으로도 지속적으로 발전해 나갈 것이다. 수지시민연대나 남산타운 21과 같은 사이버 생활자치공동체 활동의 창조적 실험은 지역 공공 서비스의 공급이나 지방정부의 정책 결정의 중심적 역할을 수행할 것이다. 그것은 복잡성이 증대되고 있는 현대 사회에서 생활자치공동체를 통한 협력 추구와 이해 조정이 기회 비용을 절감하고 사회적 편익을 배가시킬 것이기 때문이다. 이렇듯 사이버 공동체로서 생활자치공동체는 진정한 생활자치의 장으로서의 역할을 수행할 수 있을 것이며, 앞으로 많은 참여와 활동을 통하여 지속적인 진화와 변화가 나타나게 될 것이다.

생활자치를 통한 동네문화 만들기

채은경 (인천발전연구원 연구위원)

생활자치에서 동네문화 만들기

사례 "조용한 마을에서 낯설지만 함께하는 축제가 열려 설렙니다"

각 지자체들이 마련한 행사가 중복되었다는 비판을 받는 가운데, 주민들이 자율적으로 노력해 중앙정부의 예산을 얻은 지역공동체 행사에 관심이 쏠리고 있다.

진해에 함박눈이 내린 지난 7일 오후 3시, 창원시 진해구 편백로 39에 위치한 '창원시 아이세상장난감 도서관'에 주민들 100여 명이 삼삼오오 모여들었다. 특히 주민들이 직접 기획해 발간한 잡지에는 '우리 동네 9인의 장인'이라는 제목으로 의복 수선집, 자전거점, 머리방 등 친근한 얼굴들이 소개되어 눈길을 끌었다.

'주민들과 함께하는 공연'을 관람한 이금자(54 · 진해) 씨는 "먹고 살기 바빠서 이웃들의 삶에는 관심을 두지 못한 것이 사실이다"며 "공연을 보고 나니 옛날 학교 다니던 시절처럼 마을공동체가 되어 함께 울고 함께 웃는 따뜻한 시절이 그리워졌다"고 말했다.

(경남신문, 2012. 12. 11.)

문화 여가 분야에서 생활자치란 "재미있고", "주민들의 하고 싶은" 생활을 만드는 데 주민들이 스스로 만들어가며 참여할 수 있다는 점에서 의의가 있다. 특히 축제를 통하여 동네 문화를 스스로 만들어가는 것은 공동체 문화를 경험하는 데 중요한 역할을 한다. 또한, 동네 작은 도서관 만들기도 최근 동네의 문화공동체 또는 생활문화공동체 속에서 문화 여가의 중요한 분야이다.

주민자치위원회의 분과 활동 중에서도 문화 관련 분야는 인기가 높은 편으로 많은 위원이 이 분과에 자원한다. 다만, 그 분야에 소속되려는 의지에 비하여, 문화 여가 분야는 꽤 전문성이 필요한 분야로, 첫 분과회의에서부터 어려움을 느끼는 자치위원들이 발생할 여지가 많다. 왜냐하면, 일반적인 '문화'라는 뉘앙스와 내가 만들어가는 '문화'에는 차이가 있기 때문이다. 즉, 우리 동네 문화의 특성을 이끌어내기 위한 대안 마련을 스스로 하지 못하는 데 어려움이 있다.

문화 여가 분야에서 가장 많이 하는 사업이 동네축제이다. 동네축제를 성공적으로 해나가기 위해서는 여러 가지 동네 자원을 탐색하고 발굴하여야 한다. 즉, 일회성의 축제와 같은 아이템을 지속 가능하게 유지하기 위한 '지원'이 필요하며, 이러한 지원을 이끌어 내기 위해서는 일단 자신들의 동네 자원에 대하여 속속들이 알아야 하는 것이다. 또는 동네에서 지속 가능한 문화 영역을 찾아내고, 이를 동네 보물로 만들어 나가기 위해서는 '생활' 속의 문화에 대한 진지한 고민과 이를 유쾌하게 풀어내기 위한 역량이 요구되는 분야이다.

이와 같은 생활공간 내에서 주민들이 주체가 되어 동네 문화자원과 역량에 대한 진지한 고민과 이를 유쾌하게 풀어나가려는 노

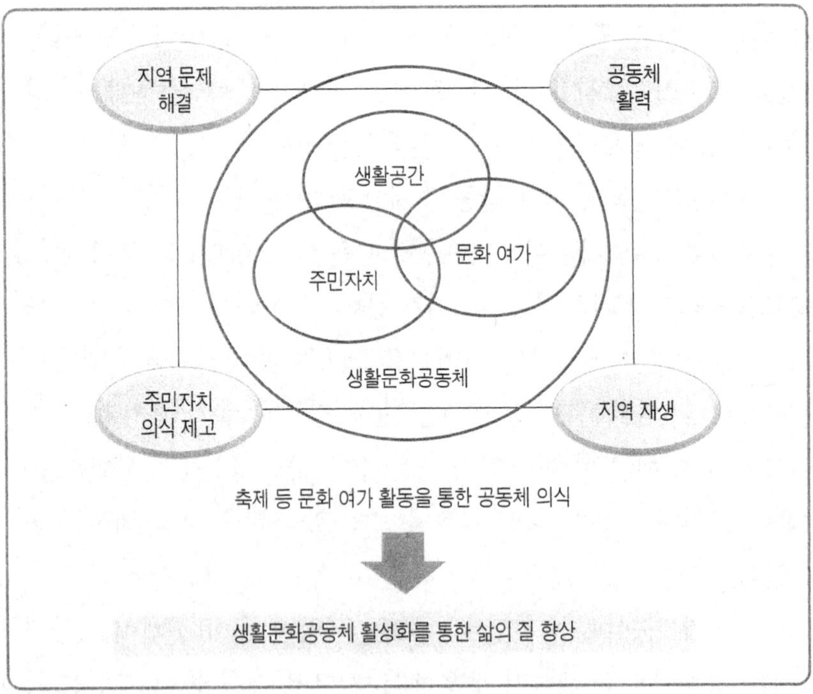

[그림 1] 생활문화공동체의 역할

력은 생활문화공동체로서의 유대감을 심어준다. 이러한 과정은 지역 문제를 해결할 수 있게 되는 계기가 되며, 지역 재생의 길도 열린다. 공동체가 활력을 가지게 되며, 알게 모르게 주민자치 의식도 제고되는 것이다.

문화 여가 활동에서의 공동체 의식을 제고하기 위하여 문화 분야에서 다양한 시도들이 이루어지고 있다. 또 하나의 대표적인 사업이 아파트 공동체 내에서 이루어지는 동네 도서관 만들기이다. 동네가 작은 평수가 많이 있는 지역의 경우에는 신혼부부에서 시작하여 영·유아, 초등학생 학부모 밀집지역이 꽤 있다. 이러한 지역의 경우에는 어린이 교육의 목적으로 동네의 작은 도서관을 만들고 이를 통하여 공동체를 형성하고자 하는 분위기가 조성된다. 작은 도서관은 생활문화 공동체를 활성화시키고 궁극적으로는 지역의 삶의 질을 향상시킬 수 있다. 특히, 이러한 작은 도서관 만들기 사업이 주민 주도로 이루어진다면, 동네의 사회자본을 형성하는 데도 도움이 된다. 그렇다면, 스스로 만들어가는 작은 도서관이란 어떤 것일까?

여기서는 생활문화공동체로서의 일체감을 주기 위하여 많이 시도되고 있는 동네축제를 만들어 나가는 사례도 소개하고, 또한 동네 문화에서 어린이 도서관 만들기에 대한 사례를 전개해 보고자 한다.

생활자치를 통한 동네문화 만들기 사례

동네 네트워크의 힘, 인천 연수2동 솔마을축제와 벚꽃축제

"연수 2동은 이런 지역이에요"

인천광역시 연수2동은 전형적인 아파트 지역이다. 1914년 부천군 문학면 연수리에 편입된 지역이나 1995년대 지역 전체가 도시개발 지역으로 아파트가 들어서면서 인구가 급증하게 되어 인천시 남구에서 연수구로 분구되었으며, 현재의 연수2동이 자리잡고 있다. 지역 내에는 아파트와 상가 지역, 그리고 공원이 함께 있으며, 연수구 전체의 중심상가가 형성된 지역이기도 하다. 다양한 평수의 아파트로 인하여 다양한 계층이 거주하고 있다. 면적은 0.9km²에 불과한 지역이나, 9,794세대가 거주하고 있으며, 인구도 24,869명에 이르는 등 인구 밀집지역이다.

연수 2동 주민자치위원회가 구성된 후 가장 먼저 구상한 것은 동네 마을 사람들을 어떻게 모을 것인가 하는 문제였다. 주민자치위원회는 이러한 생각들을 통하여 마을축제를 하기로 결정하였다. 2000년부터 주민자치센터가 있는 옆 솔안공원에서 가을마다 축제를 하기로 하였다. 솔안말 축제 개최를 위하여 주민자치센터 실무자와 문화분과위원회는 축제에 어떤 프로그램을 할지 생각하였다. 솔안말 축제가 개최되는 솔안공원의 경우, 연수2동 주민자치센터 바로 옆이기 때문에, 동네 주민들 모두가 참여하기 쉬우며, 주민자치센터의 활동과 연계하기 쉽다는 장점이 있다. 특히, 어린이들의 경우 접근성이 용이하기 때문에 직접 자신들의 물건을 가져와서 벼룩시장을 하는 재미도 존재한다. 따라서 벼룩시장도 열고, 영화도 보여주며, 센터에서 하는 각종 프로그램을 연계시켰다. 하나씩 늘어가던 프로그램이 가장 커졌던 2010년의 경우에는 주민자치센터 프로그램이 연계되어 주민장기자랑도 하였고, 케이크 만들기 체험 등도 기획하였다. 마술 공연, 사물놀이 공연, 각종 체험마당 등도 센터의 프로그램과 문화여가분과의 운영위원회가 직접 기획하고, 지역 주민이 직접 참여하여 이루어졌다. 축제를 하면서 영화제 등을 함께 운영할지 여부를 정하고, 관련 장비를 어떻게 대여할 수 있는지, 자원봉사는 어떻게 할 것인지에 대하여 결정하였다. 또한, 동네 큰길인 대동로 및 맛고을 상가 배너기 설치 등에 대한 의사 결정도 하였다. 축제에 먹거리가 빠질 수는 없다. 처음에는 떡볶이 등 직접 만들어 파는 행사를 기획하였다. 그러나 행사 전반에 대하여 주민센터의 공무원인 담당자와 논의를 하는 가운데, 공원에서는 취사를 할 수 없다는 말을 들었다. 따라서 직접 취사를 하지 않는 범위에서의 먹거리를 고민하였다. 10월에는 농산물이 많이 나오는 시기이다. 문화여가분과에서는 자매결연 도시인 평창 등의 지역농산물을 싸게 파는 행사도 기획하였다.

2011년에는 연수구에서 몇 개의 동이 연합하여 축제를 하는 것을 지향하였다. 봄에 연수구 차원에서 연수 벚꽃축제를 개최하되, 옆 동네인 청학동과 함께 공동으로 운영하는 분위기로 만들었다. 주민자치위원회는 1년에 2회 축제를 개최하는 것에 대하여 부담이 되었다. 따라서 축제의 중첩성을 이유로 솔안말 축제를 개최하지 않기로 하였다. 물론, 예산의 부담도 존재하였다. 청학동은 1977년에는 연수동과 함께 통합된 적이 있고 생활권이 유사한 지역이다. 연수 벚꽃축제는 주로 청학동 용담공원 앞 도로를 활용한다. 이때 차량을 통제하고 미니주민자치박람회와 같은 여러 가지 체험마당과 먹거리마당, 자매결연 도시 농산물 판매, 노래자랑과 같은 참여마당 등을 개최하였다. 체험마당, 먹거리마당 등에 어떠한 부스를 설치할 것인지는 동의 주민자치센터 및 주민자치위원회가 결정을

사례 연수동 아파트 숲속의 솔안공원에서 열린 마을축제

연수동 아파트 숲속의 솔안공원에서 열린 마을축제. 축제에 참가한 주민 3,000여명은 특히 신이 났다. 나무만 심어져 있던 휑뎅그렁한 공원이 멋지게 탈바꿈했기 때문. 분수와 놀이터, 농구대가 생기고 바닥엔 아이들이 다치지 않게 초록색 바닥재가 깔렸다. 이 또한 공청회에서 의견 개진, 설계 변경 등의 우여곡절을 거쳐 1년여 만에 주민자치위원회가 이뤄낸 일이다.

"가로등을 바꾸고, 중앙분리대를 설치하는 작은 일들이 마을을 조금씩 바꾸고 있다는 생각에 뿌듯합니다. 자치라는 게 큰 게 아니고 이런 것 아닐까요."

집안일에, 생업에 바쁜 시간을 쪼개고 또 쪼개 하는 활동이지만 이들의 표정은 피곤함을 몰랐다.

(경향신문, 2005. 11. 21.)

표 1 벚꽃축제 행사 내용

구분	행사명	세부 내용
전시마당	주민자치센터홍보관	주민자치위원회 사업 홍보
	연수종합사회복지관	복지관 사업 홍보/미아찾기
	연수구건강가정지원센터	다문화가정 지원사업 홍보 및 요요만들기
	아름다운가게 연수구청점	재활용품 판매 및 홍보
	연수문화원전통주만들기	우리나라 고유 민속주 시음회
	연수구자원봉사센터	자원봉사센터 사업 홍보 및 전문봉사단 활동
체험마당	천연비누 만들기	북아트
	풍선만들기	서예체험마당
	리본공예	버블체험
	벚꽃사진스튜디오	냅킨공예
	인절미만들기	슈가크래프트
	한지공예	바람개비만들기
	벚꽃 페이스페인팅	폼아트
	클레이아트	손으로 만지는 역사
	마술체험	퍼즐맞추기
	나무목걸이 만들기	가면 만들기
참여마당	어르신마당	· 민속놀이 투어
	가족마당	· 가족과 함께 케이크 만들기 · 벚꽃사생대회 · 가족 줄넘기대회
	청소년마당	· 길거리 농구대회
	노래자랑	· 주민들이 참여하는 벚꽃 노래자랑
공연마당	센터 동아리 공연	
	관현악 공연	
	청소년 동아리 공연	
	요들송 공연, 어린이 뮤지컬	

표 1 (계속)

구분	행사명	세부 내용
	퍼포먼스 매직쇼 공연	
	센터 동아리 공연	
먹거리 마당		· 각종 먹거리 부스 운영
자매결연 도시 농산물 판매		· 자매도시의 농산물 등 각종 특산물 판매
벼룩시장		· 판매하고 구입하는 알뜰 나눔 행사

한다. 2011년에는 연수2동이 주최하였고, 2012년에는 청학동이 주최를 하였다. 각 부스는 어떻게 구성할 것인지, 자원봉사는 어떻게 배치할 것인지를 결정하였다.

축제 기간 동안에는 도로에서 공연마당과 노래자랑, 먹거리 마당 등이 펼쳐지고, 다양한 전시, 체험마당과 벼룩시장 등 다양한 행사를 개최한다. 풍물팀 역시 연수2동과 청학동이 합동으로 거리를 행진하는 등의 행사를 함께 진행한다. 이러한 마을축제는 주민자치센터에 대하여 부족한 마을 주민들의 인식을 개선하는 데도 중요한 역할을 한다.

또한, 마을축제에서는 다른 기관과의 연대도 매우 중요하다. 주민자치위원장은 연수문화원의 협조를 받아 전통주 시음회와 같은 행사도 함께 개최하도록 의논하고, 분과운영위원회 위원들은 버블체험이나 벚꽃사진 스튜디오 등 축제의 의미와 다른 축제와 차별화한 행사를 만들어가기 위하여 아이디어를 낸다.

또한, 축제 기간 동안 운영된 벼룩시장에서 판매한 수익금 중 일부를 어떻게 사용할 것인지에 대해서는 전체 위원회에서 결정한다. 이웃돕기 성금으로 기탁받기도 하며, 불우 학생들을 위한 장학금으로 전달하는 등의 다양한 활동을 축제와 연계시켜 나갈 수 있도록 하고 있다.

주민자치센터 분과 활동의 열정과 민간실무팀의 지원이 축제를 지속화해 나가는 데 주요한 동인이 된다. 지역 여성들로 구성된 실무팀과 실무팀이 적극 개입하여 조직한 자원활동가는 센터에서 중추적인 역할을 한다. 이러한 축제 운영뿐만 아니라 다양한 프로그램의 운영, 프로그램과 축제의 연계, 회의를 통한 갈등 해소, 동네 인적 자원을 발굴함으로써 축제 내용을 풍성하게 하는 데 실무팀 및 자원활동가의 역할이 매우 중요하게 작용하였다.

연수2동 주민자치센터와 주민자치위원회는?

연수2동 주민자치센터는 1999년에 개소되었고, 같은 해에 주민자치위원회를 구성하였다. 주민자치센터가 개소된 후 주민자치위원회는 주민자치위원회를 지원할 상근인력이 필요함을 깨달았다. 이에 주민자치센터가 운영하는 사업비와 연수2동 주민센터의 지원에 근거하여 실무자를 뽑았다. 실무자는 연수2동에 거주하는 주민이었다. 주민자치위원회의 위원장은 다른 동도 마찬가지였겠지만, 동네에서 자영업을 하는 분이었다. 다른 동과는 다른 점이라고 한다면, 위원장이 주민자치위원회의 실무분과에서 기획하는 사업에 대하여 적극적으로 지원했다는 점이었다. 2012년 현재에도 주민자치위원회의 위원장은 운영위원회 이하 분과 활동의 사업에 대하여 적극적으로 지원하고 있다는 공통점이 있다.

현재 연수2동 주민자치위원회는 운영위원회 이하 4개 분과로 운영되고 있다. 총무분과는 지역문제 및 위원회 재정, 시설 및 후원에 관한 사항을 다루고 있다. 문화여가분과는 문화예술, 취미, 체육, 교육 프로그램에 관한 사항을 다루고 있는데, 특히 중요한 사업은 공부방 운영 및 솔안말축제와 연수 벚꽃축제 등 각종 행사에 관한 사항을 다루고 있다. 솔안말축제나 연수 벚꽃축제의 경우, 분과위원회는 실무자와 함께 사업 기획에서부터 자원봉사 운영까지 실무자와 함께 직접 하고 있다. 이러한 회의들은 개최되기만 하면, 끊임없는 토론으로 이어진다. 예를 들어, 영화를 상영할 경우 어떠한 영화를 상영할 것인지, 자원봉사 배치가 필요한지까지 모두 함께 이야기를 한다.

환경복지분과는 주거환경 개선에 관한 사항을 다루는 조직으로 중요한 사업은 자원봉사 및 복지사업이며, 틈새계층 돕기를 위한 1인 1계좌 갖기 사업 등을 펼치고 있다. 환경복지분과에서 하고 있는 사업 중 틈새계층에게 복지 키트(kit)를 전달해 주는 사업이 있다. 키트를 전달해 주기 위해서는 1명이 각자의 차를 가져오고, 1명이 배달하는 등 2명씩 조를 짠다. 한 달에 한 번씩 하는 이 사업을 수년간 계속해 오고 있다. 이 사업의 중심에도 각 분과위원장, 실무자, 주민자치위원장이 중심에 있으며, 가장 중요한 사람들은 봉사를 적극적으로 해주고 있는 주민자치위원들이다.

마지막으로 정보화분과는 홈페이지 운영 및 각종 설문조사에 관한 사항을 다루고 있으며, 기록 보존, 홍보와 관련된 사업을 전개하고 있다.

표 2 연수구 4개 분과 사업계획안(2012년)

분과	사업명	내용
총무분과	우리 동네 가꾸기 간담회	각 자생단체 사업보고 및 토론회
	마을주민 통합 한마음 단합 대회	지역 주민과 단합하여 살기 좋은 마을만들기 계기 마련
	신규 위원 교육	주민자치 바로 알기, 위원의 역할 교육
	다양한 인적 자원 발굴	위원 1인이 1위원 추천하기
	주민자치 전국 박람회	위원, 자원활동가, 동직원들을 대상으로 사례 발표 및 자치센터 부스 참관
	주민자치위원회 워크숍 및 선진지 견학	주민자치위원 및 자원활동가, 자생단체, 공무원을 대상으로 선진지 견학
	대보름 맞이 척사대회	각 자생단체 단합 척사대회
	자매도시 결연사업	위원 및 자생단체 선진지 견학 및 역량 강화 워크숍
문화여가 분과	주민자치학교 오리엔테이션	위원회 활동 소개
	제7회 솔안말 벼룩시장	성인, 어린이 벼룩시장, 약간의 먹거리, 센터 수강생 발표회, 어린이 강좌 체험마당 운영
	제2회 벚꽃축제	청학동과 자생단체와 함께 벚꽃 만개와 연계하여 축제 진행
	강사간담회	연2회 봄과 여름 학기에 시행
	청소년자원봉사학교	관내 청소년을 대상으로 인성교육, 연수2동 돌아보기 시행
	찾아가는 파크 콘서트	지역내 동아리와 연계 행사
	솔안말 영화제	지역 주민을 초대하여 인기 영화 상영
	우수 수강생 워크숍	우수 수강생 연합 야유회
	특색사업공모	연수구 주민자치센터 공모전
	인문학도서관 벤치마킹	도서관 운영지원팀 참여
	청소년 인문학교실	지역청소년 인문학 강좌
	노인의 날 공연	자생단체 드럼동아리를 통하여 드럼, 색소폰 공연

표 2 (계속)

분과	사업명	내용
환경복지 분과	틈새 계층 돕기(24세대)	복지분과 기금으로 생필품 지원
	후원 회원 모집	· 1인1구좌 갖기 홍보활동 전개 · '사랑의 모금함'을 10개 정도 구입해서 은행과 대형 음식점에 배치
	찾아가는 건강배달부	거동이 불편한 장애인 및 독거노인 대상
정보화 분과	솔안말 사람들 소식지 발간	지역의 소식을 주민들에게 알리고, 지역의 소리를 통하여 의식 고취
	홈페이지	연 1회 상반기 홈페이지 관리
	사랑의 가족사진	사회 속에서 많은 관심과 사랑을 필요로 하는 가정을 발굴하여 가족사진을 찍어줌으로써 가족끼리 서로 사랑하는 마음을 담아 영원히 간직하게 하고자 함

솔안공원에서 개최한 솔안말축제의 경우, 연수2동 주민자치센터에서 가까웠기 때문에 여러 가지 편이성이 존재하였다. 반면, 전체적인 부스의 위치 등은 주민센터의 공무원들과 논의하였음에도 불구하고, 청학동 근처의 용담공원 앞 도로 앞에서 펼쳐지는 벚꽃축제는 여러 가지로 힘든 점이 존재하였다.

이에 따라 축제가 끝나고 문화분과위원회 주도로 평가를 겸한 간담회를 하였다. 이때 벚꽃이라는 자연 자원이 있지만, 위치가 연수2동 주민들이 접근하기 어려운 용담공원에서 축제를 개최하는 것에 대한 회의적 견해도 있었다. 마을 사람들만의 축제인 마을축제에 대한 아쉬움도 있었다. 따라서 가을에는 솔안말축제라는 이름을 걸지는 않았지만, 동네에서 간단하게 영화제를 통하여 축제

표 3 연수2동 주민자치센터 프로그램 운영 현황

구분	행사명	대상
어린이 대상	영어(1) (2)	초1,2년/ 초3,4년
	동화 통합	초1,2년
	글쓰기	초3년 이상
	버그박사, 과학실험	초1~3년
	종이접기	초1,2년/초3,4년
	어린이 오카리나	초등학생
	그림책과 친구하기	유치부
성인 대상	요가 필라테스	성인
	오카리나	성인
	웰빙댄스	성인
	분노 조절과 대화법	성인
	드럼교실	초4~성인
	손글씨	성인
	사물놀이(초급반)	성인
야간	다이내믹 요가	성인
	아버지학교	성인 남성
동아리	연이풍물패	성인
	옹기종기(책읽고 이웃 나눔)	성인 여성

분위기를 내기도 하였다.

마을마다 축제가 늘어나고 이런 것들이 형식화되는 것에 대한 우려가 존재하는 것이 현실이다. 지방자치단체 차원에서는 여러 개의 동이 공동으로 축제를 개최하되, 격년제로 책임을 나눔으로써 축제의 지속성을 보장하는 것을 선호하게 된다. 그러나 몇 개의 동들의 통합적 축제는 동네 축제의 범위에서 벗어나기 때문에 접근성의 어려움과 '동네 분위기'를 벗어나 '마을' 축제의 장점을 잃을 수도 있다는 단점이 있다.

축제뿐만 아니라 연수2동에서 하고 있는 각종 사업들은 수년 동안 지속되어 온 사업이다. 1~2년을 하고 그만두는 사업이 아니다. 매년 지속함으로써 이러한 사업을 중간에 그만두기 힘든 구조를 만들어가고 있다. 이러한 힘에 따라 연수2동 주민자치센터는 2001년 전국 주민자치센터 박람회에 참가하여 전국 최우수 주민자치센터로 선정되었으며, 2004년에는 전국주민자치센터 박람회 특별상을 받았고, 매년 연수구 내 평가에서도 최우수 센터로 선정되는 등 모범적인 센터 운영을 하고 있다.

또한, 연수2동 주민자치센터는 초등학교와 담을 나누고 있으며, 건널목을 건너면 중학교가 입지한 곳이다. 후문은 아파트와 연결되어 있다. 따라서 공간적으로 프로그램 운영이 용이한 편이다. 주민들은 주민자치센터에 와서 담소를 나누기도 한다. 아이들을 프로그램에 보내고, 주부들은 강의실 밖 공간에서 차를 나누며 주민자치센터의 활동에 대하여 관심을 가질 수도 있으며, 자원봉사 활동에 관심을 가지기도 한다. 현재는 이 공간이 주민들의 의견에 따라 어린이와 청소년을 위한 도서관으로 변모하였다. 도서관으로 리모델링을 하는 중, 일부 프로그램이 운영되지 못하여 재원 문제의 어려움이 있기도 하나, 주민자치위원회는 이를 극복하리라고 긍정적으로 생각한다. 이것이 지금까지 사업을 추진해 온 힘이다.

필요에서 아이템이 생겨난다: 인천 가좌2동 동네 사람들의 힘으로 어린이도서관 만들기

"가좌 2동은 이런 지역이에요"

인천광역시 서구 가좌2동은 북쪽으로는 원적산길과 남쪽으로는 장고갯길을 경계로, 서쪽으로는 경인고속도로 가좌IC와 동쪽으로는 철마산을 접하고 있다. 부평구와의 경계지역으로 교통의 요충지이다.

진주아파트(1~5단지)를 비롯하여 10여 개의 아파트 단지를 중심으로 빌라, 다세대주택 등이 혼재하는 전형적인 주거지역이다. 2007년 10월, 한신휴플러스아파트(2,276 세대)의 입주가 시작되기 전에는 인구 17,129명의 5,476 세대가 거주하는 정도의 지역이었으나, 2012년 5월 말 현재에는 7,882 세대의 23,737명(남성 11,675명, 여성 12,062명)이 거주하는 지역으로 성장하였다. 19세 이상의 성인이 약 78%(18,439명)를 차지하고 있으며, 65세 이상 노인 인구 비율은 7.21%(1,712명)로 다른 지역에 비하여 상대적으로 낮은 편이다. 다양한 평수(소형 13평에서 대형 60평까지)의 아파트가 밀집한 지역으로 맞벌이 세대가 많고, 주민들의 교육 수준이 상대적으로 높은 지역으로 분류된다.

면적은 0.76km²으로 29개 통 127개 반의 통반 조직으로 구성되어 있다. 지역 내 주요 시설로는 2개 초등학교(가좌, 가림)와 2개 고등학교(가좌, 가림)의 교육기관과 경로당 11개소 및 가좌재래시장 등이 위치하고 있다.

가좌2동 주민자치센터에서 운영되고 있는 각종 프로그램을 살펴보면 외형상 다른 지역의 사례와 별반 다르지 않음을 알 수 있다. 그러나 가좌2동의 사례가 언론 등의 주목을 받는 이유는 지역주민들의 자발적 참여가 전제가 된 마을공동체 운영이 이루어지고 있다는 점이다. 가좌2동 마을공동체 활동의 구심점 역할을 수행하는 것이 푸른샘 어린이도서관 사업이다.

푸른샘 어린이도서관은 2004년부터 주민자치위원회의 기획운영과(당시)가 중심이 되어 주민 참여를 원칙으로 하는 사업으로 추진되었다. 주민자치위원회와 실무자는 관내에서 가장 필요한 사업이 무엇인지에 대하여 토론하였다. 가좌2동 주민자치센터는 초등학교와 마주하고 있다. 주민자치센터의 프로그램도 어린이 관련 프로그램이 많았다. 그러나 함께 온 어머니들이 머무를 공간이나 정보를 나눌 공간은 부족하였다. 주민자치위원회에서는 마주 본

주민자치센터는 설문조사를 해 주민 99%가 "어린이 걸음으로 5분 안에 갈 수 있는 도서관 설립을 원한다"는 것을 알았다. 벤치마킹을 통해 넓고 크고, 조용한 도서관보다는 규모가 작더라도 집에서 책을 보는 것처럼 안락한 환경으로 꾸미기로 머리를 맞댔다.

이혜경 가좌2동 주민자치위원은 "척박한 도시에 생기를 불어넣고 싶은 순박한 사람들의 마음이 서로 통하면서 자연스레 참여가 이뤄졌다"며 "아이들끼리 친해지니 어른들도 친해지고, 어떤 주민은 가좌2동이 그리워 다시 이사를 오기도 했다"고 말했다.

(경향신문, 2011. 7. 13.)

초등학교의 도서실 등 관련 시설의 미비로 미취학 아동 및 초등학생들이 자유롭게 이용할 수 있는 어린이도서관이 필요하다는 인식에 도달하였다. 왜냐하면, 관내에서 가장 가까운 서구도서관이 가좌3동에 위치하고 있었으나 어린이들의 도보 이동 가능 범위 내에 없었다. 또한, 이 지역은 맞벌이 세대가 다수 거주하고 교육에 대한 열의가 높은 지역이기도 하였다. 당시 전국적 규모의 독서운동과 어린이도서관 만들기 운동의 확산 등도 어린이도서관 설립을 위한 제반 환경 마련에 일조하였다. 푸른샘 어린이도서관의 설립

표 4 푸른샘 어린이도서관 설립 과정

시기	내용	주관
2004. 3.	어린이도서관 실치 기획	기획운영분과
2004. 3~6.	경기도 일대 어린이도서관 벤치마킹	기획운영분과
2004. 3~9.	예산편성 안건 상정회의	주민자치위원회
2004. 4.	'작은도서관살리기' 프로젝트 제출(문화관광부)	기획운영분과
2004. 5.	주민 설문조사 및 분석	분과, 학교 연계
2004. 5~8.	푸른꿈 어린이도서관학교 교육 수강	기획운영분과
2004. 5.	'작은도서관살리기' 프로젝트 심사 통과	기획운영분과
2004. 7.	도서관 설립을 위한 주민설명회 및 토론회	분과, 아파트부녀회
2004. 9. ~2005. 1.	어린이도서관 후원회 조직(2천 원 후원회)	자원봉사자, 아파트부녀회
2004. 11.	도서 주문, 공간도면 그리기	주민자치위원회
2005. 1.	어린이도서관 후원회 창립총회	분과, 아파트부녀회
2005. 1.	도서관 공사, 도서관 운영 자원봉사자 조직	자원봉사자
2005. 2.	도서관 이름 공모 및 확정	기획운영분과
2005. 3.	도서관 개관	

까지의 과정은 〈표 4〉와 같다.

가좌2동 주민자치위원회는 어린이도서관 설립을 위하여 가장 먼저 한 일은 설문조사를 통하여 지역의 정확한 수요를 파악하는 것이었다. 설문조사를 위해서는 초등학교 교장선생의 도움을 필요로 하였다. 당시 초등학교 교장선생은 주민자치위원회의 이러한 취지에 대하여 이해를 하고 적극 설문조사를 하는 데 협조해 주었다. 문화관광부의 국비 지원 사업에도 착수하였다. 공모를 위한 사업계획서를 쓰는 것 역시 주민자치위원회가 주도적으로 하였다. 물론, 이러한 과정에서 업체에 도서관 설치를 맡기자는 의견도 있었다. 그러나 주민자치위원회는 스스로 벤치마킹 등 과정에 적극적으로 개입하는 게 맞다고 생각하였다. 따라서 직접 다른 어린이도서관 사례를 조사하여, 지역 어린이도서관의 환경과 운영 실태를 종합적으로 검토하였다. 어린이도서관 설립 계획이 구체화되면서, 문화관광부의 국비 지원과 서구의 구비 확보로 기본적인 재원을 마련하였다. 가장 큰 어려움은 공간 마련이었다. 당시 주민자치센터에는 어린이도서관을 위한 공간이 없었다. 현재 어린이도서관이 입지되어 있는 곳은 당시 동예비군 중대가 입지하였다. 이때 동장이 동예비군 중대에 협조를 구하였다. 인천시에 가서 옥상에 가건물 형태로 새로운 동예비군 중대를 만들기 위한 예산을 확보하였다. 예산을 확보하자, 동예비군 중대도 동의를 하였다.

한편, 도서관 설립 사업의 원활한 진행을 위해서는 지역 주민과의 공감대 형성이 중요하다고 판단하고 주민공청회 등을 실시하여 지역 주민들의 의견 수렴과 전문가, 담당 공무원 등의 의견 청취의 장을 마련하였다. 주민공청회 당일에는 후원금을 모금하여 지역 주민들이 중심이 되는 자발적 재원 확보에도 힘썼다. 어린이도서관 설립을 위한 다양한 재원 확보 노력은 이후 '2천 원 후원회' 등의 후원 조직을 통하여, 이후 푸른샘 어린이도서관 운영 과정에서도 큰 자산이 되었다. 이러한 일련의 과정을 주민자치위원회가 주도적으로 추진함으로써 주민자치위원의 역량 강화 및 토론문화의 성숙이라는 자치 기능 활성화의 기본 요건 등을 갖출 수 있었다.

푸른샘 어린이도서관은 주민자치위원 중 1명이 관장(비상근)을 맡고, 전반적인 운영은 자원봉사자 중심의 운영회에 의하여 이루어지고 있다. 이러한 주민자치위원이 비상근 관장을 맡는 활동 역시 동 중심의 마을공동체 활동과 어린이도서관의 연계를 위해서였다. 또한, 도서관 운영을 위한 재정적 지원을 담당하는 후원조직을 갖추게 되었다.

도서관 활동을 위한 자원봉사자는 보통 2박 3일간의 교육을 겸한 체험 활동을 통하여 충원되고 있다. 이러한 활동을 통하여 도서관 자원봉사 활동에 대한 자의식을 가지게 된다. 매년 12명 정도가 지속적으로 그리고 적극적으로 활동하고 있다. 매년 아이들을 위한 새로운 프로그램을 기획한다. 도서관에서 하는 아이들을 위한 프로그램은 단순히 강사들을 불러 활동하는 것이 아니다. 자원봉사자인 엄마들이 직접 프로그램을 듣고 익혀서, '엄마표' 프로그램으로 만들어 아이들과 함께 활동하는 것이다. 가좌2동 푸른샘 어린이도서관의 힘은 이러한 활동들의 결과이다.

아울러 지역 주민들의 수요 변화를 확인하고, 프로그램 운영 등에 반영하기 위하여 연 2회 설문조사를 실시하고 있다. 설문조사의 결과는 푸른샘 어린이도서관의 운영 개선은 물론 주민자치센터의

푸른샘 어린이도서관

교육 프로그램의 신규 수요를 확인하는 등의 목적으로도 활용되고 있다.

가좌2동 푸른샘 어린이도서관이 주목받는 이유는 도서관의 설립부터 운영에 이르기까지의 전체 과정이 적극적인 주민 참여를 통한 마을사업으로 진행되었다는 점이다. 보통 지역 차원의 사업 소요나 요구가 확인되고, 마을사업에 대한 지역 주민들 사이에 공감대가 형성되어 실제 사업으로 추진되는 경우에도 일반적으로 행정의 주도로 사업이 진행되거나 행정으로부터 재정적 지원을 확보하는 것이 사업 성패의 결정적 기준이 되어 왔다. 그러나 가좌2동의 경우, 관할 구청에 예산 지원을 요청하여 사업을 진행하기보다는 도서관 설립을 위한 기획 과정부터 주민자치위원과 지역 주민들이 자발적으로 참여할 수 있는 과정을 만들어 왔고, 도서관 설립은 물론 지속적인 운영 기반 마련까지 일련의 사업 과정을 성공적으로 추진해 오고 있다.

가좌2동 주민자치센터와 주민자치위원회는?

가좌2동 주민자치위원회의 구성 및 자치센터의 운영은 관할 서구의 관련 조례에 근거하고 있다. 주민자치위원회는 자치센터의 운영에 관한 사항, 주민의 문화 · 복지 · 편익 증진에 관한 사항, 자치활동 강화에 관한 사항, 지역공동체 형성에 관한 사항 등을 심의하거나 결정하는 역할을 수행하고 있다.

가좌2동 주민자치센터는 1999년 7월 24일 개소되었으며, 1996년 신축한 지상 3층, 지하 1층의 주민센터 청사(연면적 1,457㎡) 내에 위치하고 있다. 1층에는 동사무소가 위치하고, 그 외 공간을 주민자치센터와 푸른샘 어린이도서관이 활용하고 있다. 주요 시설로는 주민자치센터 사무실을 비롯하여, 정보이용실, 체력단련실, 다목적실, 강의실(2개소), 도서실(푸른샘 어린이도서관) 등을 갖추고 있다.

주민자치위원회는 위원장, 부위원장 각 1명을 포함한 25명 이내로 구성하고 있으며, 추천과 공모 방식을 통하여 위촉하고 있다. 주민자치위원의 공개 모집과 관련하여 별도의 심사위원을 구성하여 심사 · 선정하는 체계를 갖추고 있는 점이 특징적이다. 심사위원으로는 마을에서 덕망이 있는 자 1명, 시민단체활동가 1명, 현 주민자치위원 1명, 동장이 참여하도록 하여 공모 심사의 객관성과 투명성을 확보하려 노력하고 있다. 그러나 공모 방식의 위촉은 지역 주민들의 참여 부족 등으로 상당히 제한적으로 실시되고 있는 실정이다.

주민자치위원의 상당수는 통장자율회, 새마을협의회, 새마을부녀회, 방위협의회, 자율방범대, 부녀방범대, 자유총연맹, 자연보호

협의회, 바르게살기위원회, 가좌청년회 등 관변사회단체나 지역자생단체에 참여하고 있으며 위원의 반수 정도를 여성이 차지하고 있는 점도 특징적이다.

주민자치위원회는 복지, 교육, 환경, 문화, 경제 등 5개 분과를 운영하고 있으며, 마을 의제와 연계하여 각종 사업을 추진하고 있다. 또한 주민자치위원회의 원활한 활동을 위하여 실무 인력 1명이 상근하는 체제를 갖추고 있다.

동네문화 만들기는 주민 생활에 어떠한 영향을 미치는가?

연수2동과 가좌2동은 제도화된 틀인 주민자치센터를 활용하여 우수 사례를 만들어가고 있다는 공통점을 가지고 있다. 대부분의 주민자치센터가 주민자치위원회의 전문성과 대표성의 문제로 인하여 비판을 받고 있으며, 활동 자체도 형식적이다. 이에 비하여, 연수2동과 가좌2동은 제도화된 틀 안에서도 스스로 실무자를 통하여 사업의 연속성을 만들어 나가며, 자체적으로 확장 가능성을 도출해 내고 있는 것이 특징이다.

연수2동의 축제 및 활동은 스스로의 힘과 옆 동과의 협력을 통하여 지속성을 강화하는 방향으로 움직이고 있으며, 각 분과위원회의 활동도 활발하다. 축제 활동을 통하여 지역 내 상점들과의 연계성도 높여나가고 있다. 특히, 지역에 머무르는 시간이 많은 주부들이 활발하게 활동함으로써 지역을 살기 좋은 마을로 만들어 나가는 데 공헌하고 있다는 장점이 있다.

가좌2동은 주민자치센터의 교육 프로그램, 주민자치위원 등의 봉사 활동 등이 다른 지역과 크게 다르지 않으며, 특기할 만한 차별성을 보이지는 않는다. 그러나 가좌2동 주민자치센터의 사례의 핵심은 푸른샘 어린이도서관의 설립 · 운영으로 대표되는 마을사업의 성공적인 수행과 여기에서 파생하는 자치 기능 강화의 선순환 구조의 확립이라고 할 수 있다. 지역 인구 구성과 연계되어 주민들이 가장 관심을 가지는 주제 중 하나인 교육과 연계된 사업을 실시한 데서 성공 요인을 찾을 수 있다. 이를 위하여 수요 조사를 실시함으로써 주민들의 참여를 이끌어 낼 수 있었으며, 여기서 어린이도서관 설립이라는 형태로 가시화되었다. 이후 어린이도서관의 계획 수립에서부터 구체적인 설립의 전 과정과 운영에 이르기까지 주민자치위원회와 지역 주민들의 주도로 마을사업이 진행되었고, 이는 주민자치의 가장 중요한 자산인 주민자치 역량 강화에 크게 일조하였다. 이를 통하여 수요조사의 지속가능성과 매개 역할을 한 실무자의 중요성을 보여준 사례라고 평가할 수 있다.

그렇다면 이러한 과정에서 행정이 할 수 있는 일은 무엇일까? 여기서 살펴본 사례에서는 행정의 '실질적인 조용한' 지원 없이는 어떠한 사업도 잘 이루어지지 못했음을 보여준다. 연수2동의 축제 역시 보이지 않는 힘으로 동 주민센터의 지원이 전제되었음은 물론이고, 가좌2동의 푸른샘 어린이도서관의 공간 만들기에서는 동장의 적극적 지원 없이는 힘들었음이 명약관화하다.

그러나 두 동에서 행정이 이끌어가는 역할을 하지 않았음은 주민들 스스로의 추동력이 얼마나 중요한지를 보여준다. 사업을 수행하는 데 주민들 간 매번의 회의에서 주도적인 역할을 한 것은 주민 스스로이다. 이때, 행정은 이에 대한 자료를 제공하고 해결책을 모색하는 데 지원 역할에 치중하였다. 이러한 상호 관계는 동주민센터와 주민자치위원회의 신뢰를 구축하는 데 중요하다.

제도화된 주민조직을 통한 주민자치 실현은 가능한가? 가좌2동은 주민자치위원이자 활동가로서의 리더십이 돋보였던 사례라고 할 수 있으며, 연수2동은 성공의 경험과 지속적인 환류를 통하여 축제를 지속해 낸 것이 마을을 이끌어 나가는 힘이라고 할 수 있다. 두 사례에서 공통적인 점은 각 주민자치센터마다 실무자가 존재한다는 것이며, 실무자의 존재는 사업을 지속시키는 데 큰 역할을 수행한다. 또한, 실무자는 공무원과 주민자치위원 간의 커뮤니케이션의 매개자로서 갈등을 완화시키는 데도 역할을 수행한다고 할 수 있다. 이러한 실무자가 존재하기 위해서는 주민자치센터 자체의 재원 마련이 필요하다. 민간과의 경쟁을 통하여 질적으로 높은 수준의 프로그램을 유치하거나 또는 회원들이 지속적으로 참여함으로써 지속적인 재원이 들어올 수 있는 프로그램이 존재해야 한다는 의미이며, 이러한 재원의 안정성은 실무자를 고용할 수 있는 힘이 된다.

생활자치를 활성화시키기 위해서는 무엇보다도 주민들이 참여를 통한 효능감을 가지게 하는 계기를 만들 필요가 있다. 성공의 경험을 통하여 더 큰 성공을 만들어 나갈 수 있기 때문이다. 참여를 통한 효능감을 만들어가기 위하여 처음에는 정책적 효과가 크지 않을 수 있지만, 적은 효과를 통하여 효능감을 느끼게 할 수 있는 작은 단위 사업의 개발이 필요하다. 정부와 정책이 개입할 영역은 이러한 부분이다.

위와 같은 전제가 있다면, 주민과 정부와 관련 정책만으로 생활자치 실현은 가능한 것인가? 주민조직은 필요 없는 것인가? 그렇지 않다. 효능감을 느낄 수 있도록 하기 위해서는, 지역에서 가까이 사는 그리고 '아는' 사람들과의 지속적인 만남을 통한 관계 형성이 전제되어야 하고, 이러한 관계 형성에 매개적 역할과 지속적인 만남을 약속해 주는 것이 주민조직이다. 주민조직은 사람들 간의 공공의 목적을 위한 일정한 관계 형성을 도모하는 곳이다. 단순한 관계 형성은 문제를 복잡하고 엉키게 만들 수도 있지만, 신뢰 있는 매개자의 역할이 개입된다면, 문제를 단순화시킬 수도 있다. 이때 신뢰 있는 매개자의 역할을 수행해야 하는 곳이 주민조직이어야 한다. 주민조직이 자리 잡는 곳이 생활자치의 장인 것이다.

문화 분야에서 이 두 지역의 성공 사례에서는 공통적인 요소들이 있음을 보여준다. 즉, 주민들의 적극적 참여, 공무원들의 조용한 지원, 실무자들의 매개적 역할, 직접 주민들의 의견을 청취하고자 하는 노력이 그것이다. 문화여가 분야는 "재미있고", "주민들이 직접 하고 싶어하는" 분야이다. 주민자치를 통한 생활공간에서 문화여가 사업을 통하여 생활자치를 이끌어내고 생활문화공동체를 만들어가려는 노력이 이루어진다면 생활자치를 통한 주민들의 삶의 질 향상이 좀 더 가까워지지 않을까?

저자 소개

남 재 걸

단국대학교 사회과학대학 교수
前. 행정안전부 행정구역팀장(서기관)
영국 셰필드대학 도시 및 지역계획학 박사

김 병 국

한국지방행정연구원 선임연구위원
前. 한국지방자치학회 부회장
건국대학교 대학원 행정학 박사

김 찬 동

서울연구원 연구위원
前. 대통령직속지방분권촉진위원회 실무위원
동경대학교 법학정치학연구과 정치학(행정학) 박사

오 우 식

주식회사 퍼포먼스웨이 컨설팅 대표이사
前. 정부혁신 평가 및 공공기관 평가/컨설팅위원
인하대학교 대학원 경영학 박사

김 필 두

한국지방행정연구원 연구위원
국정시책합동평가단 평가위원
건국대학교 대학원 행정학 박사

김 광 남

공공정책연구소 SNP 대표
前. 성결대학교 행정학부 겸임교수
중앙대학교 도시 및 지역계획학 박사

남 부 현

경기도 다문화교육센터 전문연구위원
경기대학교 교직학과 대우교수
미국 아거시대학교(Argosy University) 교육과정개발 교육학 박사

조 석 주

한국지방행정연구원 연구위원
군포환경자시민회 공동대표
세종대학교 경제학 박사

한 중 근

중앙대학교 공과대학 사회기반시스템공학부 교수
미시간공과대학 및 오사카대학 객원교수
중앙대학교 토목공학 박사

임 정 빈

성결대학교 행정학부 교수
前. 한국지방자치학회 상임이사
건국대학교 행정학 박사

채 은 경

인천발전연구원 연구위원
前. 서울여자대학교 강의교수
연세대학교 행정학 박사

생활자치 합시다

– 생활자치의 이론과 실제 –

펴낸날 / 제1판 제1쇄 2013년 8월 20일

엮은이 / 한국생활자치연구원

펴낸이 / 임춘환

펴낸곳 / 도서출판 대영문화사

주소 / 서울 용산구 청파동 1가 178-2 ㊡ 140-869

등록 / 1975년 12월 26일 제3-16호

전화 / (02)716-3883, (02)714-3062

FAX / (02)703-3839

홈페이지 / http://www.dymbook.co.kr

ISBN 978-89-455-4

[값 15,000원]